Sammlung Kilpper

Das Alte Amerika

von Hermann Trimborn

PHAIDON VERLAG

AKADEMISCHE/ATHENAION

SAMMLUNG KILPPER

Der Text dieser Ausgabe folgt ungekürzt der in den Jahren 1958 bis 1966 in mehreren Auflagen erschienenen Serie „Große Kulturen der Frühzeit". Der Bildteil wurde zum Großteil überarbeitet und von Band zu Band je nach Erfordernissen der neueren Ausgrabungen neu zusammengestellt. Die Bildhinweise im Text wurden angepaßt und zum Teil ergänzt. Die Bearbeitung besorgte Theophile Sauvageot.

Der Verlag

Herstellung/Lektorat/Gestaltung: SVS – Stuttgart
Druck/Bindung: Mohndruck Graphische Betriebe GmbH, Gütersloh
ISBN 3-88851-092-9

Inhalt

Vorangestellt sei dem Buch ein schlichtes, aber herzliches Wort des Dankes an alle, die bei seiner Gestaltung fördernd zur Seite gestanden haben. Zunächst den ausländischen und inländischen Museen, die bereitwillig Abbildungen von ausgewählten Gegenständen ihrer Sammlungen zur Verfügung stellten: das Britische Museum in London, das Museo de América in Madrid und das Museum für Völkerkunde in Wien, die Museen für Völkerkunde in Berlin und Dresden, die Museen für Völkerkunde in Leipzig und München und das Linden-Museum in Stuttgart.

Namentlich möchten wir allen Persönlichkeiten danken, die durch Überlassung von Photographien, Auskünften und Beschreibungen in überaus kollegialer Weise geholfen haben, wobei wir einer alphabetischen Ordnung folgen dürfen: Frau Dr. Becker-Donner (Wien), den Herren Fritz Buck (La Paz), C. A. Burland (London), Dr. Damm (Leipzig), Dr. Dávalos Hurtado (Mexiko), Dr. Digby (London), Dr. Disselhoff (Berlin), Dr. Fröhlich (Köln), Ing. Góngora (San José), Dr. Hartmann (Berlin), Fritz Jäger (Stuttgart), Rudolf Kadner (Madrid), Prof. Dr. Krickeberg (Berlin), Frl. Helga v. Kügelgen (Mexiko), Dr. Kutscher (Berlin), Dr. Micha (Bonn), Dr. Nachtigall (Mainz), Dr. Nowotny (Wien), Dr. Hans Rhotert (Stuttgart), Prof. Dr. Termer (Hamburg), Prof. Dr. Troll (Bonn), Dr. Tudela de la Orden (Madrid), Prof. Dr. Wilhelmy (Tübingen), Dr. Wolf (Dresden) und Dr. Zerries (München).

Besonders hat der Verlag Frl. Birgitt Rebner (Pforzheim) zu danken, durch deren Aufnahmen ein wesentlicher Anteil der Farbphotographien erst möglich wurde.

Kettwig, im Juli 1985 — *Der Verlag*

Einleitung

Wenn wir unter „Entdeckung" die Einbeziehung in das abendländische Weltbild, in Wirtschaft und Politik der europäischen Völker verstehen wollen, so wurde Amerika 1492 entdeckt. In Wirklichkeit ist die „Neue Welt" von der „Alten" aus mehrfach gefunden worden - zuerst von den Vorfahren ihrer späteren Urbewohner, der Indianer, die ja aus Asien hinüberzogen. Die zweite historisch sichere Landnahme ist die der Normannen gewesen. 982 fand Eirik Thorwaldson, von Island kommend, Grönland und leitete eine jahrhundertelange Besiedlung ein, deren Ausklang sich tragischerweise fast mit den Fahrten des Entdeckungszeitalters überschnitt. Und just im Jahre 1000 landete Leif Eriksson auf dem Festland von Nordamerika. Erst die dritte Entdeckung vollbrachte also der Genuese Christoforo Colombo, als er die mittelamerikanische Inselwelt fand. Dagegen war es seinem Landsmann Giovanni Gaboto vergönnt, schon 1497 das Festland von Nordamerika zu betreten, dieweil Kolumbus erst 1498 das Festland von Südamerika sah. Beschränken wir uns für alles Weitere auf die großen geschichtlichen Daten, so sei vor allem der Entdeckung der „Südsee" durch Vasco Núñez de Balboa (1513) gedacht. 1519/21 unterwarf Hernán Cortés das Aztekenreich; die Maya-Völker Guatemalas wurden 1524 durch Pedro Alvarado unterjocht, während die Montejo, Vater und Sohn, von 1527 bis 1546 mit den Maya von Yukatan rangen. Inzwischen eroberte Francisco Pizarro (ab 1532) das Inkareich.

Zur Legende gehören vermeintliche atlantische Fahrten - sowohl einer Frühzeit (man denke an „Atlantis" und ähnliche Hypothesen) wie des Spätmittelalters. Dagegen ist eine ältere Verbindung zwischen dem östlichen und südöstlichen Asien und Amerika auf dem Wege über den Pazifik sehr wahrscheinlich geworden.

Die Einverleibung Amerikas in das Blickfeld der europäischen Völker ist ein geschichtlicher Vorgang allerersten Ranges gewesen. Durch ihn wurde das Schwergewicht des politischen Geschehens aus dem bis dahin für das abendländische Denken zentralen Mittelmeer herausgerückt und in den Atlantik verlagert. Der Machtanstieg der atlantischen Anliegerstaaten (erst Spaniens, später der Niederlande, Frankreichs und Englands) hat den folgenden Jahrhunderten ihren Stempel aufgedrückt.

Auch der wirtschaftlichen Auswirkungen der Entdeckung Amerikas verlohnt es sich zu erinnern. Man denke nur an die Übernahme der neuweltlichen Kulturpflanzen: der Kartoffel (aus Hochbolivien und -Peru), der Tapioka (des gekörnten Stärkemehls der Maniokwurzel aus den tropischen Tiefländern Südamerikas), des Mais und der Tomate; wie letztere stammen aus Mittelamerika auch Tabak, Kakao und Vanille, während die Sonnenblume in Nordamerika, der Kokastrauch (Kokain) und die Chinarinde am Ostabhange der Anden beheimatet sind. Man braucht sich nur vor Augen zu halten, wie sehr die Kartoffel zur Ernährungsgrundlage zahlreicher Völker geworden ist oder welche Bedeutung Tabak und Schokolade als Rückgrat ganzer Industrien und Handelszweige gewonnen haben.

Auffallenderweise fehlt es dabei an Entsprechungen aus dem Tierreich. Das ist aber verständlich, wenn man das Fehlen geeigneter Nutztiere in Amerika bedenkt; denn Lama und Alpaka sind an die andine Punalandschaft gebunden. Die Haustiere haben deshalb den Weg aus der Alten Welt in die Neue genommen. Die schnellste Verbreitung haben die Hühner gehabt, die in Peru zum Beispiel noch vor den Spaniern selber angekommen waren. Und das Pferd hat dabei eine Wanderung um die Erde vollzogen, nachdem es eiszeitlich aus seiner amerikanischen Urheimat nach Eurasien hinübergewechselt und dann in Amerika ausgestorben war. Das einzige Haustier, das uns die Indianer vermacht haben, ist der Truthahn, der schon 1525 nach Spanien kam – wenn wir nicht noch die Meerschweinchen als Versuchstiere unserer Laboratorien anführen wollen.

Doch es soll hier nicht abgewogen werden, was sich die Erdteile gaben und nahmen, sondern es soll ein Ausschnitt aus der Welt des indianischen Menschen vermittelt werden. Und zwar bilden den Gegenstand der folgenden Seiten die oft bewunderten, oft verkannten Königreiche der Neuen Welt, deren in mancher Hinsicht noch steinzeitliches Gepräge am Europa des 16. Jahrhunderts zerbrach. Mit dem Grad ihrer staatlichen Raumbeherrschung haben sie das Abendland ebenso in Erstaunen versetzt wie mit manchem für den oberflächlichen Beschauer bizarren Ausdruck ihres religiösen Erlebens und ihrer vorwiegend kultisch gerichteten Kunst.

Die spanische Conquista ist dieser Welt gegenüber von Anfang an auch eine geistige Bereicherung gewesen, die sich in einer einmaligen Fülle beschreibender und geschichtlicher Werke niedergeschlagen hat. Seit jenen Dezennien eines heroischen Aufbruchs ist aber nicht nur ein ständiger Forschritt unserer Kenntnis, sondern auch ein ständiger Wandel der historischen Auffassungen bis auf den heutigen Tag erfolgt. Kein Wunder bei einem Stande unseres Wissens, der heute noch unverhofft die weitestreichenden Neuerungen erfahren kann, wie es in den vergangenen Jahren das Aufkommen der Radiokarbonmethode oder auch neue Feldforschungen bewirkten, beispielsweise die aufsehenerregende Entdeckung der Fresken von Bonampak. Und dabei hat sich schon seit der zweiten Hälfte des 18. Jahrhunderts auch in Amerika, konkurrierend mit der oft zerstörend wirkenden Schatzgräberei, eine altertumskundliche Forschung entwickelt, wie sie in Mexiko an den Namen León y Gama und in Peru an den des Bischofs Martinez Compañón anknüpft.

Das sich aus einer Zusammenschau der Schriftquellen und der Spatenarbeit ergebende Geschichtsbild der Hochkulturen Amerikas soll der Gegenstand unseres Buches sein. Es will sich aber dabei nicht auf die „großen“ Kulturen im landläufigen Sinne, auf die Inka, die Maya und die Azteken beschränken, sondern es will versuchen, die ganze Spielweite des hochkulturellen Prozesses aufzuzeigen – sowohl in seiner räumlichen Streuung und in seinen regionalen Nuancen wie in der zeitlichen Tiefenstaffelung von immerhin zwei Jahrtausenden. Denn Hochkulturen herrschaftlichen Gepräges, die wir in ihrer Gestalt und in ihren Schöpfungen mit den altweltlichen Gesittungen der vier letzten vorchristlichen Jahrtausende vergleichen können, sind in Amerika frühestens im ersten Jahrtausend vor Christus, andere erst ein Jahrtausend später und zum Teil nur wenig vor der Ankunft der Spanier aufgetreten. Es wirkt darin wohl die junge Besiedlung des Erdteils nach, der wahrscheinlich als letzter der Kontinente von Menschen betreten worden ist.

Hat man sich doch sogar gefragt, ob der Mensch in Amerika etwa unabhängig von seinen altweltlichen Partnern entstanden sei. Ja, es hat nicht an der Behauptung gefehlt, daß der Ursprung der Menschheit überhaupt auf amerikanischem Boden zu suchen sei, und zwar nach Florentino Ameghino in den argentinischen Pampas, von wo aus die Besiedlung der übrigen Erdteile vor sich gegangen sei. Gegen eine selbständige Entstehung des Indianers spricht aber schon die Tatsache, daß es in Amerika weder lebende noch ausgestorbene Menschenaffen gibt, und ebensowenig hat man Funde gemacht, die das Vorhandensein früher Formen des Menschen nahelegen, also etwa den altweltlichen Typen der Anthropus-Stufe oder auch nur des altsteinzeitlichen Neandertalers entsprächen. Vielmehr unterscheiden sich alle gefundenen Reste – Schädel oder andere Skeletteile – nicht wesentlich von den lebenden Indianerrassen. Allerdings finden wir Überbleibsel des Menschen im Verein mit Resten fossiler Tierspezies; aber auch diese Funde gehören frühestens der ausgehenden Eiszeit oder gar jüngeren Perioden an; es erklärt sich dies daraus, daß die betreffenden Säuger (zum Beispiel eine ausgestorbene Bisonart, das Mammut und Mastodon) in Amerika bis in viel jüngere Zeiten hinein überlebten als in der Alten Welt.

War man in den vergangenen Jahrzehnten auf 10- bis 12 000 Jahre zurückgegangen, so wird der Besiedlung Amerikas heute wieder ein etwas höheres Alter von einigen 20- bis 30 000 Jahren – wenn nicht mehr – gegeben. Für diese Urbesiedlung, die nicht zu verwechseln ist mit späteren transpazifischen Fahrten, kommt als einziger diskutierbarer Wanderweg die Gegend der heutigen Beringstraße in Frage, die auf dem Höhepunkte der letzten Vereisung, des amerikanischen Wisconsin-Glazials, eine begehbare Landbrücke war. Doch dürfen wir uns diese Landnahme nicht als ein einmaliges Ereignis vorstellen, sondern sie erstreckte sich über längere Zeiträume, und die Einwanderer gehörten von vornherein verschiedenen Rassen, Sprachen und Lebensformen an. Nur so können wir uns die unvorstellbare Vielseitigkeit erklären, die der amerikanische Mensch in allen genannten Hinsichten zeigt.

Unzweifelhaft treten im Bilde des Indianers mongolide Züge markant hervor, wozu vor allem die betonten Backenknochen gehören. Besonders die Eskimo, die wir deshalb auch von den Indianern abheben, sind durchaus Mongolid. Beim Indianer aber treten neben mongolischen andere körperliche Merkmale auf, die uns an einen europiden Einschlag gemahnen – so das stark profilierte Gesicht und die oft kräftig entwickelte Nase. Das unübersichtliche Wirrwarr der somatischen Züge hat der deutsche Rassenforscher Egon v. Eickstedt zu acht Grundrassen zu gruppieren versucht. Es ist hier nicht der Platz, dieser Gruppierung und ihrer Berechtigung im einzelnen nachzugehen; begnügen wir uns mit der Feststellung, daß Eickstedt vier kurzköpfige und vier langköpfige Rassen der Indianer scheidet, von denen seine Margiden, Lagiden, Silviden und Brasiliden eine meist ältere dolichokephale Bevölkerung repräsentieren, während die jüngeren Brachykephalen in den Zentraliden und Andiden, den Pampiden und Pazifiden vertreten sind. Die Aufzählung dieser Namen, mit denen der Leser allerdings nicht viel anfangen kann, ergänzen wir nur noch durch die Beobachtung, daß die Repräsentanten der späteren Hochkulturen überwiegend zu den kurzköpfigen Typen gehörten. Der Name „Rothäute", mit dem man die Bewohner der Neuen Welt belegte, hat dagegen gar nichts mit einer rassischen Einordnung zu tun, sondern leitet sich nur von der roten Körperbemalung nordamerikanischer Indianerstämme ab, während die wirkliche Hautfarbe der Urbewohner je nach der Sonnenbestrahlung zwischen einem schmutzigen Gelb und einem kräftigen Braun variiert.

Gleich große, wenn nicht größere Schwierigkeiten hat einer wissenschaftlichen Ordnung die sprachliche Vielfältigkeit der Indianer bereitet, die Tatsache, daß wir nicht weniger als einige 600 indianische Sprachen kennen. Man hat natürlich versucht, sie nach altweltlichem Vorbild zu größeren Sprachfamilien zusammenzufassen, aber dabei sind wir bis heute immer noch bei einigen 125 völlig selbständigen Sprachfamilien angelangt. Das Auffallende ist dabei, daß es kein einziges gemeinsames Merkmal gibt, das auf alle indianischen Sprachen zum Unterschiede von denen der Alten Welt anwendbar wäre. Und noch aufsehenerregender ist wohl die Tatsache, daß sich bis jetzt keine einzige indianische Sprache als mit irgendeiner der übrigen Kontinente verwandt erwies, so viele Vergleiche man im Laufe der Zeit auch zwischen den verschiedensten Idiomen von hüben und drüben angestellt hat. Der Sprachbeflissene kann also ebensowenig „indianisch" wie „europäisch" zu reden lernen ...

Wahrscheinlich hat eben doch zu dieser rassischen und sprachlichen Vielseitigkeit eine von vornherein verschiedene Artung der frühen Einwanderer beigetragen. Mit prähistorischen Mitteln greifbar sind aber auch noch unterschiedliche Lebensformen. Zu den älteren Bodenfunden gehören Speerspitzen, Messer und Pfrieme, die typologisch der europäischen Klingenindustrie des Solutréen nahestehen. Sie werden nach einer Fundstätte in Neumexiko „Folsom" genannt, sind aber über einen weiten Bereich Nordamerikas von Alaska an festgestellt worden und offenbar Hinterlassenschaften einer frühen jägerischen Bevölkerung, die dem Büffel, aber auch noch dem Mammut nachstellte. Älter ist ein gröberer Typ dieses Klingengeräts, das nach einem Höhlenfund in Neumexiko „Sandia" heißt. Ins 6. Jahrtausend v. Chr. reicht ein ganz anderes Material zurück, das seine Stilbezeichnung von dem Fundort „Cochise" in Arizona erhielt und ebenfalls über einen weiten Bereich in den südlichen Vereinigten Staaten nachweisbar ist. Hier handelt es sich vor allem um Steinhämmer, Mörser und Mahlsteine, also um das Erbe einer alten Bevölkerung, die vom Einsammeln wildwachsender Pflanzen lebte und in der die Ahnen der späteren amerikanischen Bodenbauer zu sehen sind. Dieser Schicht vom Chochise gehört wohl auch der älteste paläoanthropologische Fund in Mexiko an, menschliche Reste, die Helmut de Terra in Tepexpan am ehemaligen Nordrand des Sees von Tetzcoco fand (8. Jahrtausend v. Chr.).

Die Erben der alten Jäger und Sammler haben sich in beiden Hälften Amerikas bis in neuere Zeiten hinein in ausgedehnten Gebieten erhalten. Aber sie sind nicht allein geblieben. Im Südwesten der Vereinigten Staaten entwickelte sich anscheinend aus dem Cochise-Typ eine fortgeschrittene Phase, die man „Basket-Maker“ (Korbflechter) nennt. Ackerbau und Seßhaftigkeit treten hier in den ersten Anfängen auf. Töpferei und Weberei waren noch unbekannt, hochstehend aber die Flechterei, die dieser Fundschicht den Namen gegeben hat. Im wesentlichen dürften die Korbflechter, wie ihre Mahlsteine ausweisen, Sammler, daneben aber auch Jäger gewesen und dann einmal zum Bodenbau übergegangen sein. Im Gebiete der späteren Unionsstaaten Arizona, Neumexiko, Colorado und Utah erwuchsen aus der Basket-Maker-Kultur jüngere Lebensformen; die Hohokam-Kultur am Zusammenfluß des Salt River mit dem Gila und etwa da, wo die genannten vier Staaten zusammenstoßen, die Anasazi-Kultur, deren letzte Phase die pflanzerische Gesittung war, auf welche die Spanier in den von ihnen so genannten „Pueblos“ stießen.

Damit sind wir aber der Entwicklung vorangeeilt. Denn die Entstehung des indianischen Bodenbaus reicht auf alle Fälle in die letzten vorchristlichen Jahrtausende zurück. Eine vorkeramische Pflanzerkultur hat man zum Beispiel in Südamerika im Chicama-Tal der nordperuanischen Küste (Huaca Prieta) entdeckt, wo zwar noch kein Mais, wohl aber Bohnen, Kürbisse und Baumwolle angebaut wurden. Mit Hilfe der C-14-Methode wurde das Alter dieser Gesittung mit etwa 2500 v. Chr. bestimmt. Aber trotz solchen und anderen sporadischen Feststellungen sind wir von einer wirklichen Ausfüllung der Lücke zwischen den wildbeuterischen Frühkulturen und den späteren Hochkulturen, also der genaueren Kenntnis eines amerikanischen „Neolithikums“ als eines mittleren Horizonts, noch weit entfernt.

(T. 63) Die unterschiedliche wirtschaftliche Entfaltung der einzelnen amerikanischen Räume führte dazu, daß wir im Zeitalter der Entdeckungen von der Seite der Nahrungsbeschaffung her den Doppelerdteil mit einem gestuften Bauwerk vergleichen können. In weiten Teilen des Nord- wie Südkontinents hatten sich altertümliche Wirtschaftsweisen von Sammlern, Jägern und Fischer erhalten. Von ihnen hebt sich die schmälere Plattform der bodenbauenden Völker ab. Immerhin war man in vier Gebieten von flächiger Ausdehnung zu ackerbauender Wirtschaft übergegangen: im Südwesten und Südosten der heutigen Vereinigten Staaten sowie im Zuge der Kordilleren von Mexiko bis zum mittleren Chile, auf den mittelamerikanischen Inseln und in den Stromgebieten des Orinoko, Amazonas und La Plata. In den beiden erstgenannten Zonen war Mais, also ein Getreide, in den beiden letztgenannten Gebieten der Maniok, ein Knollengewächs, die wichtigste Nahrungspflanze. Auf einen Ausschnitt aus diesem Gesamtareal der Pflanzerkulturen blieb als dritter und oberster Horizont die „schmale Plattform der Spitzenkulturen zwischen den Wendekreisen“ (Disselhoff) beschränkt.

Wenn diese schmale Plattform sich weitestgehend auch aus dem zusammenhängenden Raum der Kordilleren erhob, so gewinnt die Spielbreite der Erscheinungen doch noch dadurch, daß ihre geographische Umwelt mitnichten einheitlich war. Den Hochlandskulturen der Aimara und Ketschua in den mittleren Anden, auch den Muisca der kolumbianischen Ostkordillere und den Völkerschaften der mexikanischen Mesa Central stehen zur Seite die Taloasen der peruanischen Küstenwüste und, in schroffem Gegensatz, der regenfeuchte Urwald der alten und die stromlose Kalkplatte der jüngeren Maya-Kultur im Tiefland von Guatemala, beziehungsweise der Halbinsel Yukatan. Darum ist auch die Frage nach dem landschaftlichen Mutterboden der indianischen Hochkulturen nicht einheitlich zu beantworten (vgl. das Schlußkapitel).

Die Hochkulturen der Indianer, welche den Gegenstand dieses Buches bilden, hafteten also, mit den genannten Ausnahmen, an den Kordilleren vom mittleren Mexiko bis zum mittleren Chile und nordwestlichen Argentinien. Das ganze Tiefland von Südamerika und der gesamte Nordkontinent wurden dagegen von dieser Entwicklung bis zur europäischen Landnahme allenfalls durch Ausstrahlungen erfaßt; freilich hat es auch im nordamerikanischen Südosten Völkerschaften gegeben, die von der Erreichung einer Hochkultur nicht allzu weit entfernt waren.

Um zugleich mit der zeitlichen Tiefenstaffelung den regionalen Unterschieden Rechnung zu tragen, müssen wir unseren Stoff in einige größere Räume gliedern. In der amerikanischen Wissenschaft hat es sich eingebürgert, von dem mittelamerikanischen Hochkulturgebiet in Mexiko, Guatemala und Teilen von Honduras und Nikaragua als „Mesoamerika" zu reden. Im Unterschiede dazu und zu den „andinen" Kulturen in Südamerika werden Kostarika, Panama, die Antillen sowie die atlantische Küste Kolumbiens und Venezuelas als „zirkumkaribische" Zone zusammengefaßt. In Anlehnung daran gliedern wir auch den Stoff dieses Buches, indem wir die zahlreichen Volkstümer zu wenigen größeren Zonen zusammenfassen – nicht als ob sie in allem eine Einheit gebildet hätten, sondern um ebenso die Unterschiede wie die Gemeinsamkeiten herauszustellen. Ungeachtet aller durch die Geschichte gehenden Beziehungen zwischen beiden widmen wir dabei den mexikanischen Völkern und den Maya je eine besondere Darstellung. Die Völker südlich der Maya und nördlich Kolumbiens, die sogenannten „Goldländer", fassen wir mit einem Abstecher zu den mittelamerikanischen Inseln zusammen. Und den andinen Raum unterteilen wir in die Kulturen Kolumbiens und das mittlere Andengebiet Großperus. Dabei soll das Buch nicht eine erschöpfende Kenntnis aller Einzelheiten vermitteln, sondern eine Gesamtdarstellung des wesentlichen Gepräges und der geschichtlichen Abläufe sein. Es ist schwer genug, innerhalb jedes *einzelnen* dieser Räume dem Gemeinsamen und dem Variierenden Rechnung zu tragen, zugleich mit einer geschichtlichen Tiefenschau; synoptische Gedanken über das *Ganze* der indianischen Hochkulturen sollen deshalb der Gegenstand abschließender Betrachtungen sein.

I.

Völker und Kulturen im alten Mexiko

Archaiker und Olmeken

Das lebensvolle Bild, das spanische Berichte von der Kultur der Azteken entworfen haben, darf nicht darüber hinwegtäuschen, daß nur die Arbeit der Archäologen die Spielbreite der Völker in ihrer zeitlichen Tiefe erschlossen hat, die einst im Großraum des mittleren und südlichen Mexiko Geschichte machten und Werke schufen.

Wir stehen hier vor einem musterhaften Zusammenspiel schriftlicher Hinterlassenschaften und altertumskundlicher Funde. Zwar verfügen wir nur über 17 Bilderhandschriften (darunter vier aztekische) aus vorspanischer Zeit; aber wir werden dafür entschädigt durch die Frucht der „geistigen Conquista", durch einen umfangreichen Beobachtungsniederschlag in den frühen spanischen Quellen. Er setzt schon ein mit Hernán Cortés, der 1520 bis 1526 vier umfangreiche Berichte schrieb, und mit dem Werk des ihn begleitenden Kriegsmannes Bernal Díaz del Castillo. Von allen späteren muß die umfassende Schilderung des Franziskaners Bernardino de Sahagún erwähnt werden, die auf Diktaten eingeborener Gewährsmänner fußt; ferner wollen wir drei indianische Schriftsteller nennen: Tezozomoc, Ixtlixochitl und Chimalpahin. Auch müssen wir bedenken, daß von zahlreichen verlorenen Bilderhandschriften frühe Kopien erhalten sind, deren spanische Kommentarzusätze die Lesung der vorspanischen Dokumente erleichterten. *(T. 13)*

Und so sehr wir beklagen, daß von dem alten Tenochtitlan, an dessen Stelle das spanische Mexiko errichtet wurde, kein Stein auf dem anderen blieb, müssen wir einer bewundernswerten archäologischen Forschung danken, die Ende des 18. Jahrunderts mit Antonio León y Gama anhebt und an der in der Folge auch deutsche Gelehrte führend beteiligt gewesen sind, angefangen von *Alexander v. Humboldt* über *Eduard Seler* bis zu *Hermann Beyer* und *Walter Krickeberg.* Bemerkenswert ist dabei der ständig wachsende Anteil der Mexikaner, unter denen *Alfonso Caso* und *Ignacio Marquina* an erster Stelle zu nennen sind. Die Freilegung zahlreicher archäologischer Zonen – um nur des Tajín, des Monte Albán, Calixtlahuacas, Tulas und Malinalcos zu gedenken – hinderte nicht die gleichzeitige Vertiefung der Forschung in die frühen Phasen der hochkulturellen Entwicklung hinein: die Aufdeckung des Archaikums (vor allem durch *George C. Vaillant)* und der Olmekenkultur *(M. W. Stirling);* fußt die Chronologie der letzteren noch auf authentischer Zahlenschreibung, so ist das Archaikum zeitlich nur noch durch C 14 bestimmbar.

Denn mit den Archaikern und den Olmeken hebt unser Geschichtsbild des alten Mexiko an. Beide aber treten bereits als Hochkulturen in unsere Kenntnisse ein. Ihre vermutliche „Basiskultur", eine letztlich aus dem sammlerischen Typ von Cochise entwickelte bodenbauende Dorfkultur, kennen wir nur aus Gebieten, die außerhalb der späteren mexikanischen Hochkulturzone liegen. Und vollends besteht keine Brücke von den historischen Gesittungen zu dem vorgeschichtlichen Menschen von Tepexpan.

In der von uns überschaubaren Zeit hat eine Vielzahl von Völkern, teils nebeneinander, teils nacheinander auf der mexikanischen Bühne gewirkt. Nicht weniger als 82 Sprachen sind uns belegt, die sich zu vier bis fünf Sprachfamilien ordnen. Von 5,5 Millionen lebender Indianer Mesoamerikas, von denen allein auf die Maya 2 Millionen entfallen, finden wir ungefähr vier Millionen im heutigen Mexiko. Um nur die wichtigeren und zahlenstärkeren Gruppen zu nennen, müßten wir 280 000 Otomí, 240 000 Zapoteken, 70 000 Totonaken und je 35 000 bis 40 000 Tarasken und Mixteken erwähnen sowie rund 500 000 Nahua, zu denen die Nachkommen der Azteken zählen, an deren Sprache *Krickeberg* den Reichtum ihrer Verbalformen und ihre Fähigkeit zu Abstrakten rühmt.

Mit keinem der historischen Völker lassen sich die einstigen Träger der *archaischen* Kultur identifizieren. Ihre Zeugnisse aber können wir heute mindestens bis ins zweite Jahrtausend v. Chr. zurückdatieren. Die zeitliche Priorität dieser Funde wurde erwiesen, als man 1917 auf archaische Gräber unter der Lavadecke des „Pedregal" bei Copilco stieß. Umfangreiche Grabungen *Vaillants* deckten zwei Phasen dieser Gesittung auf, die nach markanten Fundstätten Zacatenco-Copilco und Ticoman-Cuicuilco genannt worden sind.

Nur in der Spätzeit hatte man Hausfundamente aus Stein, vorher aber Häuser aus Flechtwerk und Lehm, die ein Strohdach trugen. Die Archaiker waren seßhafte Bodenbauer, die vor allem den Mais anbauten, von dem ihre Mahlsteine zeugen, daneben aber auch in den einst das Hochtal weithin füllenden Seen Fischfang und auf dem Lande die Jagd betrieben. Obsidian und Quarz wurden zu Pfeil- und Speerspitzen, Messern und Schabern verarbeitet, Pfrieme und Nadeln aus Knochen und Hirschhorn gefertigt. Die autarke Wirtschaft wurde damals bereits durch Handel ergänzt, wie die Einfuhr von Jade, Schnecken- und Muschelschalen belegt, die man zu Schmuckzwecken brauchte. Geringfügige Gewebereste beweisen immerhin die Kenntnis der Weberei. Den größten Bestandteil des Fundstoffes bilden Keramiken. Neben Figuren und Tongefäßen gibt es auch Rasseln, Flöten und Okarinas aus Ton. Während die Töpfe der Zacatenco-Zeit auf gerundetem Boden stehen, entwickelte die Ticoman-Periode bemalte Dreifußgefäße. Andererseits haben wir aus der erstgenannten Epoche handgeformte Tonplastiken, die eine beachtliche Vielfalt von Typen geben und eine später nicht wieder erreichte Lebensnähe atmen.

In der Spätzeit der Ticoman-Periode entstand auch die erste Kultpyramide in Mexiko, die man als das älteste erhaltene Bauwerk bezeichnen kann. Sie steht in Cuicuilco, im heute in das Weichbild der Hauptstadt einbezogenen „Pedregal de San Angel", wo ein um 500 v. Chr. zu datierender Ausbruch eines Vulkans im Südwesten eine weite Fläche mit Lava bedeckte. Unter ihr liegen Gräber der archaischen Zeit verborgen, aber auch die Pyramide wurde zu einem Drittel ihrer Höhe von Lava umflutet. Es handelt sich um einen fast kreisrunden Bau mit vier Absätzen, der sich auf einer Grundfläche von 135 m Durchmesser 20 m erhob und aus gestampftem Lehm mit einem Mantel aus unbehauenen Steinen errichtet wurde, wobei auf der Ostseite eine Treppe zu dem Altar auf der Plattform führte.

Die Menschen des Archaikums gehörten wohl verschiedenen Völkerschaften in zeitlichem Wechsel an. Die Wurzeln der Zacatenco-Copilco-Phase, die auf das mittlere Hochland beschränkt blieb, liegen wahrscheinlich im Westen. Dagegen hat sich die Ticoman-Cuicuilco-Kultur vermutlich von der Golfküste aus über das Hochland erstreckt. Die archaische Kultur bestand auf jeden Fall noch, als in einem Teilgebiet die Priesterkultur von Teotihuacan erwuchs.

Altertümliche Züge hat der mexikanische Westen bewahrt. *Walter Krickeberg* drückt es so aus, daß die Völkerschaften von Michoacan, Guanajuato, Colima, Jalisco und Nayarit geradezu die „klassische" Zeit übersprungen haben und dadurch archaische Elemente neben jüngeren Einflüssen bis in die Spätzeit behaupteten. Aus Colima und Nayarit ist eine unermeßliche Menge von Altertümern ans Licht gekommen – zwar keine monumentalen Steinbauten und Skulpturen, aber Waffen und Werkzeuge und vor allem Tonfiguren und Tongefäße. Neben naturalistischen Kleinplastiken in archaischem Stil sind die Tonfiguren zumeist als Gefäße gearbeitet. Sie stammen als Beigaben aus Kammergräbern mit Schacht, die an westkolumbianische Grabbauweise erinnern. Selbst im „Fischerland" Michoacan treten Einflüsse aus dem östlichen Hochland erst in spättoltekischer Zeit auf. Hier haben die sprachlich isolierten *Tarasken* noch mit der aztekischen Machtausweitung gerungen, so daß wir sie in späterem Zusammenhange vergleichend behandeln wollen. Da wir uns aber einmal außerhalb des zentralmexikanischen Hochkulturbereiches befinden, sei auch die nördlichste mexikanische Ruinenstätte erwähnt: La Quemada im Staat Zacatecas mit einer Zitadelle auf einem Bergrücken und einer Art von Audienzhalle mit 11 m hohen und 2 m dicken Rundsäulen.

In die Frühzeit der großen Kulturen gehören auch eigenartige Funde, die ungeachtet ihrer Streuung über andere Zonen doch in den Strichen an der südlichen Golfküste zentrieren: diese Kolossalköpfe einerseits und Tonfigurinen andererseits werden heute mit dem aus den mexikanischen Überlieferungen bekannten *Olmeken* (den Leuten aus dem Kautschukland) in Verbindung gebracht.

Ihre vollplastischen Steinfiguren und Köpfe sind von gleicher naturalistischer Lebensnähe wie die aus Jade und Ton. Sie neigen dabei in ihrem Typus zur Fettleibigkeit, die noch durch kurze Arme und Beine betont wird. Ein oft kindlicher Ausdruck der Tonfiguren hat zur Bezeichnung einer ihrer Gruppen als *„baby faces"*, vom Jaguarbild her geformte Gesichtspartien bei anderen zur Bezeichnung *„tiger faces"* geführt.

Obwohl entsprechende Funde seit Jahrzehnten anfielen, setzte erst 1938 systematische Grabung *(M. Stirling)* zwischen den Lagunen Alvarado und Términos ein. Die drei wichtigsten Fundplätze auf dem einstigen Schauplatz des sagenhaften Olmekenlandes sind Tres Zapotes, La Venta und Cerro de las Mesas.

Während sich nur in La Venta nennenswerte Steinbauten fanden, war eines der überraschenden Ergebnisse die Entdeckung der Jadetechnik, die sowohl in La Venta wie in Cerro de las Mesas in Hunderten von Objekten ans Tageslicht kam. Aber ebenso wie die Kleinkunst der Jade führten die Olmeken die monumentale Steinskulptur in Mesoamerika ein. Von riesigen monolithischen Häuptern hat eins in Tres Zapotes 1,80 m Höhe und 5,5 m Umfang, während sich in La Venta sogar ein Exemplar von 2,46 m Höhe und 6,35 m Umfang fand. Zu überlebensgroßen Menschenfiguren gesellen sich als weitere Schöpfungen die Reliefs auf Stelen, Altären und Sarkophagen. Eine betonte Rolle spielt in der Ikonographie der Olmeken der Jaguar, woraus auf die beherrschende Stellung eines Jaguargottes zu schließen ist.

Eine Zeitbestimmung war möglich durch zwei authentisch datierte Stücke: die schon früher bekannte, aber den Maya zugeschriebene Jadestatuette von San Andrés Tuxtla, die das Datum von 162 n. Chr. bewahrt, und ein Stelenfragment von Tres Zapotes, welches das Datum 31 n. Chr. trägt. Das älteste C 14-Datum aber lautet für La Venta 1154 ± 300 v. Chr.

Die Kultur der Olmeken hat weithin ausgestrahlt: zu den Maya, denen sie Altäre und Stelen brachte, ebenso wie zu den Totonaken der Golfküste und auch auf das Hochland, wo die Anfänge von Teotihuacan ihren Einfluß verraten. Mit einer Schwerpunktverlagerung nach Cerro de las Mesas (wo sich spätere Stelendaten von 468 und 593 n. Chr. finden) hat die Olmekenkultur sich lange behauptet, dann aber ihrerseits die Einflüsse des inzwischen entwickelten Teotihuacan, der Zapoteken und noch später sogar der Nahua erfahren.

Die olmekische Kunst hat weder die konventionell-stilisierende Strenge von Teotihuacan noch die barocke Manier der Maya, sondern steht dem Realismus des Archaikums nahe. Heute glauben wir, daß die „Olmeken“ – welche Völker es auch gewesen sind – ihre Impulse in alle alten Kulturen des mexikanischen Raumes getragen haben. Nicht nur Stein- und Jadeplastik wurden von ihnen erfunden, sondern vor allen Dingen Kalender und Schrift, die auf ihrer Vorleistung fußend dann von den Maya weiterentwickelt wurden.

Die Theokratische Zeit

Unter der Befruchtung der „Olmeken“ erwuchsen Gesittungen, die einen ersten Höhepunkt der mexikanischen Kulturentwicklung bedeuten, zeitlich in das erste nachchristliche Jahrtausend fallen und als „*Theokratische Kulturen*“ bezeichnet werden. Die bekannteste von ihnen hat ihren Namen von einer Ruinenstätte nördlich des heutigen Mexiko: *Teotihuacan.*

Aus Teotihuacan sind uns keine Schriftquellen überkommen, und alles, was wir darüber aussagen können, ist Ergebnis der Archäologie. Schon zur Zeit der Eroberung waren die alten Bauten mit einer Humusschicht und Vegetation überzogen. Wir wissen infolgedessen auch nicht, welches Volk diese Bauwerke und sonstigen Kunstwerke schuf, ja, wir kennen nicht einmal den ursprünglichen Namen der Tempelstadt, denn der heutige stammt von den Azteken. Aber Teotihuacan, dessen Überbleibsel eine Fläche von 7,5 qkm bedecken, ist die bestuntersuchte archäologische Zone in Mexiko. *(T. 8, T. 9)*

Im Grundriß der Stadt tritt eine zentrale Via sacra („*camino de los muertos*" genannt) hervor. Östlich von ihr liegt, mit ihrer Front nach Westen gerichtet, die „Sonnen-Pyramide", die sich auf einem quadratischen Grundriß von 225 m Seitenlänge mit fünf geböschten Terrassen zu 63 m Höhe erhebt und 1 Million Kubikmeter umfaßt, aus einem Guß erstellt, also ohne spätere Überbauungen. Nördlich endet der „*camino de los muertos*" vor der sogenannten „Mondpyramide", deren Front nach Süden orientiert ist und nicht nur auf einer kleineren Grundfläche von 120 mal 150 m steht, sondern auch 20 m niedriger ist. Nahe dem südlichen Ende der Via sacra finden wir den unsinnigerweise „Ciudadela" getauften Komplex: ein ausgedehntes Geviert von Terrassen, auf denen insgesamt 15 kleinere Pyramiden standen; in seinem Binnenhof liegt das berühmte Bauwerk, dessen irrtümlich nach „Quetzalcoatl" benannte Fassade abwechselnd Schlangenreliefs mit plastischen Köpfen und Darstellungen eines Maisgottes zeigt, in einer späteren Bauperiode aber durch eine andere, vorausgesetzte Pyramide verbaut wurde, wobei man die Lücke mit Steinen und Erde füllte. Solche Überbauungen oder Ummantelungen haben in der Baugeschichte Altmexikos eine große Rolle gespielt. In Teotihuacan unterscheidet man nach Technik und Stil drei Bauperioden.

Haben wir von den Bauten der Tempelstadt nur die eindrucksvollsten erwähnt, so muß aber darauf hingewiesen werden, daß nicht nur ihre Fassaden farbige Bemalung trugen, sondern auch die Innenwände der Tempel mit Wandgemälden geschmückt waren. Sie wurden auf einen Malgrund aus mit Quarzsand vermischtem Kalk aufgetragen, mit Mineralfarben angelegt und entweder al fresco oder al secco, in letzterem Falle in Temperamanier, ausgeführt.

Über die profane Kultur geben Hausruinen und Gräber Aufschluß. Um einen Binnenhof gruppierten sich einstöckige und fensterlose Wohnräume aus verputztem Lehm. Grabbeigaben enthüllten einiges über Waffen und Werkzeuge, Hausrat und Schmuck. Metalle waren noch unbekannt. Man verarbeitete Obsidian und fertigte Gewebe aus Agavefasern und Baumwolle. Die Einfuhr anderer Rohstoffe läßt auf weitreichenden Handel schließen: Muscheln von beiden Küsten, Jade aus dem südlichen Mexiko und Zinnober aus dem Mayagebiet. Die klassische Keramik besteht aus Dreifußgefäßen mit flachem Boden, die man mit ausgeschabten Mustern oder durch Bemalung auf einem Stucküberzug verzierte.

Das Fehlen von Befestigungen und kriegerischen Darstellungen läßt nicht auf gewalttätige Gesinnung schließen, sondern es spricht alles für eine Herrschaft von Priesterfürsten, denen das Menschenopfer noch unbekannt war.

Die religiösen Vorstellungen können wir aus Plastiken von hieratischer Strenge und Wandgemälden erarbeiten. Höchster Gott war der Regengott, dessen Reich das Paradies der Verstorbenen war. Auch die Federschlange verkörperte hier Gewässer. Den Gottheiten wurden Opfer von Nahrungsmitteln, Quetzalfedern und Jade gebracht. Naturalistische Tonköpfchen hält *Caso* für Abbildungen von Toten, und Masken aus Jade, Andesit und Basalt wurden vermutlich den Mumienbündeln vorgehängt.

Die Anfänge Teotihuacans überschneiden sich mit dem späten Archaikum und dürften in das 1. und 2. Jahrhundert unserer Zeitrechnung reichen. Wir erwähnten schon, daß man die Baugeschichte der Tempelstadt selber in drei Perioden teilt, in deren erste die Errichtung der „Sonnen"- und „Mond"-Pyramide fällt, während Wandgemälde, Dreifußgefäße und Tonköpfchen dem Höhepunkt der Entwicklung, der dritten Epoche angehören, die nach keramischen Exportstücken im Mayagebiet datiert und mit der dortigen „Tzakol"-Periode (435–623) synchronisiert werden kann. Sind wurzelhaft die Einflüsse der Olmeken nicht zu verkennen, so hat ihrerseits die Kultur der Priesterstadt weithin ausgestrahlt. Sie hat im Austausch mit anderen Gesittungen der Theokratischen Zeit gestanden, mit den Totonaken und Zapoteken ebenso wie mit den Maya des „Alten Reichs"; selbst auf dem Hochland von Guatemala hat *Kaminaljuyú* Pyramiden im Teotihuacan-Stil und klassische Teotihuacan-Keramik ans Licht gebracht.

Eine bedeutende Handelsmetropole muß im zentralen Hochland das später durch seine Keramik berühmte *Cholula* gewesen sein. Sein „künstlicher Berg", eine Stufenpyramide, deren Grundfläche 160 000 qm deckt, erhob sich zu 62 m Höhe. Ihre Durchforschung mittels insgesamt 6 km langer Stollen hat mehrfache Überbauungen freigelegt. Aus ihnen läßt sich erschließen, daß dieses mächtige Bauwerk vermutlich schon ausgangs der archaischen Periode entstand, im wesentlichen während der klassischen umgestaltet wurde, zur Zeit der Azteken aber schon ähnlich aussah wie heute.

Einer etwas späteren Phase – zwischen der Teotihuacan-Periode und der Tolteken-Epoche – gehört die Ruinenstätte von *Xochicalco* an. Sie ist der nördlichste Vorposten greifbarer Einflüsse aus dem Mayagebiet, die sich beispielsweise in der Darstellungsart der Figuren auf dem geböschten Fries einer Pyramide manifestieren, während hieroglyphische Zeichen an Entsprechungen bei den Zapoteken erinnern.

Die *Zapoteken* bewohnen noch heute ein geschlossenes Siedlungsgebiet im südlichen Mexico, das seinen Schwerpunkt im subtropischen Klima um Oaxaca hat. Während ihre Sprache derzeit noch von 111 000 Menschen gesprochen wird, ist uns ihre alte Kultur zum Teil durch Schriftquellen der Entdeckungszeit, für die zurückliegenden Epochen durch die Altertumskunde erschlossen.

In ihren Tänzen treten sie heute noch mit prächtigen Federkopfschmucken auf. Einst verwandten sie Cochenille und Purpur zum Färben ihrer Gewänder, die bis zu den Füßen reichten, und benutzten Kupfermesser als Geld. Ihre Hauptstadt hieß Zaachilla. Der letzte König, der die Ankunft der Spanier erlebte, trug den Namen des Regengottes Cocijo-eza, während sein Sohn Cocijo-pij als Statthalter in dem von den Zapoteken besetzten Tehuantepec residierte. Neben dem weltlichen Herrscher stand ein oberster Priester, der gleichzeitig oberster Richter war; er residierte in Mictla (heute Mitla), war unverheiratet, erzeugte jedoch seinen Nachfolger mit der Tochter eines Kaziken. Außer dem beherrschenden Regengott können wir noch ein höchstes Götterpaar und neben mehreren weiteren Gottheiten einen Kulturheros greifen. Kultmittel waren Räucherungen, Kasteiungen sowie in beschränktem Umfange Menschenopfer, vor allem von Kindern im Dienste des Regengotts. Man kannte die allgemeine Beichte zur Sündentilgung und erwartete von den Göttern Orakel. Wir finden auch hier den priesterlichen Kalender von

260 Tagen, der möglicherweise von den Zapoteken entwickelt wurde, anders als der aztekische aber in vier Kalenderabschnitte zu 65 Tagen, und diese wiederum in fünf Zeitabschnitte zu 13 Tagen, zerfiel.

(T. 1–7) Seit 1931 hat man die Tempelstadt auf dem Monte Albán freigelegt, die auf einer künstlich geebneten Fläche von 700 auf 250 m liegt. Von architektonischen Eigentümlichkeiten seien mächtige Rundsäulen sowie die Verbindung von Plattformen und versenkten Höfen erwähnt. Auch wurde ein Ballspielplatz mit schräg ansteigenden Wänden ausgegraben. Zu den Merkwürdigkeiten gehört die „Galería de los danzantes", in Stein gemeißelte Reliefs von Menschen in schwer zu deutender Pantomime, die man für Zeugnisse alten olmekischen Einflusses hält. Am meisten Aufsehen aber haben die über 150 bisher geöffneten Gräber erweckt; bemerkenswert, weil sie die einzige über die Schachtgräber des Westens hinaus entwickelte Grabarchitektur in Mesoamerika repräsentieren: T- und kreuzförmige Anlagen, mit bemalten Wänden und reichen Beigaben, darunter den typischen Figurengefäßen in einem bizarren und unverkennbaren Stil. *(T. 16)* Reliefbedeckte Stelen schlagen eine Brücke zur Maya-Kultur. Ihre Darstellungen sind teils bildhaft, teils hieroglyphisch; letztere erinnern an Xochicalco und schlossen neben Punkten auch Balken als Zahlzeichen ein.

Die Kulturgeschichte der Zapoteken wird in vier Perioden geteilt, in deren erster archaische und olmekische Elemente hervortreten. Der Höhepunkt fällt in die dritte Epoche, die zeitlich der Blüte von Teotihuacan und der klassischen Mayakultur entspricht. In einer vierten Epoche war der Monte Albán schon aufgegeben, und das Nachbarvolk der Mixteken übernimmt die führende Rolle. Mixteken besetzen um 1300 Mitla und den Monte Albán, wo das berühmte „Grab 7" mit seinen reichsten Kunstschätzen die Grabstätte eines mixtekischen Fürsten war.

(T. 10–12) Unter den Bauten von Mitla ist der „Säulenpalast am bekanntesten, mit seiner im Verhältnis zur Länge schmalen Vorhalle, in der sechs starke manolithische Rundsäulen ein flaches Balkendach trugen. Der Palast ist durch seine kunstvolle Wandbekleidung aus ursprünglich 100 000 genauestens eingepaßten Steinplatten mit herausgearbeiteten geometrischen Mustern berühmt. Auch zur Seit der Conquista brillierten die kunstvollen Werke der Mixteken, sei es in Stein oder Gold und Juwelen, ebenso wie auch die besten Bilderhandschriften aus der Mixteca stammen.

Die erste ethnische Gruppe Mexikos, mit der die Spanier es zu tun hatten, waren die *Totonaken* – ein eigensprachiges Volk auf der Abdachung der Sierra Madre Oriental, das dem warmen Klima gemäß auch die Süßkartoffel und Maniokwurzel anbaute und in Häusern mit Rohrdach und Strohwänden wohnte.

Die Totonaken hatten früher einmal ein ausgedehnteres Reich, das mit dem Eindringen der Nahua in den mexikanischen Raum an Bedeutung verlor, und gerieten schließlich unter die Tributherrschaft der Azteken. *(T. 140.)* Von ihren eigentümlichen Sitten hat sich bis heute das „Fliegerspiel" erhalten, dessen Mitwirkende an Stricken von einem hohen Maste kreisend herabschweben. Im Dienst ihrer Götter stand eine Priesterschicht, zu deren Kultmitteln auch das Menschenopfer gehörte.

Cempoala, wohin die Spanier kamen, war allerdings eine jüngere Tempelstadt. In ihrem Mauerbereich standen niedrige Pyramiden, deren größte bei nur 11 m Höhe eine Unterteilung in dreizehn, also verhältnismäßig niedrige Absätze aufweist; gestufte „Zinnen", die Wolkensymbole waren, faßten die obere Plattform ein. Cempoala gehört der totonakischen Spätzeit an und wird in die Spanne zwischen 1200 und 1520 datiert.

Ähnlich wie im zapotekischen Raum Mitla den Monte Albán ablöste, ging dem jüngeren Cempoala der Tajín vorauf (600–1200), neben Teotihuacan und dem Monte Albán die dritte große Kulturmetropole der Theokratischen Zeit. Das im engeren Sinne „Tajín" genannte klassische Bauwerk ist eine Tempelpyramide auf einer Grundfläche von 35 mal 35 m, die in sieben Absätzen zu 25 m Höhe steigt und als markante Eigenart in den senkrechten Oberteilen dieser Absätze über geböschten Sockeln 364 ornamentale Nischen hat.

Den Totonaken gehören auch einige Gruppen charakteristischer Funde zu. Das sind eimal die steinernen „Joche", etwa 45 cm lange und 30 cm breite schwere Skulpturen in Hufeisenform, die mit Reliefs von Menschen und Tieren geschmückt sind. Man nimmt an, daß sie rein kultischen Zwecken dienten und olmekischen Ursprunges waren. *(T. 17)* Unter *„Palmas"* versteht man dreikantige, prismatische Steinfiguren, die sich fächerförmig verbreitern. Während die flache Rückseite mit Reliefs überzogen sein kann, ist der eckige Vorderteil vollplastisch ausgearbeitet. Der wirkliche Sinn der *Palmas* ist unbekannt. Die Keramik der Totonaken verrät Beziehungen zu Teotihuacan. Offenbar waltete ein Austausch zwischen allen Zentren der Theokratischen Zeit.

In diesen Zusammenhang gehört ein Hinweis auf die nördlich an die Totonaken angrenzenden *Huaxteken,* einen von der Hauptmasse ihrer Verwandten getrennten Mayastamm. Ihre Abspaltung von dem Gros der Maya muß früh erfolgt sein. So haben die Huaxteken an der hochkulturellen Entfaltung ihrer Verwandten nicht teilgenommen, doch dank den Einflüssen, die von Teotihuacan, den Tolteken und Totonaken zu ihnen gingen, eine Kultur von besonderer Eigenart geformt. So wie sie bis zum heutigen Tag in Rundhäusern wohnen, waren auch ihre Tempelpyramiden von kreisrunder Form. Von hier wurden sowohl Quetzalcoatl, der Windgott, wie die Erdgöttin Tlazolteotl in das aztekische Pantheon übernommen. Muschelzierate und Keramik lassen sogar an noch weiter reichende Beziehungen zu den Völkerschaften im Südosten und Südwesten der heutigen Vereinigten Staaten denken.

Der Einbruch des Nordens: Tolteken und Chichimeken

Den wichtigsten Wendepunkt in der Geschichte Mexikos stellt der Übergang vom 8. zum 9. Jahrhundert n. Chr. dar. Mit diesem Umbruch setzt auch die Tradition der damals nach Mexiko eingewanderten und von nun ab führenden Völker ein. Ihre Geschichte bis zur Ankunft der

Spanier kann man wieder in zwei Perioden trennen, die wir als *Toltekische Zeit* (bis zum Ende des 12. Jahrhunderts) und *Chichimekische Zeit* (bis zum Anfang des 15. Jahrhunderts) unterscheiden. Den Nahua war auch späterhin noch bewußt, daß ihre Ahnen einst aus nördlicher Richtung einwanderten und sich den vorgefundenen Kulturvölkern (der von uns so genannten Theokratischen Zeit) assimilierten. Wir haben es hier mit einem typischen Vorgange völkischer Überschichtung von seiten eines erobernden Herrenvolkes zu tun.

Die Geschichtslegende bewahrt die Erinnerung an zehn *toltekische* Könige, deren Regierungszeit von 856 bis zum Tode des letzten im Jahre 1174 reicht. Aus ihrer Folge ragt der fünfte König Ce acatl topiltzin (Unser Fürst 1 Rohr) hervor, dem man später den Namen Quetzalcoatl und die Lebensdaten 947–999 gab. 977 sei Quetzalcoatl in der toltekischen Hauptstadt Tollan als Priesterfürst eingesetzt worden, habe dann aber, in Sünde gefallen, Tollan verlassen, sich nach Osten gewandt und im „Lande der Morgenröte" selber verbrannt. Im Anschluß an diese Auswanderung brach ein Zeitalter der Menschenopfer und Kriege an, das seinen Höhepunkt unter Huemac erreichte, im Gefolge von Naturkatastrophen und Hungersnot aber zusammenbrach und mit der völligen Preisgabe Tollans, also einer zweiten Auswanderung, endete. Diese Legende möchte innerhalb der toltekischen Zeit eine friedliche theokratische Phase von einer späteren, weltlich gearteten, scheiden. In Wirklichkeit liegt eine völkische Kontinuität durch die ganze toltekische Zeit zutage, die Herrschaft einer eingewanderten Nahua-Herrenschicht, die von Tollan aus die Lande regierte, sich von der theokratischen Zeit jedoch durch die Einführung der Menschenopfer grundlegend unterschied. Ein verbindendes Glied zwischen der Teotihuacan-Periode und der Toltekischen Epoche stellt freilich das aus der ersteren übernommene, aber in seiner Bedeutung gewandelte Kultsymbol der gefiederten Schlange dar. Im übrigen ist die Auffassung der älteren toltekischen Zeit als einer Phase des unblutigen Kults und des Friedens eine „Projektion älterer Zustände (nämlich der Teotihuacan-Periode) in eine spätere (die erste toltekische) Zeit" *(Krickeberg).*

Bei den altertumskundlichen Zeugnissen steht die Schlichtheit der toltekischen „Mazapan-Keramik" im Gegensatz zu den kunstvollen Bauten und Bildwerken, die seit 1940 in Tollan, dem heutigen Tula im Staat Hidalgo, freigelegt worden sind. Freilich sind von dem Haupttempel nur mehr Trümmermassen übriggeblieben, dafür aber haben sich eindrucksvolle Reste der Tempelpyramide des „Morgensterngottes" erhalten. Der Tempel stand auf der Plattform eines in fünf Stufen gegliederten Pyramidenstumpfs, deren jede aus einem geböschten Sockel und einem senkrechten Fries darüber bestand. Der Eingang zur Vorhalle wurde von Schlangensäulen unterteilt. Das Dach aber trugen acht Pfeiler, deren vier vordere konventionell stilisierte Kriegerfiguren darstellten und aus je vier zylindrischen Steinen von insgesamt 4,60 m Höhe gearbeitet waren. Außer einem Ballspielplatz mit senkrechten Wänden wurde eine 2,20 m hohe Mauer entdeckt, die einen Fries von Schlagen und Stufenmäandern trägt und von einer Zinnenreihe gekrönt ist. Die Steinplastik kannte den unter dem Namen „Chacmool" geläufigen Typ einer halbliegenden Figur, deren Schoß als Libationsschale ausgebildet ist. Eine Interpretation der Ikonographie von Tula kommt zu dem Ergebnis, daß nicht mehr der Regengott der Theokratischen Zeit das Weltbild beherrschte, sondern kriegerische Astralgötter, zu deren Symbolen Adler und Jaguare gehören, die später Symbole der aztekischen Krieger sind.

Tula muß eine Metropole der zentralmexikanischen Menschen gewesen sein. Was ist aus ihnen geworden? Was können wir über die Wanderungen sagen, die in zwei Schüben zur Preisgabe Tollans führten?

Das Ziel der ersten Wanderung, also des Auszuges von Ce acatl, war die bisher von „Olmeken" bewohnte südliche Golfküste, von denen die Tolteken wohl mancherlei übernahmen. Und sie ging weiter bis ins nördliche Yukatan – 1220 km von Tula (auf dem kürzesten Wege) bis Chichen Itzá! Wahrscheinlich legten die Auswanderer den Weg von der Golfküste bis zum Strand von Tabasco auf dem Wasserweg, also auf Booten, zurück. In Yukatan tritt Quetzalcoatl unter dem gleichbedeutenden Maya-Namen Kukulcan als religiöser Erneuerer und politischer Reformator auf, der mit Hilfe der bis dahin in Campeche heimischen Itzá das nördliche Mayaland unterwirft. Nach Festigung der toltekischen Oberherrschaft über die Städte der Maya mit dem politischen Mittelpunkt Mayapan – worauf bei der Darstellung der Maya-Kultur ausführlicher einzugehen ist – kehrt Ce acatl wieder nach Mexiko heim.

Der endgültige Auszug der Tolteken aber erfolgte nach der Zerstörung Tollans (1168) und Huemacs Tod (1174). Ein Teil der Auswanderer zog ins Hochland von Mexiko und besetzte dort Colhuacan. Andere richteten sich nach dem Hochlande von Puebla, dessen Mittelpunkt ja das von Olmeken angelegte Cholula war. In der Verbindung teltekischer und olmekischer Elemente obsiegte die toltekische Sprache, kulturell aber waren wohl die Olmeken die Gebenden. Aus dem Hochlande von Puebla setzten toltekische Gruppen ihren Wanderweg weiter nach Süden fort: Sie zogen durch Oaxaca, Chiapas und Guatemala bis nach Salvador und Nikaragua, wo wir ihnen als Pipil und Nicarao wiederbegegnen werden.

Welche Katastrophe hat aber eigentlich zum Verlassen von Tollan geführt? Der Untergang des Toltekenreiches wurde durch eine zweite Welle nomadischer Nahua aus Nordamerika, die wir als „*Chichimeken*" bezeichnen, bewirkt, die damals von einem König Xolotl angeführt wurden. Im ersten Drittel des 13. Jahrhunderts drangen die Chichimeken in das Tal von Mexiko und schlugen ihre Herrschaft in Tenayuca auf. Der vierte Herrscher verlegte die Hauptstadt von dort nach Tetzcoco, wohin mixtekische Kundige die Kenntnis von Schrift und Kalender bringen. Während eine spätere Einwanderergruppe weiter östlich Tlaxcala gründet, zerfällt unter seinem fünften Herrscher das chichimekische Reich in eine Anzahl von Fürstentümern, unter denen der Stammesstaat der Tepaneken hervorragt, die von Azcapotzalco aus die Hegemonie über das ganze Hochtal gewinnen. 1392 erobern sie Chalco, 1413 Colhuacan, und 1418 gelingt noch die Einnahme von Tetzcoco, wobei Nezahualcoyotl, der Sohn des getöteten Königs, zu fliehen vermag. Die Suprematie der Tepaneken ruft ein Bündnis gegen sie auf den Plan: Zu ihrem Sturz vereinigen sich die Azteken von Tenochtitlan – die erst seit 1376 einen eigenen König hatten – und die Bewohner von Tlatelolco mit Nezahualcoyotl, dem Thronanwärter Tetzcocos, erobern mit Hilfe der Tlaxcalteken 1430 Azcapotzalco und vernichten das tepanekische Reich. Dieses Ereignis kann als Grundstein der aztekischen Macht bezeichnet werden. Die hier nur in großen Zügen gegebene Überlieferung wird von den Ergebnissen der Altertumskunde begleitet. Sie verbindet mit dieser „chichimekischen“ Phase vier keramische Stile (von Colhuacan, Tenayuca, Tenochtitlan und Tlatelolco) und hat als bedeutendstes Bauwerk dieser Epoche die mehrfach überbaute Pyramide von Tenayuca freigelegt. Diese ist auch deshalb für uns bedeutsam, weil ihr in vielen Wesenszügen, wenn auch in vergrößertem Maßstab, der von den Spaniern völlig zerstörte Haupttempel der *Azteken* in Tenochtitlan entsprach.

Kultur und Reich der Azteken

Im aztekischen Alltag spielten Reste der Wildbeuterwirtschaft noch eine beachtliche Rolle. Freilich trat die Landjagd mit Pfeil und Bogen zurück. Wichtiger waren die Erlegung von Vogelwild, besonders von Enten, und der Fischfang aus den fünf Seen, die einen großen Teil des Hochtales füllten; hier konnte von Einbäumen aus mit Wurfbrett, Fischspeer und Netzen ein ergiebiger Fischfang betrieben werden. Demgegenüber stellen die Larven des Axolotl, eine Paste aus Mückeneiern und ein käseartiger Kuchen aus einer Alge eher Delikatessen dar. Eine noch größere Rolle spielten Jagd und Fischfang bei den *Tarasken* in Michoacan; in ausgedehnten Wäldern konnten sie mit dem Bogen dem Wild nachgehen und einst wie heute auf den in ihre Berge eingebetteten Seen, vor allem dem Pátzcuaro-See, Wildenten und Wildgänsen mit der Speerschleuder nachstellen und Fische mit großen Klappnetzen einbringen.

Zur Sammelwirtschaft könnte auch die Gewinnung von Salz am Rande der Seen gerechnet werden, ferner die des Rauschtrankes Pulque aus dem Saft der Pulque-Agave und die Ernte der Tunas, der Früchte der Feigenkakteen (Opuntien).

Die als Sammler und Jäger eingewanderten Nahua, und so auch die Vorfahren der Azteken, übernahmen von den vorgefundenen Völkern den Bodenbau, für dessen Entwicklung freilich im eigentlichen Hochtal nur eine beschränkte Fläche verblieb. So erklärt sich die eigentümliche Erfindung der *„chinampas“*, der sogenannten „schwimmenden Gärten“: im Boden verankerter, mit Schlamm bedeckter Flöße aus Flechtwerk, auf denen vor allem Gemüse angebaut wurde und die sich in Resten noch bei Xochimilco erhalten haben. Von einer solchen Verlängerung des Ackerbodens in die Seen hinein ist die festländische „milpa“-Kultur zu unterscheiden, wobei gegebenenfalls mit der Steinaxt gerodet wurde, als Ackergerät nur der Pflanzstock diente, doch künstliche Bewässerung und Düngung mit Pflanzenasche geübt wurde. Hauptanbaupflanzen waren Bohnen, Kürbisse, Tomaten, Ölpflanzen und vor allem der Mais, der aber zusätzlich auch aus allen Richtungen importiert wurde. Eingeführt wurden auch Genußmittel aus den Tiefländern, indianischer Pfeffer, Bienenhonig, Tabak und Kakao. Als Haus- und Schlachttiere kannten die Alten nur Truthahn und Hund. Truthahn und Fische, gerne mit einer scharfen Soße gewürzt, bildeten die animalische Nahrung, der Gemüse und als Grundkost der Mais gegenüberstanden. Maisgerichte gab es auf vielerlei Art: als mehlige Suppe, als Fladen oder gefüllte Klöße. Von Genußmitteln erwähnten wir schon Kakao und Tabak;

ersterer wurde kalt, und zwar mit Zusatz von Pfeffer, Vanille und Honig genossen, der Tabak in Form von Zigarren, wobei man ähnlich wie bei den Virginias die Tabakblätter um ein Rohr wickelte.

In den subtropischen südlichen Tälern sieht man heute noch die überkommenen Hütten mit Schilfdach und Rohrwänden. Aber auch die Tarasken bauten ihre „*jacales*" aus Holz. Dagegen bestanden die Wohnhäuser der Azteken aus Adobe, das heißt luftgetrockneten Ziegeln aus Lehm. Sie waren kubische Baukörper mit einem Balkendach; doch gab es auch Satteldächer aus Stroh. Von diesem bis heute geläufigen Typ unterschieden sich die Häuser der Vornehmen, die aus vulkanischen Steinen errichtet und verputzt waren. Neben den Wohngebäuden sind Maisscheuern als große Tonurnen oder als Kästen aus einem Stangengerüst noch jetzt in alter Form in Gebrauch. Dasselbe gibt von dem in allen Dörfern gebräuchlichen Schwitzbad, das in Gestalt eines Bienenkorbes mit niedrigem Eingang gebaut und vor allem bei Schwangeren als nutzvoll verwendet wurde. Als Hausinventar dienten Felle, Decken und Matten neben Deckelkörben und Truhen. In keinem Haushalt fehlte und fehlt der „*metate*", der Mahlstein für Mais, während Stühle ein Privileg der Herrschenden waren.

(T. 15) Der äußeren Erscheinung drückte die Klassengesellschaft den Stempel auf. Waren doch alle Stände mit bestimmten Trachten, Schmucken und Symbolen verbunden. Männer trugen stets eine Schambinde, ferner eine über der linken Schulter geknotete Decke, welche die Arme frei ließ; als Fußbekleidung hatte man Ledersandalen. Die Frauen trugen außer dem Rock ein ärmelloses Hemd, vornehme Damen eine Art Poncho, eine quadratische Decke, die vorne und hinten als Dreieck herunterfiel. Das Material der Kleidung stellten bei den Gemeinen Agavefasern, bei den höheren Ständen die von der Golfküste importierte Baumwolle. Man verstand die Gewebe mit Ocker, Urrucú (Orleansrot), Indigo, Cochenille und Purpur zu färben, wobei die Muster Verdienste und Stellung bezeichneten. Der Stand bestimmte auch Haartracht und Schmuck. Die Azteken übten keine Deformierung des Schädels noch Tatauierung, kannten aber eine Körperbemalung; anders als die Tarasken trugen sie nur kleinere Lippenzierate. Schmückende Zutat lieferten Edelsteine, Federn und Gold für die gehobenen Stände, das einfache Volk hatte Ketten aus Muschelperlen, Schneckenschalen und Krallen. Eine Eigentümlichkeit waren die vielfachen „Devisen" der Krieger; sie bestanden aus ganzen Kostümen, Rückenschmucken und Prunkschilden, die vielfach Götter symbolisierten. Besonders genannt werden muß der Ornat des Königs: ein Diadem, blaue Gewänder, Ohren- und Nasenschmuck aus Türkisen, Handgelenkriemen mit Edelsteinscheiben und federbesetzte Oberarmspangen aus Muschelschalen.

(T. 21) Es sind zwar insgesamt neun mexikanische Federarbeiten, aber kein einziges Gewebe erhalten. Die Federtechnik war freilich im Olmekenland aufgekommen, doch werden berühmte aztekische Federschilde in Stuttgart und Wien verwahrt. In der Steinschneidekunst waren Mixteken die Lehrmeister der Azteken; bearbeitet wurden z. B. Türkise und Bergkristall, Jadeite und Obsidian. Bewundernswerte Werke haben die Goldhandwerker geliefert, verglichen mit dem geringen verfügbaren Edelmetall, das man nicht bergbaumäßig, sondern nur als Flußgold

gewann. Neben der Treibarbeit stand der von Mixteken zur Vollendung geführte Guß in verlorener Form, der erst um 1000 n. Chr. in Mesoamerika eingeführt worden war. Der Seltenheit entsprechend, dienten die edlen Metalle ausschließlich als Schmuck; doch auch die Verwendung des Kupfers beschränkte sich nahezu auf Messer, Meißel, Pfrieme, Angelhaken und Nadeln. Die aus Südamerika stammende Bronze war zwar bekannt, aber nur für stechende und schneidende Werkzeuge in Gebrauch.

(T. 19) Immer noch war der Stein das Material zu Beilen, Schlägen, Speer-, Pfeil- und Lanzenspitzen, und Feuersteinklingen wurden als Opfermesser verwandt. Hervorragend war die (ebenfalls von den Mixteken entwickelte) Holz- und Knochenbearbeitung. Man denke an die Reliefs der Fellpauken und der charakteristischen Schlitztrommeln. Demgegenüber tritt die eigentliche aztekische Töpferware zurück. Dagegen finden wir eine hervorragende keramische Kunst im Hochtal von Puebla („Cholula“-Ware) und bei den Mixteken. Halbkugelige Pokale, zylindrische Becher, Schalen und Henkelkannen seien als Formen genannt.

Beachtliche kunsthandwerkliche Leistungen haben auch die Tarasken vollbracht. Ihr Land bot reiche Kupfervorkommen für metallische Arbeiten, doch auch die Goldtechnik wurde von ihnen gepflegt. Nicht minder verstanden sie sich auf Federarbeit und eine dünnwandige und polychrom bemalte Keramik.

Von den Kulturvölkern der Theokratischen Zeit übernahmen die Nahua ebenso wie die Landwirtschaft auch die Architektur. Von den profanen Bauten ist aber sozusagen nichts übriggeblieben; das ist bei der herrschenden Lehmbauweise auch nicht verwunderlich. Aber selbst die Paläste der Großen, die doch aus Stein aufgeführt waren, können wir nur aus Berichten und Bildern erschließen. Moctezumas Palast stand an der Stelle des heutigen Regierungsgebäudes in México, wobei sich die aus vulkanischem Gestein errichteten Baulichkeiten um mehrere Binnenhöfe gruppierten. Die eingeschossigen Baukörper waren mit Balken gedeckt. Den Palast der Nezahualcoyotl von Tetzcoco schildern die Quellen ebenfalls als eine Gruppierung von Baukörpern um einen Binnenhof; die Räume dienten verschiedenen Zwecken: als Thron- bzw. Gerichtssaal, als Waffenarsenal und Tributspeicher; es gab dabei einen Saal, dessen Decke auf hölzernen Pfeilern ruhte, die auf steinernen Sockeln standen.

Zerstört sind auch die Tempel, die den Spaniern als Stätten des Teufels galten. Anders die Pyramidenstümpfe, die einst diese Tempel trugen. Gewiß hat man in wenigen Fällen Gräber in Pyramiden gefunden, doch nach wie vor sind das Ausnahmen, und wir müssen den gedanklichen Ursprung der Kultpyramiden anders als in Ägypten in der Vorstellung eines künstlichen Berges oder eines kosmischen Symbols suchen. Wie wir gesehen haben, waren die ältesten Pyramiden rund (siehe Cuicuilco), später ging man zu rechteckigen Grundrissen über. Die Pyramiden hatten einen Kern aus Geröll und Steinen, der mit Steinplatten und zum Teil auch mit Stuck bekleidet wurde. Mit ihrem Symbolcharakter hat auch die Unterteilung in Stufen etwas zu tun; wenn es auch nur in einigen Fällen gerade neun sind, so ist die gestufte Pyramide doch der steingewordene Ausdruck des mythischen Weltbildes, das sich den Himmel in neun übereinandergeschichteten Plattformen vorstellte.

Die Hauptpyramide Tenochtitlans erhob sich auf einer Grundfläche von 100 × 80 m und stieg in vier bis fünf Absätzen zu etwa 30 m Höhe empor, zu der eine zweigeteilte Treppe mit 114 Stufen führte. Die Plattform trug Tempel des Tlaloc und Huitzilopochtli. Diese Heiligtümer waren mit „Zinnen" bekrönt, die aber Wolkensymbole waren, und der Tempel Huitzilopochtlis war mit einem Fries aus Zapfen (Sternen) und Schädeln (Kriegerseelen) geschmückt. Diese Hauptpyramide lag mit weiteren kleineren in einem Tempelbezirk, dessen Mitte der Schnittpunkt der drei Dämme war und der, mit drei Türen versehen, 400 × 300 m maß.

Manche Details der Hauptpyramide hat man daraus rekonstruieren können, daß dieses Bauwerk nach dem Muster der älteren, aber erhaltenen Pyramiden von Tenayuca errichtet war. Hier kann man ausgezeichnet die Technik der fortschreitenden Überbauung studieren, einer für ganz Mesoamerika typischen Architekturmanier. In Tenayuca hat man nicht weniger als fünf Ummantelungen ermittelt, die man mit den alle 52 Jahre stattfindenden Erneuerungsfeiern in Zusammenhang bringt. Das vorhandene Bauwerk wurde dabei mit einem „Mantel" umgeben (dabei gleichzeitig also vergrößert) und der Zwischenraum mit Steinen und Erde gefüllt. Neben Pyramiden auf rechteckigem Grundriß hat es auch später noch kreisförmige gegeben, z. B. in Calixtlahuaca mit interessantem Übergang von einem rechteckigen vorderen zu einem zirkulären hinteren Teil. Dieser Typus ist kennzeichnend für die taraskischen „yácata"; sie wurden reihenweise auf eine Plattform gestellt, in der taraskischen Hauptstadt Tzintzuntzan beispielsweise auf eine solche von 425 × 250 m fünf Yácatas.

Neben den Tempelpyramiden sind als kultische Bauwerke die Ballspielplätze zu nennen, da das Ballspiel ein symbolgeladener Kultakt war. Die Ballspielplätze hatten T-Form mit schrägen Seitenwänden bei Maya, Zapoteken und Totonaken, geraden bei den Mixteken, Tolteken und den Azteken, mit senkrecht eingelassenen Ring-„Toren".

Ebenso wie das Ballspiel waren auch Festungen stets mit Kultanlagen verbunden. Dieweil die Tarasken nur Grenzkastelle aus Baumstämmen bauten, liegt Tepozteco auf einem nur durch Treppenstufen zugänglichen Steilabfall, wo auf einer 10 m hohen Terrasse noch die Umfassungsmauern der Tempelvorhalle und der Cella erhalten sind. Noch später (1501–1515) wurde der Felsentempel von Malinalco ganz aus dem anstehenden Gestein gemeißelt, mit einer zylindrisch ausgehauenen Cella von 3 m Durchmesser, deren Zugang als Drachenmaul ausgebildet ist.

In Malinalco sind auch Wandgemälde erhalten, die früher wohl überall die Kultbauten zierten. Ein Gegenstück sind die Fresken von Tizatlan (Tlaxcala). Diese Malerei war aber ebensowenig ein *l'art pour l'art* wie die stark kultisch gebundene Plastik. Die Reliefkunst hat meist einen weltbildhaft-religiösen Bezug. Ihr häufigstes Motiv ist das Sonnenbild, als welches auch der sogenannte „Kalenderstein" von 3,5 m Durchmesser im mexikanischen Nationalmuseum zu deuten ist. Kennzeichnende Anwendungen des Steinreliefs waren ferner die „Adlerschalen" zur Aufnahme des Blutes und der Herzen Geopferter. Die aztekischen Vollplastiken haben, wie *Krickeberg* vergleichend bemerkt, weder den Naturalismus der olmekischen noch die starre Gebundenheit der theokratischen Zeit. *(T. 18)* Konventioneller gestaltet sind dabei die Bilder der

Gottheiten, deren Persönlichkeiten man an ihren Symbolen erkennt. Verglichen mit der Ausdruckskraft realistischer Menschen- und Tierdarstellungen fallen figürliche Terrakotten (möglicherweise Massenware für Hausaltäre) ab.

Die Azteken waren ein Stamm der Nahua, zu denen außer ihnen, neben anderen Stämmen, die Tepaneken von Tlacopan, die Acolhua von Tetzcoco, die Bewohner von Chalco und von Tlaxcala zählten, die einen gemeinsamen mythischen Ursprungsort Chicomoztoc („7 Höhlen") kannten. Mit einer dem Mythos nicht ungeläufigen Diskrepanz nahmen die Azteken auch ein eigenes Ursprungsland Aztlan an. Sie selber nannten sich nach ihrem Stammesheros Mexica – ein Name, der dem des Landes Pate gestanden hat – und nach einem ihrer Häuptlinge auch Tenochca, eine Bezeichnung, die Technochtitlan als Stadt des Tenoch den Namen gab. Diese Vorläuferin der heutigen Hauptstadt wurde erst 1370, also nur 150 Jahre vor der Ankunft der Spanier, angelegt.

Die aztekische Metropole war eine Inselstadt inmitten der heute weitgehend trockengelegten Lagune von Tetzcoco. Mit dem Festland war sie durch drei Dämme verbunden, die aus Pfählen mit Steinfüllungen errichtet, aber für die Durchfahrt von Booten mit Zwischenräumen versehen waren, die mit tragbaren Brücken überdeckt waren. Vom Felsen von Chapultepec führte außerdem eine Wasserleitung zur Stadt, die von dem geistig überragenden Verbündeten, Nezahualcoyotl von Tetzcoco, aus überwölbten gemauerten Rohren ersonnen ward. Die in vier Bezirke gegliederte Stadt soll auf dem Höhepunkt ihrer Macht 300 000 Bewohner gezählt haben, vielleicht eine Übertreibung der spanischen Quellen, die der schwedische Forscher *Linné* auf 75 000 berichtigen möchte.

Als erster historischer Herrscher wird Acamapich (ab 1376) genannt, zu dessen Zeit die Azteken noch unter tepanekischer Vorherrschaft standen. Itzcoatl (1428–1440) vernichtete dann im Bund mit Tetzcoco die Herrschaft der Tepaneken, und Moctezuma (eigentlich: mo-tecuhzoma, „der aufbrausende Fürst"), der von 1440 bis 1469 regierte, begründete den Dreibund von Tenochtitlan, Tetzcoco und Tlacopan, unterwarf Chalco und brachte den Weg zur Golfküste unter die Aufsicht des Dreibundes, während sein Nachfolger Axayacatl (1469–83) die Herrschaft über die Straße ins Huaxtekenland sicherte. Die kurze Regierungszeit Tizocs (1483–86) wurde von Ahuitzotl (1486–1502) gefolgt, der die pazifische Küste zwischen Colima und Acapulco unter Kontrolle brachte und auch Oaxaca und Soconusco durch Garnisonen an die aztekische Vorherrschaft band. Als sein Nachfolger bestieg ein Sohn Axayacatls, Moctezuma II., den Thron. Er reorganisierte den Dreibund im Sinne der aztekischen Führung, brachte das Land der kunstfertigen Mixteken in Abhängigkeit, fiel aber 1520 in die Hände der Spanier.

Als staatsrechtliches Gefüge stand der von den Azteken beherrschte Dreibund, wie *Krickeberg* vergleichend bemerkt, dem Irokesenbund näher als dem straff zentralisierten peruanischen Inkareich. Denn die drei Partner hatten in ihrer Innenpolitik völlige Selbständigkeit. Bei der Wahl eines jeden der drei Könige hatten aber die beiden Kollegen Sitz und Stimme. Sie entschieden gemeinsam über Frieden und Krieg und verpflichteten sich zu Beistand im Angriffsfall.

Ohne die Eroberung durch die Spanier wäre voraussichtlich ein von den Azteken geführter Einheitsstaat das Ende der Entwicklung gewesen. Auch bei den Tarasken hatte ein früherer Dreibund einem militärischen Regiment Platz gemacht, das seine Herrschaft aus dem Kerngebiet von Michoacan heraus weithin vorschob und der aztekischen Ausbreitung widerstand. Als die Spanier kamen, befand sich Mexiko vor dem endgültigen Austrag zwischen der aztekischen und der taraskischen Macht.

Die Expansion des Dreibundes zielte weniger auf den uns geläufigen Landgewinn als auf die Beherrschung der Straßen, um die Einfuhr benötigter Güter zu gewährleisten. Zu einer tatsächlichen Kolonisierung fehlte es den herrschenden Stämmen an Menschenmaterial. Dagegen war ein zweites Ziel ihrer Machtausweitung der Zugewinn von Tributen und Fronden aus den durch Garnisonen gesicherten Gebieten, wobei die Gewinnung von Menschenopfern nicht das geringste Anliegen war. Der tatsächliche Einfluß der Zentralgewalt nahm dabei mit der Entfernung vom Zentrum ab. Die 38 Tributbezirke bildeten nicht einmal eine zusammenhängende Landmasse, sondern wurden durch unabhängige Territorien, z. B. den unbezwingbaren Stadtstaat Tlaxcala, unterbrochen; sie standen zum Teil nur in einem Bündnisverhältnis unter eigenen Häuptlingen. Den provinziellen Statthaltern waren Tributeinnehmer zur Seite, und von den Abgaben flossen je zwei Fünftel nach Tenochtitlan und Tetzcoco, ein Fünftel nach Tlacopan. Die Aufrechterhaltung eines so komplizierten Hegemoniesystems erforderte auch die Entwicklung eines Verkehrswesens, Straßen und Brücken, einen durch Stafetten geleisteten Nachrichtendienst und nicht zuletzt topographische Kenntnisse (Karten), denen auch die Reisen der Fernhändler dienten. Solchen Fortschritten gegenüber drückt das Fehlen der Metalle der Waffentechnik einen altertümlichen Stempel auf: während die kriegerischen Tarasken (die alle Kriegsgefangenen mit Ausnahme der als Sklaven aufgezogenen Knaben umbrachten) mit hölzernen Kolbenkeulen zu Felde zogen, kämpften die aztekischen Krieger mit flachen Holzkeulen, die mit Obsidiansplittern bewehrt waren, ferner mit Pfeilen und Speeren, die Feuersteinklingen trugen, dieweil Schilde und wattierte Baumwolljacken der Abwehr dienten.

Wurde Tlaxcala von den Vorstehern der vier Stammesgruppen gemeinsam regiert, so finden wir an der Spitze der aztekischen Staatsführung einen Staatsrat aus zwölf hohen Adeligen. Dagegen haben die Vorsteher der vier Stadtquartiere, geschichtlich gesehen, hier einem engeren Gremium Pate gestanden, das den König wählte und die beiden verbündeten Herrscher dabei hinzuzog. Diese ursprünglich von sämtlichen *calpolec* vorgenommene Wahl fiel später immer auf einen Angehörigen der gleichen Familie, so daß man schon von einer herrschenden Dynastie sprechen kann.

Neben dem König, der von Haus aus oberster Kriegsführer war und den Titel Tlacatecutli („Fürst der Menschen") führte, stand der Cihuacoatl, offenbar ursprünglich eine Art Friedenshäuptling, der innenpolitische und gerichtliche Befugnisse hatte und ein nächster Verwandter des Königs war. Im Zuge der kriegerischen Entwicklung war der Tlacatecutli *de facto* zu einem nahezu absoluten Herrscher geworden, den ähnliche Privilegien wie in verwandten herrschaftlichen Gesittungen auszeichneten: auch ihm durfte man nur mit niedergeschlagenen Augen nahen; er wurde in einer Sänfte getragen und unterhielt neben anderem Gefolge einen Harem, der zwei Hauptfrauen und 150 Nebenfrauen umfaßte. Außer seinem stattlichen Domanialbesitz, neben seiner mobilen Ausstattung, neben Hoheitszeichen und Würdesymbolen waren ihm Lustgärten mit Tiermenagerien zu eigen. Dagegen war der taraskische König gleichzeitig geistliches und weltliches Oberhaupt. Auch er gebot über ein zentrales und regionales Beamtentum, wobei „Ressortminister" am Hofe den provinziellen Statthaltern und lokalen Kaziken befahlen.

Der in Tenochtitlan angesiedelte Stamm der Azteken gliederte sich in zwanzig exogame Lokalgruppen *(calpulli)*, die zu je fünfen die vier räumlich geschiedenen Stadtviertel bildeten; in Tetzcoco dagegen zählte man zwölf solcher *calpulli*. Das Land war vererblich unter die Gruppengenossen aufgeteilt und fiel nur beim Fehlen von Söhnen oder mangels Bearbeitung an die Gemeinschaft zurück. Daneben gab es auch eine gemeinsam bestellte Almende, deren Erträge für gemeindliche Aufgaben (für Arbeitsunfähige und für Abgaben) dienten. Neben dem *calpolec*, der seine Gruppe vor der Zentralgewalt zu vertreten und den Jungverheirateten Land zuzuteilen hatte, stand ein vom König ernannter Statthalter, ferner ein militärischer Führer, da die *calpulli* Einheiten von 2–400 Wehrfähigen bildeten.

Die Gesellschaft war nicht egalitär, sondern von einer ständischen Schichtung durchzogen. Bei der Oberschicht der *pilli* oder *tecutli* können wir einen Geburtsadel (die Verwandtschaft des Königs) von einem Verdienstadel ausgezeichneter Krieger scheiden. Der Adel war mit Landgütern aus eroberten Gebieten belehnt. Dieses Lehen war abgabenfrei und vererblich und fiel nur beim Fehlen von Söhnen an die Krone zurück. Neben den Domanien der drei Herrscher und den Adelsgütern gab es in den eroberten Landschaften Staatsgüter, deren Erträge der Besoldung von Richtern, Beamten und Kriegern dienten, und Tempelland.

Das gemeinfreie Volk schloß über die ursprünglichen zwanzig *calpulli* auch fremdstämmige Gemeinschaften ein, die als Facharbeiter mit ihren *calpulli* gleichzeitig Handwerkerzünfte waren: so die Federarbeiter, Steinschneider und die von der Golfküste eingewanderten Goldschmiede. Eine besondere Kaste bildeten auch die Fernhändler oder *pochteca*, die neben dem Handel auch mit Handelsverträgen und Spionage betraut und in hohem Ansehen waren.

Die Produkte der Handwerker und der Landwirtschaft sowie die Güter des Handels wurden auf Märkten umgesetzt, die zum Teil auf bestimmte Waren spezialisiert waren. Der bedeutendste Markt war in Tlatelolco. Die Kaufmannschaft zerfiel in sechzig Arten von Händlern (zum Teil zugleich auch Erzeugern) und besorgte selber die Marktpolizei. Als Wertmesser dienten Kakaobohnen für kleinere Werte, für größere Baumwolldecken und mit Goldkörnern angefüllte Kiele von Gänsefedern. Normalerweise genügten für den Kriegsdienst Berufssoldaten, deren Embleme Adler und Jaguar waren. In Notzeiten aber waren alle zur Verteidigung aufgerufen. Das kriegerische Verdienst bemaß man nach der Zahl der Gefangenen (Opfer!). An der Spitze des Heeres standen Angehörige des Geburtsadels, geführt von vier großen Würdenträgern, die ursprünglich wohl die Vorsteher der vier Stadtteile waren. Unter ihnen rangierten zwanzig weitere Anführer, vermutlich einst die Häupter der zwanzig *calpulli*.

Die Verlängerung der sozialen Skala nach unten bildete ein unfreier Stand, den wir in Sklaven und Hörige aufgliedern könnten. Als Hörige dürften wir die alte Bevölkerung der von den Azteken enteigneten Gebiete bezeichnen, wozu sich verarmte Stammesgenossen gesellten. Sie arbeiteten schollengebunden auf den Gütern der Adeligen, waren aber persönlich frei und besaßen bewegliche Habe. Als Sklaven müßten wir sowohl die zum Opfertode bestimmten Kriegsgefangenen (oder zu diesem Zwecke „gelieferten") Individuen ansehen wie solche Unfreie, die durch bestimmte Delikte, durch Schuldhaftung oder Notverkauf von Kindern durch ihre Eltern in Abhängigkeit gerieten. Auch sie durften weder veräußert noch getötet werden, konnten heiraten und bewegliches Gut erwerben.

Die Rechtsordnung wurde in ihrem gewohnheitsrechtlichen Grundbestand durch kräftige Ansätze zu einem Satzungsrecht ergänzt, das an den Namen Nezahualcoyotl, des „Solon von Anahuac" geknüpft ist. Unter nahezu völliger Unterdrückung der Selbsthilfe waren die Strafen auf Rechtsbrüche rigoros, was sich in vielseitigen Nuancen der Todesstrafen spiegelt. Adelige genossen den Vorzug, daß gegen sie geheim verhandelt und vollstreckt wurde. In „zivilen" Streitigkeiten traten bezahlte Anwälte auf. Ein Instanzenzug aber war unbekannt.

Das Familienrecht wird durch starke vaterrechtliche Züge geprägt. Bei der Eheschließung trat die Frau in den *calpulli* ihres Gatten über. Nur der von der Frau begangene Ehebruch wurde bestraft. Erben konnten nur Söhne, und fehlten solche, so ging die Habe nicht auf die Töchter, sondern auf Brüder des Verstorbenen über, so wie auch die Witwe einen Bruder des Verstorbenen heiratete. Ebenso wie die eheliche Treue der Frau wurde auch die Jungfräulichkeit der Mädchen hoch bewertet. Wirkungsbereich der Frau war nicht die Öffentlichkeit, sondern das Heim; sie wurde vor allem als Mutter geachtet, und der Tod im Kindbett wurde dem Kriegertod gleich geehrt. Blutsverwandte durften einander nicht heiraten. Die Eheschließung setzte die Zustimmung beider Elternpaare voraus. Sie wurde zeremoniell durch die Verknotung der Kleider bekräftigt, durfte aber erst nach einer Karenzzeit von vier Tagen vollzogen werden. Die Zahl der Frauen war nicht rechtlich begrenzt, aber wirtschaftliches Privileg der gehobenen Stände. Von den eigentlichen Ehefrauen sind dabei Nebenfrauen zu unterscheiden (die man aber nicht mit den ebenfalls vorhandenen Prostituierten verwechseln darf), wie sie z. B. von kinderreichen Gemeinfreien freiwillig an den Adel gegeben wurden. Die Erziehung der Kinder war auf eine strenge Note gestimmt; an körperlichen Züchtigungen sparte man nicht. Während Mädchen keinen öffentlichen Unterricht erhielten, wurden die Knaben, soweit sie nicht den gewerbstätigen Schichten entstammten, mit fünfzehn Jahren dem in jedem *calpulli* vorhandenen *telpochcalli* (offenbar einem ursprünglichen Junggesellenhaus) übergeben. Junge Prinzen und Adelige aber traten in ein Spezialinstitut, das *calmecatl*, ein, eine Priesterschule, die auch das Erbe an geistiger Bildung vermittelte.

Markant ist die Hinwendung des religiösen Bewußtseins an individuell geprägte Götterpersönlichkeiten. Dagegen vermissen wir bei den Azteken eine eigentliche Verehrung der Ahnen. Dem Totemismus verwandte Anschauungen klingen nur in dem sogenannten „Nagualismus" an, das heißt in der Vorstellung persönlicher tierischer Schutzgeister. Für die Götterwelt ist kennzeichnend der typisch hochkulturelle Vorgang der Ausbildung eines Pantheons, nicht zuletzt dank der Aufnahme zahlreicher Gottheiten, die von anderen Völkern stammen.

Uralt war der Glaube an ein Höchstes Wesen. Es wurde von den Azteken als das Paar Tonacatecutli („Herr unseres Fleisches") und Tonacacihuatl („Herrin unseres Fleisches") gedacht. Sie lassen aus dem Himmel die Kinderseelen in die Leiber der Mütter eingehen. Ein Kult wurde ihnen nicht dargebracht; sie waren zu mythenfernen Urhebern von allem geworden, überließen aber das Schicksal der Welt anderen schöpferischen Persönlichkeiten. Bald ist es Quetzalcoatl allein, bald sind es Quetzalcoatl und Tezcatlipoca, welche die Erde als Kröte vom Himmel holen. Der weitere Verlauf ist in den Mythos von den unvollkommenen Schöpfungen gekleidet, von vier dem gegenwärtigen vorangegangenen Zeitaltern, die durch Katastrophen geendet hatten. Denn die erste Schöpfung wurde durch Jaguare vernichtet, die zweite endete durch einen Wirbelsturm; die dritte wurde durch Vulkanausbrüche zunichte gemacht und die vierte durch eine große Flut, während die gegenwärtige Welt durch Beben zerstört werden wird. In echt mexikanischer Art entsprach jedes der Zeitalter einer der Himmelsrichtungen, deren Mittelpunkt Tollan war.

Das mythische Weltbild schließt für eine wissenschaftliche Analyse unauflösliche Widersprüche ein, die sich am ehesten aus dem Synkretismus erklären lassen. Das gilt sowohl für das Weltbild im räumlichen Sinne wie für die Vorstellungen vom Schicksal der Toten.

Der zeitlichen Perspektive der Weltalter stand auf der räumlichen Koordinate eine vertikale Schichtung des Kosmos zur Seite. Es ist eine weitverbreitete mesoamerikanische Anschauung, daß Himmel und Unterwelt eine aufrechte und eine umgekehrte Pyramide von 9 oder 13 Absätzen bilden, deren Schnittfläche eben die Erdscheibe ist. Man verband damit die weitere Vorstellung, daß die Sonne in ihrem täglichen Lauf die Stufen dieser Pyramiden erklettert beziehungsweise hinuntersteigt. In spezifisch aztekischer Ausprägung finden wir diese Stufen als über- beziehungsweise untereinandergelagerte Schichten, wobei neun Unterwelten neun oder auch dreizehn Himmel gegenüberstehen. Einzelne himmlische Plattformen sind dabei jeweils einzelnen Göttern und Naturerscheinungen zugeordnet, während die Unterwelten bis zum untersten Totenreich Mictlan mit allen erdenklichen Schrecknissen ausgemalt wurden.

Charakteristisch für die Jenseitsvorstellungen war, daß der auch hier zu fassende Synkretismus seinen Ausdruck in einem unterschiedlichen Schicksal der Toten fand, das aber nicht etwa ethisch bestimmt war, sondern nach der Todesart variierte. So gingen vom Blitz Erschlagene und Ertrunkene, Gichtbrüchige und Aussätzige zu dem auf den Gipfeln gedachten Reiche des Regengottes, wo üppige Fülle war. Im Krieg Gefallene und Geopferte, doch auch die im Kindbett gestorbenen Frauen, die auf Reisen (also im Feindesland) verstorbenen Kaufleute und die Könige zogen vergottet ins „Haus der Sonne" ein. Und frühverstorbene Kinder konnten an Früchten des „Blumenlands" saugen.

Priesterweisheit hat das ihre getan, um den Götterhimmel der das Weltbild beherrschenden Polarität und den dominierenden Kardinalpunkten anzupassen. Das hat zum Beispiel dazu geführt, daß manche Höheren Wesen in paarweisen Gestaltungen auftreten. Und hier, wie in allen anderen Frühhochkulturen, ist es zu sogenannten „Ressortgottheiten" gekommen, die für einzelne Nöte und Anliegen zuständig sind.

So tritt der Sonnengott Tonatiuh auch in der Gestalt des Stammesgotts Huitzilopochtli auf. Ihnen gegenüber verkörpert Tezcatlipoca (die Hauptgottheit von Tetzcoco) den nächtlichen Sternenhimmel und wurde ferner als Rächer des Frevels gedacht. Der am meisten dargestellte Quetzalcoatl hatte zum Symbol die gefiederte Schlange; Gott des Tierkreises und der Winde, galt er auch als Urpriester und als Kulturbringer. Der ursprüngliche Sternengott Mixcoatl (in Tlaxcala als Camaxtli verehrt) war bei den Azteken der Gott der Jagd.

In doppelter Gestalt tritt auch der Feuergott als Huehueteotl wie als Xiuhtecutli auf. Der Erd- und Mondgöttin Teteoinnan, die in Colhuacan Cihuacoatl hieß und auch als Göttin der Geburten verehrt wurde, stellten die Azteken die Mutter Huitzilopochtlis's, Coatlicue, zur Seite, die zwar auch Erdgöttin, aber todbringend war. Der aus Tlaxcala stammenden Xochiquetzal, einer Göttin der Liebe und der weiblichen Fertigkeiten, stand die aus der Huaxteca kommende Tlazolteotl als Göttin des sündhaften Geschlechtsverkehrs gegenüber. Die Maisgöttin Chicome coatl und die Agavegöttin Mayahuel finden wir neben dem Vegetationsgötterpaar Xipe Totec, der schon in Teotihuacan und auf dem Monte Albán begegnet und den Azteken später als Frühlingsgott galt, und Xochipilli, einem aus dem südöstlichen Hochland stammenden Frühlingsgott, der den Azteken zum jungen Maisgott wurde. Als Regen- und Wassergötter waren sowohl Tlaloc wie seine Frau Chalchiuhtlicue uralt. *(T. 18)* Der Donner entstand für die Azteken dadurch, daß Regengötter die Wasserkrüge im Himmel zerschlugen, deren auf die Erde fallenden Scherben die Blitze waren. Aber es gab noch manche anderen göttlichen Wesen, die als Schützer menschlicher Tätigkeiten vorgestellt und beispielsweise von Fischern, Steinschneidern, Mattenflechtern und Kaufleuten angerufen wurden.

Tiere waren nicht nur symbolhaft mit menschlich gedachten Höheren Wesen verbunden, sondern vielfach auch selber mythischer oder dämonischer Natur. Gehörte doch der Affe, wohl wegen seiner possierlichen Bewegungen, zu den Tanzgöttern, wurde die Kröte als Erddämon und das Kaninchen als Mondwesen (ähnlich unserem „Mann im Mond") vorgestellt. Der Hund, der bei den Zapoteken und Maya den Blitzgott symbolisierte, war bei den Azteken Begleiter der Verstorbenen auf ihrer Reise ins Totenreich, aber als Xolotl auch der Begleiter der Sonne auf ihrem täglichen Weg.

Hauptgottheiten der Tarasken war der Feuer- und Sonnengott Curicávari. In den übrigen Göttergestalten ist mancher aztekischer Einfluß greifbar. Der Regengott tritt bei ihnen ebenso hinter dem Feuergotte zurück, wie bei den Azteken die klassiche Regengottreligion durch die Verehrung astraler Götter zurückgedrängt worden war.

Der Verflechtung der Götter in alles kosmische und menschliche Geschehen entsprach ein antwortendes Handeln der Menschen, das wir als Kult bezeichnen. Als Mittel, auf den Willen der Götter und damit auf das Schicksal der Welt und der Menschen Einfluß zu nehmen, kannte man Gebet und Kasteiung, Opfer (besonders das Menschenopfer) und Kultfeste. Aber man muß sich auch der Mittel erinnern, mit denen der Mensch seine eigenen Kräfte und damit wiederum seine Einwirkung auf die Höheren Mächte zu steigern hoffte: Waschungen, Fasten, Enthaltungen.

(T. 14 u.) Zu den Opfergaben, die oft symbolisch für das Erbetene waren, gehörte auch Räucherwerk. Die Darbringung eigenen Blutes, das man aus Haut, Zunge und Ohren zog, leitet uns über zum Menschenopfer, dessen grausige Ausmaße mit dem Begriff Azteken verbunden sind. In der Tat waren bei der Ankunft der Spanier nicht weniger als 136 000 Schädel Geopferter auf dem dafür bestimmten Gerüst vor dem Haupttempel angebracht. Da der Krieg den Bedarf an menschlichen Opfern nicht deckte, verstieg man sich zu der Erfindung der „Blumenkriege": einen völkerrechtlichen Vertrag zwischen dem Dreibund und den Staaten Tlaxcala und Huejotzinco, der unter gegenseitiger Garantierung der Unabhängigkeit regelmäßige Turniere vorsah, wobei die beiderseitigen Gefangenen als Opfer anfielen. *(T. 14 u.)* Die klassische Form des Menschenopfers war die Herausschneidung des Herzens über dem abgestumpften Kegel des Opfersteins. Der Kopf wurde auf das genannte Schädelgerüst gesetzt, das Herz in die steinerne „Adlerschale" gelegt. Dieses schon von den Tolteken geübte Opfer diente ursprünglich der Sonne zur Stärkung nach ihrem nächtlich geschwächten Lauf, doch nimmt *Krickeberg* an, daß Menschenopfer an die Regen- und Fruchtbarkeitsgottheiten älter gewesen sind. Es gab daneben andere Formen des Opfervollzugs, indem man zum Beispiel den an ein Gerüst Gefesselten mit Pfeilen erschoß. Sich dem Opfer zu unterwerfen, war für den Gefangenen Ehrenpflicht; wer sich ihr durch Flucht entzog, wurde dafür mit dem Tode bestraft. *(T. 14 o.)*

Dem Rhythmus des Vegetationsjahres folgten kultische Feste, Kultdramen, dessen Mitwirkende Priester und Opfergefangene waren. Man mag darüber verschiedener Meinung sein, ob ihnen ein „Analogie-Zauber" oder die dramatische Wiederholung eines Urzeitgeschehens zugrunde lag. So entstand das Frühlingsfest im Zeichen des Gottes Xipe, zu dessen Ehren die abgezogene Haut des Geopferten einem jungen Priester überzogen wurde, der den sich erneuernden Gott darstellte. Einige mexikanische Völkerschaften übten bei ihren kultischen Feiern das „Fliegerspiel", dessen Partner sich an langen Seilen von einem hohen Mast rotierend herabschweben ließen. *(T. 14 o.)* Neben Totenfesten müssen wir auch die alle 52 Jahre vorgenommene Zeremonie der Erneuerung aller Feuer erinnern. Der Feuerkult war der Kern der taraskischen Religion; eine wesentliche Kulthandlung war bei ihnen das Anzünden und Unterhalten von Scheiterhaufen.

Außer beim Totenfest begleiteten Musikinstrumente die kultischen Feiern. Freilich waren, wie im gesamten Amerika, Saiteninstrumente unbekannt. Zum Blasen benutzte man die Gehäuse von Meerschnecken, hatte auch Flöten aus Rohr, Holz und Ton. Die übrigen Instrumente dienten der Untermalung des Rhythmus: Kürbisrasseln, Schildkrötenpanzer, deren Bauchseite mit einem Hirschgeweih angeschlagen wurde, und Trommeln; bei letzteren können wir Fellpauken von einer Abart der Schlitztrommel scheiden, die kunstvoll in kräftiger Reliefierung verziert war.

In einem ausgesprochen kultischen Zusammenhang muß das Ballspiel gesehen werden, das auch die Tarasken kannten. Es vollzog sich auf einem räumlich stets mit den Tempeln verbundenen, von Mauern umschlossenen Platz. Der Kautschukball durfte nicht mit den Händen, sondern nur mit Knien, Hüften und Rückenende berührt werden und sollte durch einen der beiden seitlich eingelassenen Ringe fliegen. Die weltbildhafte Bedeutung des Ballspiels beruhte darauf, daß der Ball den Lauf des Tagesgestirns nicht nur symbolisierte, sondern daß man sich von der Ausführung auch einen Einfluß auf den Fortbestand des kosmischen Vorgangs versprach.

Wir erwähnten schon, daß ein eigentlicher Totenkult nicht bestand. Außer den Verstorbenen, die in das Reich des Regengottes eingingen und ein Erdbegräbnis erfuhren, wurden die Toten verbrannt. Vier Jahre lang, bis zu ihrer Ankunft im Totenreich, wurden zur Stärkung auf ihrer mühevollen Reise Opfer für sie gebracht, und es wurde ihnen als Begleiter ein Hund mitgegeben. Die Asche der Fürsten aber setzte man in einer Steinkiste bei.

Der Pflege der religiösen Anliegen diente eine vielschichtige Kultorganisation, die von dem Hohenpriester (einem jüngeren Bruder des Königs) bis zu den Tempeldienern ging. Zählt *Sahagún* doch nicht weniger als 38 Kategorien von Priestern auf, deren obere Chargen im *calmecatl* eine höhere Bildung erhielten. Große Bedeutung kam im Leben des Alltags aber auch Zauberern und Wahrsagern zu. Dank ihrer Kenntnis der unheilverkündenden Zeichen wußten sie Naturkatastrophen voraus, und auch bei Krankheiten wurden sie zu Rate gezogen. Gutgesinnte Zauberer konnten gegen die Schadenswirkung von Hexenmeistern von Nutzen sein – kurz, magische und divinatorische Praktiken durchzogen das ganze Leben; so auch das Recht: ermittelte man doch beispielsweise einen Dieb durch ein Schlangenorakel.

Darüber darf man jedoch nicht verkennen, daß die Weisheit der Priester echte Einsichten und die Erkenntnisse vieler Naturzusammenhänge umschloß. Das Wissen der Priester wurde in aztekischer Zeit auf die sagenumwobene Periode von Tollan zurückgeführt, dürfte seine historischen Wurzeln aber eher in der theokratischen Zeitspanne haben, in der sich die Priesterschaft als Elite herausformte.

In der Heilkunde verbanden sich abergläubische (und doch psychologisch wirksame) Praktiken mit uns sinnvoll erscheinenden Maßnahmen. Neben mehr als 400 pflanzlichen Mitteln kann *Krickeberg* sich auf die Kenntnis des Aderlasses und der Schienung von Brüchen, die Handhabung von Klistier und Katheder, manche chirurgischen Eingriffe und die Verordnung von Inhalationen, Schwitzbädern, Diätkuren und Massagen beziehen.

Die Himmelsbeobachtung, die sich einer Art Jakobsstabes bediente, gruppierte ähnlich wie wir, nur anders, die Sterne zu Bildern. Auf einer Verbindung von Himmelsbeobachtung und Zahlensymbolik beruhte der von den Priestern gepflegte Kalender. Als Glückszahlen galten die 2, 3, 4, 7, 9 und 13, als Unglückszahl aber die 5. Entsprechend den neun Unterwelten und dreizehn Himmeln wurde die Nacht in neun, der Tag in dreizehn Stunden untergeteilt.

Als höhere Kalendereinheiten stand ein Jahr von 260 Tagen *(tonalpohualli)* einem Jahr von 360 Tagen *(xihuitl)* gegenüber. Jeder der zwanzig Monate trug einen Namen, hatte sein Zeichen und wurde mit dreizehn Ziffern so kombiniert, daß Ziffern und Tageszeichen laufend weitergezählt wurden, sich also fortlaufend überkragten und erst nach 260 (13 × 20) Tagen wieder die gleiche Kombination erschien. Man hat zur Erklärung des Zeitabschnittes von 260 Tagen an die Dauer einer normalen Schwangerschaft gedacht. In seiner Tragweite für das Leben war das *tonalpohualli* wesentlich Wahrsagekalender, um bei Heiraten, Reisen und allem sonstigen den unglücklichen Konstellationen auszuweichen, so daß die Beherrschung dieses Kalenders für die Priester ein äußerst wichtiges Werkzeug für die Lenkung des Volkes war. Um die „zivile" Zeitrechnung von 18 × 20 = 360 Tagen einigermaßen dem wirklichen Sonnenjahr anzupassen, wurden fünf Tage, die übrigens als unheilbringend galten, hinzugefügt. Daneben stand eine alte Mondrechnung von 13 × 28 Tagen. Auch beobachtete man die obere Konjunktion der Venus, die einem Zyklus von 584 Tagen folgt, und war zu dem erstaunlichen Ergebnis gelangt, daß 8 × 73 (= 584) + 5 × 73 (= 365) mal 20 Tage 52 Jahre ergaben, also dieselbe Kalendereinheit, in der das Jahr von 260 und das Jahr von 360 Tagen wieder mit der gleichen Kombination von Zahl und Zeichen zusammenfielen.

Eine andere von den Priestern gepflegte Errungenschaft war die Schrift. Ihre stoffliche Grundlage waren ein aus geschabter Hirschhaut gefertigtes Pergament und ein Papier aus Feigenbaumbast, auf dem Hochland auch ein Papier aus Agavefasern. Die Papierstreifen wurden wie Leporello-Alben zusammengefaltet. Die Zeichen selber waren vorwiegend bilderschriftlich. Während eine phonetische Schreibung erst in den Anfängen steckte, war die Wiedergabe der Zahlenwerte durch Punkte oder Kreise und bei höheren Werten durch konventionelle Symbole durchaus abstrakt. Neben die vereinfachte bildliche Darstellung trat besonders zur Wiedergabe abstrakter Begriffe auch ein Symbol.

(T. 14, 15) Von solchen bilderschriftlichen Dokumenten sind uns aus dem mexikanischen Raum noch 17 Originale erhalten, weitere als Kopien. Die einzelnen Darstellungen sind schwarz umrandet und ausgemalt. Personen sind im Profil gegeben, eine Perspektive war unbekannt. Eine Analyse der Inhalte ergibt, daß die aztekischen Codices (z. B. der Codex Borbonicus in Paris) in erster Linie Wahrsagebücher *(tonalamatl)* waren. Vollendeter ausgeführt sind die aus Tlaxcala und Cholula stammenden Codices, zum Beispiel der in Rom aufbewahrte Codex Borgia, am vollkommensten aber die von den Meistern der Schönen Künste, den Mixteken, rührenden Schriften, wozu der Wiener Codex gehört und in denen sich historische mit religiösen Motiven verbinden.

II.

Die Maya, die Griechen Amerikas

Das „Alte" und das „Neue" Reich

(T. 38, 39) Wenn wir die Entfaltung der denkerischen und künstlerischen Leistung zum Maßstab nehmen, müssen wir die Maya an die Spitze aller indianischen Völker stellen. Zu diesem Urteil glauben wir uns berechtigt, obwohl die Kenntnis ihrer Gesittung bis heute lückenhaft ist. Denn im Gegensatz zur mehrfachen Zahl im mexikanischen Raum sind nurmehr drei bilderschriftliche Dokumente von diesem Volke erhalten, und weniger reichhaltig sind auch die hier nicht von dem Glanz eines Großreiches angezogenen spanischen Quellen. Welche Möglichkeiten aber der archäologischen Feldarbeit noch gegeben sind, beweist die Tatsache, daß noch 1946 eine völlig unbekannte Ruinenstadt (Bonampak) entdeckt werden konnte – wozu gleich hier bemerkt werden soll, daß nahezu alle Namen der altertumskundlichen Fundplätze spätere Schöpfungen seit der Eroberung durch die Spanier sind. Die Mayaforschung ist seit je von deutschen und amerikanischen Gelehrten vorangetrieben worden, von denen wir nur *Frans Blom, Sylvanus Morley, J. E. Thompson* und *Hermann Beyer, Ernst Förstemann, Paul Schellhas* oder *Franz Termer* nennen.

Vergewissern wir uns zunächst, in welchen Räumen die Kultur der Maya erwuchs. Die Spanier fanden sie in einer auffallend zusammenhängenden Ausbreitung flächig gesiedelt in einem Bereich, der sich aber landschaftlich in verschiedenartige Zonen gliedert. Als eigentliches Zentrum darf man das Regenwaldland des nördlichen Guatemala bezeichnen mit seinen Nachbargebieten, Teilen von Chiapas und Tabasco (dem Unterlauf des Usumacinta und seinen Nebenflüssen) einerseits und Britisch-Honduras sowie dem Stromgebiet des Motagua und Westhonduras andererseits. Im Norden kontrastiert die Halbinsel Yukatan mit ihrem niedrigen Buschwald und ihrer regenarmen Savannenlandschaft ebenso wie südlich das Gebirgshochland von Guatemala und Westsalvador.

Eine Ausnahme von dieser landschaftlich zwar differenzierten, räumlich aber geschlossenen Ausbreitung stellt der Maya-Stamm der Huaxteken dar, im nördlichen Staat Veracruz, im südlichen Tamaulipas und östlichen San Luis Potosí. Die Huaxteken sind deshalb wichtig für uns, weil sie die hochkulturelle Entfaltung ihrer Verwandten, vor allem deren Schrift und Kalender, nicht mitgemacht haben. Sie bilden jedoch eine der sechs Sprachgruppen, in die man die Maya zu gliedern pflegt.

Dieses Kulturvolk ist auch keineswegs ausgestorben, sondern lebt noch als kräftiges Bauernvolk von etwa zwei Millionen, von denen rund 1 400 000 auf das Hochland von Guatemala entfallen. In den Urwaldgebieten von Chiapas finden wir nurmehr den Stamm der Lacandon, von denen etwa 200 Überlebende am Usumacinta auf einen primitiven Lebensstandard gesunken sind. Fassen wir die Maya von Yukatan ins Auge, so beobachten wir neben vielen Veränderungen noch sehr viel altes, erhaltenes Gut. Ihr Hauptnahrungsmittel, der Mais, gehört ebenso dazu wie ihre „Huipiles", weiße, doch buntbestickte ärmellose Baumwollhemden der Frauen. Auch der heutige Typ der Behausungen reicht in vergangene Zeiten zurück: ovale Dächer mit lehmverputzten Wänden; Stützpfosten tragen den First, auf dem das Dach aus Maisstroh ruht; im Innern werden von Pfosten zu Pfosten heute die Hängematten gespannt.

Diese Bauernbevölkerung ist gleichzeitig das indianische Volk, dessen Geschichte wir am weitesten in die Vergangenheit von zwei Jahrtausenden zurückverfolgen können, und zwar dank einer authentischen, also nicht nur mit archäologischen Mitteln erschlossenen Chronologie. Das älteste Zeugnis der Maya – dem man aber sicher einige Jahrhunderte vorgeben muß – ist die sogenannte „Leidener Platte", die aus dem Jahre 320 unserer Zeitrechnung stammt.

Dagegen sehen wir die Vogelgott-Statuette von San Andrés Tuxtla aus dem Jahre 162 nicht mehr als Bekundung der Maya, sondern als olmekische Schöpfung an. Mit dieser Frage hängt auch die nach der Urheimat der Maya zusammen. Dafür, daß sie irgendwo weiter nördlich an der Golfküste lag, spricht der heute noch ebenda wohnende Maya-Stamm der Huaxteken. Und eine Wanderung durch das Land der Olmeken würde zwanglos die Übernahme ihrer Zahlenschreibung erklären. Als Ergebnis der C 14-Methode wird heute aber auch eine Entstehung der Maya-Kultur auf dem Hochland von Guatemala diskutiert, mit nachfolgendem Einströmen olmekischer Errungenschaften in die „klassischen" Standorte des Petén.

Ausgangsplattform der höheren Entwicklung war auch hier eine „formative", dem mexikanischen Archaikum entsprechende Phase mit Mais und Baumwolle im gesamten Verbreitungsbereich der späteren Maya-Kultur. Aus der Hand geformte, zuerst einfarbige Keramiken haben für eine ältere Periode die Stilbezeichnung „Mamom", für eine spätere „Chicanel" bekommen. Sie gehen mit den frühesten Erdhügeln und Steinbauwerken einher, die für diese Frühzeit sowohl aus dem Gebirgsland von Guatemala wie aus dem nördlichen Yukatan, bis heute aber noch nicht aus dem Tiefland von Guatemala bezeugt sind. Noch ist es verfrüht, zu entscheiden, ob dieser Umstand dazu berechtigt, die Wiege der Maya-Kultur doch nicht im Tieflande des Petén, dem Schauplatz ihrer größten Blüte, zu suchen – in dessen menschenfeindlichem Regenwald *Toynbee* die „Herausforderung" zu ihren erstaunlichen Schöpfungen sieht.

Alles auf das Datum der „Leidener Platte" folgende wird im älteren Schrifttum eingeteilt in ein „Altes" und „Neues Reich" – Begriffe, die der Geschichte Ägyptens entnommen, hier aber fehl am Platze sind. Denn für die Maya waren, was die längsten Abschnitte ihrer Geschichte betrifft, nicht eine staatliche Großraumbildung, sondern der griechischen Polis vergleichbare Stadtstaaten kennzeichnend.

Historisch greifbar ist uns das „Alte Reich" jedenfalls als eine Epoche von Städtegründungen, die im Tiefland von Guatemala anhebt. Dabei handelt es sich aber nicht um städtische Bevölkerungsballungen in unserem Sinne, sondern um Kultmittelpunkte, Verwaltungszentren und Märkte für eine jeweils im Umkreis gesiedelte Bauernschaft. Als älteste solche Stadt der Maya gilt Tikal; aus ihrem Bereich stammt auch die „Leidener Platte", das älteste Stelendatum aber aus Uaxactún; es entspricht dem Jahr 328 unserer Zeit. Zahllose weitere Gründungen, deren dichte Streuung unser Erstaunen erregt, schließen sich in den folgenden Jahrhunderten an, und damit geht eine Ausdehnung dieses Vorganges auf benachbarte Räume, eine Siedlungsbewegung in mehrfacher Richtung einher. Sie streckt ihre Arme ebenso nach Südosten zum Unterlauf des Motagua aus, wo 465 Copán entsteht, wie westlich in das Stromgebiet des Usumacinta, unter dessen Städten wir nur Piedras Negras, Yaxchilán und Palenque nennen. Aber auch schon nach Yukatan floß in diesen frühen Zeiten ein Siedlerstrom; haben wir hier doch datierte Inschriften aus dem 5. und 6. Jahrhundert, z. B. aus Oxkintók (475), Tulum (564) und Cobá (623). Aus dem berühmten Zentrum der Spätzeit, Chichen Itzá, gibt es zwar erst eine Inschrift von 879, doch Überlieferungen bekunden, daß diese Anlage schon 534 gegründet und 692 zum ersten Male geräumt wurde. Und schließlich nimmt auch das Hochland von Guatemala, wenn auch in beschränkterem Maße, an der klassichen Blüte teil, was wir zwar nicht an Tempeln und Stelen ablesen können, wohl aber an Pyramidenbauten, besonders im Kultzentrum Kaminaljuyú.

Auf Stilunterschieden der Keramik beruht im wesentlichen die Unterteilung dieser klassischen Zeit in eine Phase von 317–633, die „Tzakol" genannt wird, und eine zweite von 633–731, die den Namen „Tepeu" führt. In der erstgenannten tritt bunte Keramik in Verbindung mit Stelen und typischen Maya-Bauwerken auf; Feinheit der Bemalung und Reliefverzierung erreichen in der folgenden Periode Höhepunkte, die auch in der Zeit der höchsten Blüte der Maya-Kultur (731–987) nicht übertroffen wurden.

Unserem Jahre 790 entsprechen noch authentische Daten aus 19 Orten. Inzwischen aber war der große Impuls, der all diese Tempelstädte schuf, mit der Gründung von Quiriguá im Jahre 711 schon verebbt. Aus den bestehenden Städten liefert das Jahr 889 noch Datierungen aus drei Orten, darunter aus Uaxactún, wo wir somit eine städtebauliche Entwicklung von 561 Jahren verfolgen können. Daß die Stadt Uaxactún uns das früheste Stelendatum ebenso wie das späteste liefert, hat eine seltsame Parallele darin, daß das vorangehende früheste Mayadatum und das folgende letzte Datum des „Alten Reichs" nicht in Stelen, sondern in Jade gearbeitet sind, das erstere in der „Leidener Platte" (320), das letztere in einem Brustschmuck, der dem Jahre 909 entspricht.

Denn wir stehen vor der erstaunlichen Tatsache, daß die Maya alle ihre glanzvollen Städte im Laufe des 9. Jahrhunderts preisgegeben und sich in einer großen Siedlungsbewegung, schon vorher eingeschlagenen Wegen folgend, in die nördliche Halbinsel Yukatan verlagert haben. Die Schauplätze ihrer großen Blüte sind dem sie überwuchernden Urwald anheimgefallen, aus dem erst die Spatenarbeit der Archäologen sie wieder erschlossen hat.

Die Ursachen dieses geschichtlichen Vorgangs sind unbekannt. Man hat die verschiedensten Deutungsversuche angestellt. Eine Klimaänderung mit zunehmender Feuchtigkeit, welche die Maya des Tropenwaldes nicht mehr Herr werden ließ, ist ebenso zur Erklärung herangezogen worden wie die Erschöpfung des Bodens infolge des Fehlens von Düngung und Fruchtwechsel, insbesondere auch eine Erosion infolge der Rodung der Hänge. Andererseits hat man auch an eine Revolte der Bauern gegen die Fronarbeit im Dienste der Priesterherrscher gedacht, desgleichen an einen Angriff von außen. Wahrscheinlich haben zwei verschiedene Ursachen zusammengewirkt. Die Beweisführung *Termers,* die Bevölkerungsdichte im „Alten Reich" habe das Optimum überschritten und es habe bei Verarmung des Bodens eine wirtschaftliche Katastrophe gedroht, ist einleuchtend. Aber andererseits hat die Annahme von Völkerbewegungen – die ja im 9. Jahrhundert den ganzen mittelamerikanischen Raum erschütterten – neuerdings an Beweiskraft gewonnen: denn wenn auch eine Besiedlung durch Eroberer nicht nachweisbar ist, so fehlt es doch nicht an kriegerischen Darstellungen auf Wandgemälden und Steelen, und man muß sich vor Augen halten, daß gerade der Raum des Usumacinta eine Einfallszone aus Mexiko war. In diesem Sinne nimmt *Krickeberg* an, die erste Toltekenwelle habe zur plötzlichen und gleichzeitigen Aufgabe aller Tempelstädte geführt, und zwar habe eine Erhebung der Bauern gegen die Priesterherrschaft den Tempelbau zum Erliegen gebracht, und es sei ein politisches Vakuum eingetreten, das die „Adler" und „Jaguare" anzog, die schon in Mexiko den Theokratien ein Ende bereitet hatten.

In Yukatan setzt eine neue Epoche der Maya ein, in deren Entwicklung aber die Invasion der Tolteken bricht. Die Wiederbesiedlung Chichens durch die aus Campeche stammenden Itzá ging einher mit dem Auftreten Kukulcans. Er ist kein anderer (und auch der Name ist nur übersetzt) als Quetzalcoatl, der nach seiner Vertreibung aus Tula in kurzer Zeit mit seinen Leuten die Entfernung von Tula nach Chichen Itzá – vermutlich zum Teil auf dem Wasserwege – zurückgelegt haben muß. Es ist dabei nicht zu entscheiden, ob die Itzá selber Tolteken waren oder sich als Maya nur unter toltekische Führung stellten. Kukulcan und die Itzá besiedelten Chichen Itzá als ausgesprochene Tempelstadt (987); als weltliche Residenz aber gründete Kukulcan Mayapan und setzte dort die Cocom als Herrscher ein, deren Oberschicht zum mindesten gleichfalls toltekisch gewesen sein muß. Und während Kukulcan selber dann bald nach Mexiko zurückkehrte, erfolgte von seiten der Sippe der Xiu die Gründung von Uxmal.

Aus den von Tolteken geleiteten Stadtstaaten erwuchs 987 oder 1007 die „Liga von Mayapan", deren Hegemonie über einen großen Teil des yukatekischen Mayalandes nunmehr von einem (Neuen) „Reich" zu sprechen erlaubt. Diese Epoche weicht von der klassischen Zeit allerdings in mancherlei ab. Die Unterschiede erklären sich aus der Übersiedlung aus dem tropischen Regenwald in das stromlose Karstland der Kalkplatte von Yukatan, deren Besiedlung überhaupt nur durch Dolinen und Regenwasserzisternen möglich war. Für diese Unterschiede ist aber auch das Vorwalten des toltekischen Geistes verantwortlich, der sich in Bauwerken und Skulpturen bemerkbar macht, aber auch im Charakter der Städte, die Hand in Hand mit dem Machtverluste des Klerus zu weltlichen Herrschaftssitzen wurden.

Die „Liga von Mayapan" zerbrach, als der Fürst von Mayapan, Hunac Ceel, neue toltekische Söldner aus Tabasco ins Land rief, um die Macht der Itzá zu stürzen. Chichen Itzá wurde 1184 oder 1204 besetzt, und es hebt die Epoche der Cocom an, die ihren bisherigen Partnern eine Residenzpflicht in Mayapan auferlegen, ohne eine fortschreitende Mayaisierung der toltekischen Oberschicht verhindern zu können.

Ein neuer Strom mexikanischer Söldner im Dienste der Cocom rief aber 1441 oder 1461 eine allgemeine Erhebung der Maya gegen das Regiment der Tolteken hervor. Mayapan wurde unter Führung der Xiu zerstört und die Sippe der Cocom ausgerottet. Damit war freilich zugleich das Schicksal der zentralen Herrschaft besiegelt. Der größte Teil der Itzá zog sich nach dem Petén zurück, die Xiu wählten eine neue Residenz in Maní, und das Mayaland zerfiel in eine größere Anzahl von Stadtfürstentümern, in deren religiöse und künstlerische Dekadenz dann die spanische Landnahme brach. Die Eroberung Yukatans wurde 1527–1546 von Francisco Montejo und seinem gleichnamigen Sohn vollzogen. Aber noch 150 Jahre lang behaupteten sich die Itzá in Tayasal als selbständiges Königreich im Petén, dessen Unterwerfung den Spaniern erst 1697 gelang.

Andere toltekische Gruppen hatten ihren Weg auf das Hochland von Guatemala gefunden. Auch in der dynastischen Tradition der Quiché finden wir deshalb Kukumatz (identisch mit Kukulcan-Quetzalcoatl). Sowohl im Popol Vuh der Quiché wie in den Annalen der Cakchiquel ist Tollan die Wurzel aller Kultur, aber auch hier unterliegen die eingewanderten Tolteken der Mayaisierung. Es ist eine auffallende Parallele, daß das Reich der Quiché zur gleichen Zeit wie die Herrschaft von Mayapan zerbrach; denn auch hier fanden die Spanier die sich befehdenden Stammesfürstentümer der Quiché, Cakchiquel und Tzutuhil vor, die der Unterwerfung durch Pedro de Alvarado (1524/5) erbitterten Widerstand leisteten.

Schrift – Zahlensystem und Kalender

Fragen wir nach den Quellen, denen wir diese erstaunliche absolute Chronologie verdanken, so können wir vier verschiedene Zugänge unterscheiden. Wie auch für die anderen Tätigkeitsfelder der spanischen Landnahme haben wir da die von spanischen Priestern, Soldaten und Beamten geschriebenen Berichte und Chroniken. Für das Mayaland steht unter diesen die „*Relación de las cosas de Yucatán*“ obenan, die um 1566 von dem Bischof von Mérida, Diego de Landa, verfaßt worden ist.

Diesen Bekundungen der spanischen Oberschicht stehen Niederschriften der Eingeborenen selber zur Seite, die in indianischer Sprache, aber lateinischer Schrift im 16. Jahrhundert abgefaßt worden sind und neben mythologischem Material auch historische Fakten enthalten. Von den yukatekischen Maya stammt eine Gruppe von Dokumenten, die unter der Sammelbezeichnung „Chilam Balam“ (das heißt wörtlich „Wahrsagepriester Jaguar“ und dem Sinne nach etwa „Buch der Weissagung von verborgenen Dingen“) figurieren und den unterscheidenden Zusatz der Herkunft tragen; als wichtigste nennen wir das Chilam Balam de Maní mit den Traditionen der Xiu sowie das Chilam Balam de Chumayel und Chilam Balam de Titzimin, welche die Überlieferung der Itzá enthalten. Ihnen stehen von den Hochland-Maya Guatemalas die „Annalen der Cakchiquel" gegenüber und vor allem das „Popol Vuh", das heilige Buch der Quiché.

Unter den vorspanischen Belegen sind die „Stelen" die älteren; Monolithen, die in den Städten des „Alten Reiches" errichtet wurden und außer mit Hieroglyphen mit Kalenderzeichen bedeckt sind, die man mit unserer Zeitrechnung synchronisieren konnte. Solche „Meilensteine der Zeit" *(Krickeberg)* wurden ursprünglich in Kalenderabschnitten von 20 × 360 Tagen, später auch nach 10 und 5 Jahren erstellt. Noch nicht in den Phasen „Mamom" und „Chicanel" vertreten, setzen sie ein mit der keramischen Phase „Tzakol", begleiten von ihrem ältesten Beispiel (328 in Uaxactún) an die „klassische" Zeit, fehlen aber im Hochland von Guatemala und sind auch in der Spätzeit von Yukatan fast nicht mehr ausgeführt worden.

Dafür sind aus der yukatekischen Periode wenn auch wenige „Codices", Bilderhandschriften, überkommen. Erhalten sind von den früher sicher großen Beständen freilich nur drei. Unter ihnen ist der in Dresden verwahrte „Codex Dresdensis" mit vorwiegend astronomischem Inhalt der älteste. *(T. 38, 39)* Der Madrider „Codex Tro-Cortesianus" war wohl ein Wahrsagebuch, und das Fragment des Pariser „Codex Peresianus" deutet auf mit dem Kalender verbundene Riten; im engeren Sinne geschichtliche Quellen sind also alle nicht. Solche Bilderhandschriften wurden aus dem Bast einer Feigenbaumart hergestellt und erhielten als Malgrund einen feinen Kalküberzug. Mit feinem Pinsel sind teils bildliche Darstellungen, teils Hieroglyphen in ihre Felder hineingezeichnet, oder besser gesagt, in schwarzer, roter, gelber, grüner, kastanienbrauner und blauer Farbe hineingemalt. Der schmale Streifen wurde nach Art eines Faltenbalgs oder „Leporello-Albums" zusammengeklappt.

Angefangen von den ältesten Denkmälern haben die Maya neben Zahlzeichen auch Hieroglyphen aufgezeichnet. Allerdings scheint es nicht mehr, daß die Anfänge der mesoamerikanischen Schriften bei den Maya zu suchen sind; wir schreiben diese Erfindung heute vielmehr den Olmeken zu. Die Hieroglyphen der Maya verändern sich im Grunde während ihrer Geschichte nicht; sie zeigen allenfalls eine unterschiedliche Ausführung auf den steinernen Monumenten und in den Codices, die man auf den Gegensatz einer mehr kalligraphischen und mehr kursiven Ausführung bringen kann, eine Nuance, die schon durch das Material gegeben ist. *(T. 38, 39)* Die von Diego de Landa seiner „Relación" beigegebenen Monats- und Tageszeichen haben zwar einen ersten Schlüssel für die Entzifferung der Hieroglyphen gegeben, in ihrer Mehrzahl aber ist uns der Sinn der Zeichen heute noch unbekannt. Wir dürfen etwa ein Drittel der Glyphen lesbar nennen: außer Kalenderzeichen solche, die sich auf Götter und Tiere, Himmelsrichtungen und Farben beziehen. Es sind aber nicht nur die übrigen zwei Drittel der überkommenen Zeichen unserem Verständnis verschlossen, sondern es fehlt uns vor allem jeglicher Zugang zu einer logischen Verknüpfung der Begriffe, zu einer Entzifferung des Gedankengangs. Diese bisher nicht überwindbare Schwierigkeit ist nicht nur im Fehlen einer Bilingue (d. h. einer in zwei Sprachen abgefaßten Inschrift) begründet, sondern auch im unterschiedlichen Charakter der Schreibung selbst: bildlich-anschaulichen, also im engeren Sinne bilderschriftlichen Zeichen stehen konventionell-abstrakte Glyphen, den Siegeln der Stenographie vergleichbar, zur Seite;

und wenn Versuche zu einer durchgängig phonetischen Lesung auch aufgegeben wurden, kann doch kein Zweifel sein, daß die Schrift schon lautschreibende Ansätze im Sinne rebusartig zusammenstellbarer Silben enthielt. Desgleichen olmekischen Ursprungs ist auch die Zahlenschreibung gewesen, auf deren Entzifferung unsere Kenntnis der absoluten Chronologie beruht. *(T. 42)* Einheitlich auf Monumenten und in den Codices schrieben die Maya Ziffern mit Hilfe von Punkten und waagerechten Strichen, wobei man die Einer durch nebeneinandergesetzte Punkte, die 5 aber durch einen Strich notierte und demgemäß die Ziffern von 1 bis 19 durch eine Kombination beider Zeichen. *(T. 38)* Höhere (und höchste!) Zahlenwerte aber wurden nicht etwa durch eine Fortsetzung dieses Verfahrens ausgedrückt, sondern ihrer Schreibung kamen zwei gedanklich zusammenhängende Erfindungen zugute. Das war zunächst die Erfindung des Stellenwerts, wobei die Maya im Unterschiede zu uns die Rangstellen nicht nebeneinander, sondern übereinander schrieben (mit den unteren Einheiten unten beginnend) und ferner nicht nach einem dezimalen System (wie die Peruaner), sondern nach einem vigesimalen oder Zwanzigersystem. Das heißt, ihre Stellenwertgrößen waren jeweils das zwanzigfache der kleineren Einheit, doch mit der Besonderheit, daß man an Stelle von 20 × 20 = 400 die Einheit 360 setzte, um von da aus allerdings konsequent von 20 × 360 = 7200 zu 20 × 7200 = 144 000 usw. weiterzurechnen. Diese uns so erscheinende Inkonsequenz folgt aus der Tatsache, daß das Rechensystem im wesentlichen nicht den Geschäften des täglichen Lebens, sondern den Priestern zu ihren Kalenderrechnungen diente und mit der Einheit von 360 eine Annäherung an das Sonnenjahr erreicht werden sollte. Logisch verbunden mit der Erfindung des Stellenwertes war die Erfindung der Null, welche die Maya als ein besonderes Zeichen, ähnlich einer geschlossenen Muschel, schrieben. In diesen beiden geistigen Schöpfungen, dem Stellenwert und der Null, waren die Maya selbst den Völkern des klassischen Altertums überlegen; denken wir nur an die schwerfällige römische Zahlenschreibung und daran, wie viel später wir selbst die Null von den Arabern übernahmen, die sie ihrerseits von den Indern gelernt hatten.

Wie gesagt, diente die Rechenkunst vor allem den Priestern zur Erarbeitung und Anwendung ihrer Kalendersysteme. Die Kalenderrechnung war nämlich nicht einheitlich. Man hatte ein Jahr von 18 Monaten zu je 20 Tagen, mit dem man nach dem geschilderten Vigesimalsystem die höheren Einheiten aufbaute. Um die Diskrepanz der 360 Tage gegenüber dem wirklichen Sonnenjahr auszugleichen, wurde eine 5-Tage-Periode hinzugefügt, die als unheilgeladen betrachtet wurde und die man in den Ortschaften Yukatans dazu nutzte, das personifizierte Unglück in *effigie* aus dem Weichbild herauszutragen. Neben dieser profanen Kalenderrechnung handhabten nun die Priester noch ein kultisches Jahr, das dadurch dem aztekischen *tonalpohualli* entsprach, daß auch hier nicht 18, sondern 13 Zahlen mit 20 Zeichen verbunden wurden, wobei man, genau so wie bei dem profanen Jahr, beide Reihen jeweils von 1 bis 13 bzw. von 1 bis 20 fortlaufen ließ, so daß die gleiche Verbindung von Zahl und Zeichen sich bei dem profanen Jahr nach 360 und bei dem priesterlichen Jahr nach 260 Tagen wiederholte. Daneben beobachtete man die Umlaufzeit des Planeten Venus, ferner den Mond und operierte mit Mondmonaten von 29 und 30 Tagen, ähnlich wie wir ja auch nicht mit dem wirklichen Mondmonat, sondern mit Annäherungswerten von 28, 29, 30 und 31 Tagen arbeiten, die eine Konkordanz zwischen Sonnenjahr und Mondmonden leisten sollen. Denn vergessen wir nicht, daß auch unser Kalenderwesen ein ebenso historisch gewordenes Mischwerk wie bei den Maya ist; läuft doch bei uns eine unabhängige Wochenrechnung neben Mondmonaten und Sonnenjahr her, die wir mit allerhand Tricks (und einer geplanten Kalenderreform) in Einklang zu bringen suchen. Die rechnerischen Leistungen und astronomischen Beobachtungen der Maya waren beachtlich: ohne Anwendung von Multiplikation und Division wandten sie auf rein additivem und subtraktivem Weg Korrekturformeln an, um ihr Jahr dem wirklichen tropischen Sonnenumlauf von 365,24 Tagen anzupassen. Daß die gleiche Verbindung von Zahlen und Zeichen bei beiden Kalendersystemen alle 52 Jahre zusammenfiel (eine Epoche, die deshalb als eine Art höherer Zeiteinheit ähnlich unseren Jahrhunderten diente), war ihnen nicht minder geläufig als die Tatsache, daß die 584tägige Venusperiode alle 104 Jahre mit den beiden Jahresrechnungen koinzidierte und daß 8 Sonnenjahre die gleiche Zahl von Tagen wie 5 Venusperioden umfaßten. Diese Erkenntnisse sind um so erstaunlicher, wenn wir bedenken, daß die Himmelsbeobachtung mit bloßem Auge geleistet wurde; hierzu baute man eine Art von Observatorien, von denen wir in dem leider beschädigten „Caracol" von Chichen Itzá ein uns überkommenes Beispiel haben.

Zahlensystem und Kalender dienten nun beide in den Händen der Priesterschaft auch einer Chronologie. Und zwar verfuhren die Maya ähnlich wie Juden und Römer *(ab urbe condita)*, indem sie fortlaufend von einem hypothetischen Anfang der Kalenderrechnung an zählten. Dank dieser Übung tragen die Stelen der klassischen Zeit das Datum ihrer Errichtung, das also die Anzahl der von dem Ausgangszeitpunkt an verflossenen Kalendereinheiten von 144 000, 7200, 360, 20 und der verbleibenden Einzeltage zum Ausdruck bringt. Das Ausgangsdatum dieses *long count*, wie die Amerikaner sagen, fällt in unser Jahr 3113 v. Chr., darf aber nicht mit der tatsächlichen Einsetzung dieser Rechnung verwechselt werden; in Wirklichkeit reicht das Aufkommen dieser Chronologie, die im „Neuen Reich" dann leider außer Gebrauch kam, vielleicht drei- bis vierhundert Jahre vor die Zeitenwende zurück. Die Technik ihrer Synchronisierung mit unserer Zeitrechnung kann hier nicht geschildert werden; doch sei vermerkt, daß sich mit einer Diskrepanz von 260 Jahren hier die von *Spinden* vorgeschlagene Konkordanz und die von *Goodman-Martinez-Thompson* gegenüberstehn, von denen die letztere inzwischen mehr und mehr angenommen und auch den hier vermittelten historischen Daten zugrunde gelegt worden ist.

Geistige Schöpfungen wie Bilderschrift, Rechenkunst, Kalender und Chronologie sind um so bewundernswerter, als sie von einem Volke erbracht wurden, das auf einem steinzeitlichen Stande der Technik lebte und nahezu ausschließlich Geräte aus Stein und Holz zur Verfügung hatte. Denn fast alle Metallgegenstände des Mayabereichs (die übrigens meist aus dem berühmten „Cenote" von Chichen Itzá gehoben wurden) stammen entweder aus den südlichen Goldländern oder aus Mexiko. Mußten die Maya doch alles Kupfer und Gold (sogar aus Kolumbien) importieren. Gegossene Stücke und solche mit Filigranarbeit wurden sogar als Fertigware bezogen, da die Maya selber nur Treibarbeiten in Blech ausführten, wovon kunstvolle Goldblechscheiben aus dem genannten Cenote allerdings überzeugende Kunde geben.

Zum Fehlen des Pflugs gesellten sich weitere primitive Züge der Landwirtschaft: ihr Brandrodungsbau, der nicht zu einer stetigen Ackerwirtschaft gedieh, die Unkenntnis von Düngung und Fruchtwechsel, während das Ackergerät sich auf den Pflanzstock beschränkte. Die wichtigste Nahrungspflanze war Mais. Baumwollstaude und Sisalagave lieferten technische Rohstoffe, und ein beliebtes Genußmittel war der in Tabasco angebaute Kakao. Wie auch beim Hausbau wurde Gemeinschaftsarbeit bei der Feldbestellung geübt, und ebenso zog man gerne gemeinsam zur Jagd und zum Fischfang aus.

Schon in unseren bisherigen Ausführungen klangen Handelsbeziehungen an, die das Mayaland mit anderen Zentren verbanden. Auf dem Hochland von Guatemala war Kaminaljuyú offenbar ein bedeutender Handelsplatz; besonders beachtlich ist, daß man dort authentische Keramik aus Teotihuacan gefunden hat. Woher die von den Maya meisterlich verarbeitete Jade stammt, wissen wir freilich nicht. Als sich der Schwerpunkt der Maya-Kultur späterhin nach Yukatan verlagerte, entfaltete sich ein weitreichender Handel zur See, der Maya-Kaufleute an die Küsten von Honduras und Nikaragua führte; erinnern wir uns, daß Kolumbus auf seiner vierten Reise (1502–04) ein mit fünfundzwanzig Mann besetztes Handelsboot der Maya vor Honduras traf, das Textilien, Töpferware, Steingerät und Sklaven mit sich führte. Daß der Handel eine gewisse Stärke der Maya war, beweist die Entwicklung von Zahlungsmitteln und Wertmessern. Auf dem Hochland von Guatemala hatten die begehrten Federn des Quetzalvogels diese Funktion, während man auf der Halbinsel Yukatan Kakaobohnen (wie in Mexiko), Stein- und Muschelperlen, ferner importiere Kupferäxte und kupferne Schellen dazu benutzte.

Gemeinsam mit anderen herrschaftlichen Kulturen war den Maya die ständische Gliederung. In ihrem gesellschaftlichen Gefüge gab es eine Priesterschaft verschiedener Grade, deren Oberschicht an den Vorrechten eines Geburtsadels partizipierte, der in den Fürstenfamilien gipfelte. Die breite Masse des Volkes bestand aus gemeinfreien Maisbauern; doch unter ihnen gab es noch Sklaven, deren Standesminderung auf Kriegsgefangenschaft oder Delikt beruhte und die durch Kauf übertragbar waren. Alte Monumente wie jüngere Schilderungen lassen auf herrschaftliche Prunkentfaltung der Oberschicht schließen.

Die hierarchische Ordnung im „Alten Reich“ bezeichnen wir dabei als theokratisch, das heißt, die weltliche Herrschaft lag offenbar in den Händen örtlicher Priesterfürsten. Demgegenüber regierten im späteren Yukatan weltliche Fürstenfamilien. Als ihre bekanntesten und mächtigsten kennen wir die Itzá, die aus Campeche stammend Chichen wiederbesiedelten, die Xiu, die in Uxmal, und die Cocom, die in Mayapan residierten. Gleich ihnen beriefen sich auch die Fürsten der Tzutuhil, Cakchiquel und Quiché in Guatemala auf ihre Herkunft aus Tula.

Der Herrschertitel der Souveräne war Halach Huinic („Wahrer Mann“). Ihre Würde war erblich, und es stand ihnen ein Staatsrat zur Seite, der sich aus Häuptlingen, Beratern und Priestern zusammensetzte. Die Fürsten geboten über die örtlichen Dorfhäuptlinge, deren Amt ebenfalls erblich war, sie fungierten als Kriegsführer, Tributeinnehmer und Richter im Auftrag der Herrscher, erhielten selber aber unmittelbar keine Steuer. In ihrer militärischen Rolle waren sie einem obersten Kriegsführer unterstellt, der für drei Jahre gewählt wurde und während dieser Zeit weder Fleisch aß noch mit Frauen verkehren durfte.

Der ständische Unterschied zwischen militärischen Herrenkasten und dienenden Untertanen tritt in der uns am besten erschlossenen Spätzeit kraß hervor; dagegen hatte der Klerus an Macht verloren. Sowohl in Guatemala wie in Yukatan war unter dem Einfluß der toltekischen Landnahme ein Umschwung von der klassischen „theokratischen" Ordnung zu kriegerischen Gesittungen eingetreten, ein gesellschaftlicher und geistiger Umbruch, der zu einer fortschreitenden Verweltlichung führte.

Was die Größenordnung der öffentlichen Verbände betrifft, so waren für die klassische Zeit im Tiefland von Guatemala und seinen Randgebieten der griechischen Polis vergleichbare Stadtstaaten kennzeichnend, die gleichzeitige Herrschaft also von regionalen Priesterfürsten. Dagegen hat auf dem Hochland von Guatemala in früheren Zeiten ein Einheitsreich unter der Hegemonie der Quiché bestanden. Die spanischen Konquistadoren aber trafen später drei selbständige Stammesstaaten der Quiché, Cakchiquel und Tzutuhil mit den Hauptstädten Utatlan, Iximché und Atitlan an. Grundsätzlich hat die Stadtstaatenordnung der klassischen Zeit des Tieflandes auch in den späteren Jahrhunderten Yukatans angedauert. Freilich verband die „Liga von Mayapan" von 1007 bis 1204 einen großen Teil der nördlichen Halbinsel unter ihrem beherrschenden Einfluß, und die anschließende Oberherrschaft der Cocom stellt eine großflächige politische Ordnung dar. Mit ihrem Zusammenbruch 1441 aber zerfiel das Land erneut in einander befehdende Stadtfürstentümer.

Die Intensität des Handels läßt – während das Ackerland gemeindlich gebunden war – an einen entwickelten Stand der schuldrechtlichen Auffassungen und Normen denken. Besser unterrichtet sind wir über die Sühnung der Rechtsbrüche, wobei die Dorfkaziken in leichteren Fällen als Richter fungierten. Wenn wir hören, daß Diebe zugunsten der Geschädigten versklavt wurden, so liegt hier freilich nur noch ein unentwickeltes Nebeneinander von Strafe und Schadensersatz vor. Hochkulturell aber war die Todesstrafe auf Landesverrat; sie stand auch auf Mord und Brandstiftung, Notzucht und Ehebruch, bei dem allerdings Verzeihung des Ehemanns möglich war. Eigenartig ist, daß der Gatte für einen durch sein Verhalten verschuldeten Selbstmord der Frau gegenüber deren Verwandten schadensersatzpflichtig war. Reicht eine solche Auffassung in pflanzerische Schichten zurück, so haben wir andererseits markante Züge hochkultureller Art. Hierher gehören Ehrenstrafen, wie sie durch Haarschur oder brandmarkende Tatauierung geübt wurden; auch die Einrichtung der Prozeßverteidigung und des Zeugenbeweises rechnet hierher, vor allem aber psychologische Fortschritte: unterschied man vom Mord doch den Totschlag, der durch eine Buße wettgemacht werden konnte, und bei der Brandstiftung zwischen Vorsatz und Fahrlässigkeit, wobei in letzterem Falle nur Schadensersatz geboten war.

Das Weltbild im engeren Sinne stellte sich die Erde als eine auf dem Weltwasser schwimmende Scheibe vor. Sie war aber nur die mittlere Plattform des übereinandergetürmten Kosmos, der aus neun Unterwelten und dreizehn Himmeln bestand. Als steingewordenes Symbol des Himmelsgewölbes können wir den Stufenbau der Pyramiden betrachten (neben dem es aber als Himmelssymbol auch die beidendköpfige Schlange gab). Jede dieser Welten hatte ebenso ihre Gottheit wie alle Zeitabschnitte und Naturphänomene. Nach dem ebenfalls an den mexikanischen erinnernden Jenseitsglauben der Maya kamen Krieger, im Kindbett verstorbene Frauen, Priester und Selbstmörder in ein „Paradies". Der räumlichen Koordinate von neun Unterwelten und dreizehn Himmeln stand als zeitliche ein Weltaltermythos gegenüber: die Lehre von drei vergangenen Welten, die ebenso durch Flutkatastrophen geendet hatten wie das auch das vorauszusehende Los der vierten und jetzigen war. Im übrigen beherrschte die Lebensauffassung der Maya eine gleichfalls an mexikanische Völker gemahnende dualistische Sicht: ein ewiger Kampf zwischen dem Menschen gewogenen (wie Regen, Donner und Blitz) und ihm feindlichen Mächten (wie Trockenheit, Sturm und Krieg).

Nur für die späteren Zeiten haben wir eine genauere Unterrichtung über die Göttergestalten dank Diego de Landas *Relación.* Der Himmelsgott Itzamná – Sohn eines kultlosen Schöpfers Hunab –, dem Schrift und Kalender zu danken waren, hatte wie der Sonnengott Kinich Ahau, mit dem er anscheinend eng verbunden war, seinen Sitz in Itzamal. Dagegen hatte die Mondgöttin Ixchel, die auch verheerende Fluten senden konnte, ihren Haupttempel auf der Insel Cozumel. Chac, dem Gotte des Regens, der in dem stromlosen Karstlande stets erwünscht war, opferte man in den heiligen Brunnen von Chichen Itzá. Die Todesgottheit Ah Puch stand in begreiflicher Gedankenverbindung mit dem Kriegsgotte Ek Chuah. *(T. 20)* Aus der weiteren Zahl der „Ressortgötter" wollen wir nur noch den jungen Maisgott, den Schützer der Ehe, den Gott der Kaufleute und des Nordsterns und Ixchab, die Göttin der Selbstmörder, nennen und schließlich den von den Tolteken eingeführten Quetzalcoatl-Kukulcan.

Den Dienst der höheren Wesen versah eine Priesterschaft verschiedener Grade und Zuständigkeiten. Ihre Hierarchie verband sich mit der weltlichen Sozialordnung, indem die Priester höherer Grade zum Adel gehörten. Diese Verzahnung ging in der klassischen Zeit so weit, daß die einzelnen Stadtfürstentümer in „theokratischer" Weise von einer Art Priesterfürsten regiert wurden. Aus den Schriftquellen wissen wir, daß in der Spätzeit von Yukatan ein erblicher oberster Priester amtierte, der den Titel „Schlangenfürst" trug. Mit den Opferpriestern von geringerem Rang kontrastierte eine aristokratische Schicht von Gelehrten, die nicht nur das eigentlich theologische Wissen, sondern auch die Kenntnis der Schrift und der Zeitrechnung, der Astronomie und des Wahrsagekalenders pflegte; seine Aussagen über ungünstige und günstige Tage waren ihr stärkstes Mittel zur Beherrschung der Gläubigen. Entsprechend ihrem Vorrang auf Erden gehörten die Priester zu den Auserwählten eines bevorzugten Totenreichs.

Wie die Azteken sahen die Maya den Menschen in ein kosmisches Drama hineingestellt. Sein Schicksal war, feindliche Mächte und unheilbringende Kräfte zu beschwichtigen oder ihnen mit Hilfe der Wahrschau zuvorzukommen. Vielseitig waren die Wege, sich mit den Höheren Mächten auseinanderzusetzen. Gebete und Tänze, auch Maskentänze – ein Wandgemälde in Bonampak schildert farbig und realistisch einen Tanz mit phantastischen Tierverkleidungen – haben ebenso eine Rolle gespielt wie vielfache Fasten und Enthaltungen; das Räuchern mit Kopalharz wurde neben Opfergaben geübt. Daß unter diesen das menschliche Blut die wertvollste war, beweist die Selbstentziehung von Blut aus Zunge, Wangen und Ohren. Doch Stelen von Piedras Negras beweisen auch, daß schon in „klassischer" und nicht erst in „toltekischer" Zeit das Menschenopfer geläufig war; offenbar ist es dann aber unter mexikanischem Einfluß in der Spätzeit häufiger geworden. Den Opfertod der Gefangenen durch Herausschneiden des Herzens kennen wir dabei aus Mexiko ebenso wie das Pfeilopfer. Eine für die Maya charakteristische Sonderform war das Ertränken in den heiligen Brunnen oder, besser gesagt, Dolinen; haben Taucher und Bagger doch aus dem berühmten „Cenote" von Chichen Itzá 1904–07 neben Schmuckstücken aus Kupfer, Jade und Gold die Skelette von 42 Personen geborgen. Daß das nicht, wie die Legende meint, durchgängig Opfer von Jungfrauen waren, beweist die Tatsache, daß unter den Skeletten nur acht weibliche, dreizehn dagegen von Männern und einundzwanzig von Kindern waren. Neben Menschenopfern im engeren Sinne muß man auch menschliche Grabbeigaben der Großen im Auge behalten. Mit Mexiko hatte der Kult der Maya ferner das symbolische Ballspiel gemein; von der Einrichtung ihrer Ballspielplätze und von den Pyramiden- und Tempelbauten wird noch die Rede sein.

Bildende Kunst – Architektur – Städtebau

Daß der Mensch in die Auseinandersetzung kosmischer Mächte geworfen war, bestimmt auch die Themen der bildenden Kunst, die hier wie anderwärts nicht nur ästhetisch verstanden werden kann. Menschen und Götter dominieren als Motive der Darstellung. Große Maskengesichter aus Stuck finden wir als Fassadenschmuck schon an der ältesten Pyramide des mittleren Mayalandes, in grotesker Stilisierung aber auch noch in Yukatan. Während der Stil der klassischen Zeit realistisch genannt werden muß, neigt die Entwicklung der letzten Jahrhunderte zum stilisierten Symbol. Neben einem reichen Fassadendekor geometrischen Charakters in Steinmosaik haben wir in Yukatan auch noch Maskenpaneele, außerdem aber auch die von den Tolteken gebrachte Federschlange. Diese letztere tritt nicht nur im Freskenbild und im Relief, sondern auch in plastischer Gestaltung hervor, bildet Balustraden und Pfeiler, während Rundsäulen Nachklänge des klassischen yukatekischen „Puuc"-Stiles sind.

Neben dem Fassadenschmuck sind als zweites Feld plastischer Gestaltung die Stelen zu nennen: steinerne Blöcke und Pfeiler von durchschnittlich zwei bis vier Meter Höhe, die ausnahmsweise sogar über zehn Meter erreichen. Wie wir gesehen haben, sind sie über und über mit Hieroglyphen und skulpturiertem Bildwerk bekleidet, mit Darstellungen von Priestern, Fürsten und Göttern, in Profildarstellung ebenso wie *en face.* Die ersten dieser Stelen treten in der Zeitspanne auf, die man vom Keramischen her die Tzakol-Phase nennt. Die ältesten Stelen waren wahrscheinlich aus Holz, wie man aus der frühen Technik eines sehr flachen Reliefs schließen möchte; auch hat man Stelen ohne Hieroglyphen gefunden und folgert daraus, daß diese ursprünglich aufgemalt waren. Überhaupt müssen wir uns auch die steinernen Stelen leuchtend bemalt vorstellen. Ihre skulpturierte Bearbeitung geht dabei von einem erst flachen zu einem immer mehr profilierten Hochrelief, das in einigen Exemplaren an den Eindruck einer vollen Rundplastik grenzt, ohne sich jemals völlig vom Ausgangspunkte des vierkantigen Blockes zu lösen. Ihre Blüte erreichte die Stelenkunst im 8. und 9. Jahrhundert. Daneben sind als Beispiele skulpturierender Gestaltung große Steinmassen mit eingemeißelten Gesichtern und Daten zu nennen, ferner ebenfalls monolithische reliefgeschmückte Altäre.

(T. 20) Daß gegenüber dieser Entfaltung der Stelenkunst die freie Vollplastik in den Zeiten des „Alten Reiches" zurücktritt, darf dennoch nicht als ein Zeichen des Unvermögens gewertet werden. Haben wir doch einige wenige Rundplastiken, die einmal als Schmuck der Fassaden dienten und die mit der Sicherheit ihrer Ausführung und der Vollendung des Ausdrucks zum besten aller Weltteile zählen. Während später die Stelen verschwinden, entwickelt sich in den jüngeren Zeiten die Vollplastik; wir denken vor allem an den (toltekischen) Typus des Chacmool, einer halbliegenden Figur, deren Schoß als Libationsgefäß ausgebildet ist und deren bekanntestes Beispiel in Chichen Itzá gefunden wurde.

Bei einer Kunstübung, die in so großem Ausmaße an der Form des monolithischen Blocks oder Pfeilers und der Architekturelemente haftete, sind – wie z. B. bei den reliefgeschmückten Altären der alten Zeit – Skulptur und Relief schwer zu trennen. Relief in Stuck und Stein blühte zur klassischen Zeit. Doch müssen wir auch reliefverzierte, also geschnitzte hölzerne Balken über den Eingängen nennen.

Zeichnerisches und malerisches Können ermöglichten es, daß sich zur Wiedergabe von Einzelpersonen, die für die Stelenplastik charakteristisch ist, szenische Darstellungen gesellten. Die Figuren wurden dabei häufiger im Profil ausgeführt als *en face.* Wir können bei ihrer realistischen Schilderung aber auch die Verwirklichung einer Art von Schönheitsideal konstatieren, das den Porträts eine fliehende Stirn, ein schwach entwickeltes Kinn und eine gebogene Nase verleiht. Die Leichtigkeit, mit welcher hier Menschen in der Bewegung dargestellt werden, wird in der ganzen indianischen Welt nicht erreicht, und wir müssen den Maya weiterhin auch die Anwendung der perspektivischen Verkürzung bestätigen.

Unsere Kenntnis ihres zeichnerischen und malerischen Geschicks schöpfen wir dabei zu einem großen Teil aus dem Dekor der Gefäße. Yukatekische Bauten haben uns aber auch Fresken erhalten, von denen die Wandgemälde des (vom „Krieger-Tempel" überbauten) „Chacmool-Tempels" und des „Yaguar-Tempels" in Chichen Itzá genannt werden sollen. Tolteken und Maya sind in der Darstellung unterschieden, und die gefiederte Schlange tritt auch in den Fresken auf. Diese Wandgemälde sind lebensnah und bewegt, nicht von der sakralen Gebundenheit der klassischen Zeit, freilich auch nicht von dem künstlerischen Niveau der Fresken von Bonampak.

Bonampak ist ein Beweis dafür, daß auch heute noch epochale Entdeckungen in der amerikanischen Altertumskunde möglich sind. Erst 1946 wurde diese Ruinenstadt dem Dämmer des Usumacinta-Urwaldes entlockt. Eines der freigelegten Gebäude hat flächenbedeckende Wandgemälde enthüllt. *(T. 22)* In klassischer Freskotechnik auf grobkörnigem Kalkverputz ausgeführt, weisen diese Gemälde die Verwendung von zahlreichen Farben aus Eisen- und Kupferoxyden aus, mit denen man Schwarz, Weiß und Grün, Ockertöne, Orange und Rot, Türkisgrün, Preußisch-Blau und Gelb auf die Flächen zu bannen verstand. Es fehlt nicht ein kriegerischer Einschlag, aber der kultische und rituelle Gehalt überwiegt. Ganz abgesehen von Technik und Stil der großflächigen Freskengemälde erfahren wir manches an neuen Kulturtatsachen, von Kostümen und Schmuck, Musikinstrumenten und Gerät. Radiokarbondaten aus Bonampak reichen von 662 bis 830 unserer Zeit.

Als wesentliches Feld der malerischen Betätigung haben wir soeben die Keramik genannt, als deren beispielhaftes Glanzstück man die gleich farb- wie formschöne „Vase von Chamá“ anführen kann. Überhaupt darf man die Töpferware der Maya so kennzeichnen, daß sie ebenso schön polychrom bemalt wie elegant in den Formen war, weitgehend aber der plastischen Phantasie entbehrte, die anderen Tätigkeitsfeldern zugute kam. Nach einer des Töpferns anscheinend unkundigen Frühzeit setzt die Entwicklungsgeschichte der Töpferei dann aber – neben aus der Hand geformten Figurinen – mit einfarbigen Gefäßen in der sogenannten „Mamom“-Epoche ein. Es schließt sich die „Chicanel“-Phase an (350 vor bis 317 nach Chr.), in welcher die frühesten Steinbauwerke, freilich noch keine steinernen Stelen auftreten, und dann hebt zugleich mit den ersten Stelen bunte Keramik in der „Tzakol“-Periode (317–633) an; die klassische Blüte der Töpferkunst aber fällt in die „Tepeu“ genannte Epoche (633–731). Der Verzierung dienten sowohl das Relief wie bunte Bemalung, die lebensnahe figürliche Darstellungen, doch auch Hieroglyphen und Daten bringt. In der späteren Keramik von Yukatan weicht die Polychromie dem geritzten und reliefierten Dekor.

Fast alle Metallgegenstände des Mayalandes stammen aus dem brühmten Cenote von Chichen Itzá. Doch betonten wir schon, daß sie nahezu ausnahmslos aus den südlichen Goldländern oder dem mexikanischen Hochland kamen – mit Ausnahme getriebener Stücke aus Blech, deren kunstvolle Fertigung uns die realistische Treibarbeit von Goldscheiben aus der genannten Doline bezeugt. Die Verarbeitung der Jade reicht in alte Zeiten zurück. Auch Federarbeiten wurden nicht nur in Yukatan geübt, sondern standen schon in den Städten des „Alten Reiches“ in Blüte, wie uns zum Beispiel die Fresken von Bonampak lehren.

Stammen die frühesten Steinbauwerke aus der Chicanel-Periode, so setzen typische Mayabauten mit der Tzakol genannten Epoche (317–633) ein, mit der die „klassische“ Zeit beginnt. Grundlegend können wir die baulichen Schöpfungen in zwei Gruppen teilen: einerseits lange und schmale, rechteckige und auf niedrigen Terrassen stehende Baukörper, die als Paläste der Fürsten und Priester gedeutet werden, und auf der anderen Seite die Tempel, die eher kubische Baukörper auf ragenden Pyramidenstümpfen waren. Der Baukern aus Steinen und Erde trägt eine Bekleidung aus Stuck oder Steinplatten. Während die „Paläste" mehrere Räume haben, bestanden die Tempel (die übrigens ursprünglich Holzkonstruktionen waren) zuerst nur aus einem einzigen Raum, der dann durch Einziehen einer Trennwand mit Türe in Vorraum und Cella aufgeteilt wurde. Daß der Stufenbau der Pyramide aus dem Weltbild im engsten Sinne erwuchs, haben diese Bauwerke mit denen der Mexikaner gemein. Das im „Tempel der Inschriften" zu Palenque gefundene Fürstengrab ist eine Ausnahme. Meistens führt eine Haupttreppe zum Tempeleingang empor. Wie alle anderen Bauten, waren die Tempel fensterlos. Aber während das innere Heiligtum ständig im Dunkel lag, wurde die Fassadenwand im Laufe der Baugeschichte durch Türen fortschreitend aufgelöst, so daß schließlich von der Trennwand nur Pfeiler oder Säulen verblieben. Von den aus dem mexikanischen Raum geläufigen architektonischen Eigenheiten begegnen wir bei den Maya ebenfalls der Überbauung oder Ummantelung älterer Baukörper durch größere jüngere (schon im Alten Reich zum Beispiel in Uaxactún). Schon in den älteren Städten gab es auch Bauten mit mehreren Stockwerken, wobei die zurückspringenden oberen Bauteile auf massiven Unterkonstruktionen standen. Eigentümlich für die Baukunst der Maya sind drei weitere Merkmale. Das erste ist die schon früh auftretende Erfindung des „falschen Gewölbes". Ist doch die Schwierigkeit der Überdachung das eigentliche Kreuz der indianischen Architekten gewesen und hat vielfach zu einem korridorartigen, langen und schmalen Grundriß der Gemächer geführt. Die Maya haben dieses Problem durch überkragende Steine im Sinne eines massiven falschen Gewölbes gelöst. Ein anderes Stilmerkmal ist die horizontale Gliederung der Fassaden durch Gesimse und Maskenfriese. Und schließlich treten auch früh schon sogenannte Ziergiebel, oft riesigen Ausmaßes, über der Trennwand der Tempelbauten, auch über der vorderen oder hinteren Außenwand, auf, die ohne bauliche Funktion nur der Schauwirkung einer Erhöhung des Bauwerkes dienen.

Das Eindringen der Tolteken hat in der späteren Zeit zu einem Einströmen mexikanischer Bauelemente geführt. Wir können dies ausgezeichnet in einer Stadt wie Chichen Itzá beobachten. Während einige andere Bauten dem »Puuc"-Stil der klassischen Maya-Epoche Yukatans angehören, sind die bekanntesten Monumente der Stadt von toltekischem Geiste geformt: so der „Castillo" getaufte Kukulcan-(Quetzalcoatl-)Tempel, der als typische mexikanische Tempelpyramide mit 9 Absätzen und 365 Stufen einen überbauten Kern enthält; der sogenannte „Kriegertempel", in dessen Innerem man den so getauften „Chacmool"-Tempel mit seiner farbigen Bemalung studieren kann; das als „Caracol" bekannte Observatorium; der große Ballspielplatz von 168 m Länge mit senkrechten Seitenwänden; und schließlich der an den Kriegertempel grenzende „Tausendsäulenkomplex", wahrscheinlich auf niedrigen Terrassen stehende, offene und um einen Binnenhof konstruierte Versammlungshallen mit etwa 600 meist runden Säulen, die hölzerne Architrave trugen. Sie alle sind eine Mischung toltekischer Stileigenheiten und solcher der Maya, aus deren Puuc-Architektur zum Beispiel die Rundsäulen und die Maskenpaneele stammen; aber auch das falsche Gewölbe der Maya hat sich an die Stelle des in Tula üblichen Flachdachs gesetzt. Maya-Erbe sind auch die Ziergiebel an Stelle der toltekischen Zinnenbekrönung. Ein verändertes Weltbild drückt sich greifbar im Wandel der Bauten aus. So kann man an ihnen nicht nur den Wechsel von der klassischen zur toltekischen Zeit, das heißt von einer priesterlichen zu einer weltlichen Ordnung ablesen; auch die schließliche Dekadenz der Maya-Kultur in dem Jahrhundert vor der Ankunft der Spanier spricht zu uns beispielsweise aus den Ruinen von Mayapan: rohes Mauerwerk an Stelle behauener Platten, der Stucküberzug der Säulen anstatt der Reliefs und hölzerne Decken an Stelle des falschen Gewölbes verkünden uns diesen Niedergang.

(T. 37 o.) Es ist im vorigen hinreichend klargeworden, daß die „Städte" in den Zeiten des „Alten Reiches" nicht Siedlungskomplexe einer arbeitsteilig wirkenden Bürgerschaft, sondern Kult- und Verwaltungsmittelpunkte und – dank den periodisch dort zusammenströmenden Menschenmassen – auch Märkte waren. Während die bäuerliche Bevölkerung in den zugehörigen Dörfern angesiedelt war, gaben den Städten also Paläste und Heiligtümer, Festplätze und Observatorien, Altäre und Stelen ihr die gewöhnlichen Sterblichen tief beeindruckendes Gesicht. Manchmal war eine solche Stadt von einer Art von Akropolis überragt, wie man das etwa in Copán und Piedras Negras studieren kann. Die Größenordnung der Kultmetropolen war dabei sehr unterschiedlich; als ausgedehnteste dieser Anlagen – und die mit der ragendsten Pyramide – gilt das im Tiefland von Guatemala gelegene Tikal. Aber auch das einstige kultische Zentrum des guatemaltekischen Hochlandes, Kaminaljuyú, muß allein in seiner Größe überwältigend gewesen sein. Lassen sich dort doch, über eine Fläche von 5 qkm gestreut, etwa 200 Pyramiden, zwar keine Stelen, aber nicht weniger als 13 Ballspielplätze im Umkreis nachweisen. Zwischen den Gebäudegruppen liefen gepflasterte Straßen. Darüber hinaus haben wir Beispiele für großzügige, bis zu fünf Metern breite, schnurgerade Straßenzüge, wie ein solcher zum Beispiel von Cobá nach Yaxuná (südlich von Chichen Itzá) das nördliche Yukatan durchzieht – Prozessionswege, die jedenfalls hier auf einen kultischen Ursprung der gepflasterten Straße weisen.

In diesem Charakter der Städte trat in den jüngeren Zeiten ein Wandel ein, der nicht nur stilistisch gesehen werden darf, sondern seine Wurzeln im Weltbild, in der nachlassenden Kraft des Religiösen hat. Bei den Hochlandmaya vollzieht sich die gleiche Entwicklung, daß die späteren Stammesmittelpunkte Utatlan, Iximché und Atitlan zwar auch noch Pyramiden und Ballspielplätze haben, aber wesentlich Burgen weltlicher Gewalthaber waren. Schützten sich diese durch isolierte Anlage auf den Bergplateaus, so verschanzten die Machthaber Yukatans sich hinter gewaltigen Mauern. Die yukatekischen Städte der Spätzeit präsentieren sich uns als befestigte Plätze mit ständiger Wohnbevölkerung unter weltlichen Oberherren. Denken wir nur an Mayapan, das von einer 9 km langen Mauer umgeben war und wo man die Ruinen von 4 500 Häusern nachweisen kann, oder auch an Tulum, das von einer 3 bis 4,5 m hohen Mauer umwehrt war und wo die Palastanlagen gegenüber den kultischen Bauwerken dominieren. Das Nachlassen der religiösen Intensität in der Spätzeit, der Übergang von einer priesterlichen zu einer kriegerischen Epoche drückte sich auf diese Weise nicht nur im Stil der Bauten, sondern auch im Charakter der Siedlungen aus, die einen Übergang von der einstigen Tempelstadt zur Wohn- und Residenzstadt erkennen lassen.

Die bisherige Darstellung ließ – bei aller Würdigung der selbständigen Leistung der Maya – erkennen, daß die historische Gestalt auch ihrer Kultur in der Auseinandersetzung und im Austausch mit anderen Völkern gewachsen war.

In der Gebirgszone Guatemalas ist mexikanischer Einfluß schon in der klassischen Zeit zu greifen. Die von Teotihuacan ausstrahlende Fernwirkung, die wir in Kaminaljuyú in Gräbern mit reiner Teotihuacan-Keramik ertasten können, wurde durch die Wanderungen der Tolteken abgelöst. Daß ihre Einflußnahme sehr intensiv gewesen sein muß, geht daraus hervor, daß noch die späteren Fürsten der Quiché, Cakchiquel und Tzutuhil sich auf ihre Herkunft aus Tula beriefen; Kukumatz (der guatemaltekische Name für Quetzalcoatl) erscheint sogar in der dynastischen Tradition der Quiché. Und ebenso im Popol Vuh dieses Volkes wie in den Annalen der Cakchiquel ist Tollan die Quelle aller Kultur. Gegenüber der theokratischen klassischen Zeit, deren Exponent die Ruinen von Kaminaljuyú sind, fand mit dem Auftreten der Tolteken ein Wandel vom Priesterlichen zum Kriegerischen statt, wie sich uns ähnliches in der sogenannten Renaissance der Maya-Kultur in Yukatan offenbart.

Die Tolteken drängten den Maya nicht eigentlich ihre Religion auf, aber ein unvermeidlicher Synkretismus hat seit ihrem Auftreten die ja letztlich im Weltbild bestimmten Formen der Kunst geprägt. Es soll hier nicht wiederholt werden, was über die toltekischen Elemente in den Formen und im Schmuck der Gebäude, in Plastik, Malerei und Relief gesagt worden ist. Wandgemälde im Kriegertempel von Chichen Itzá sind ein beredter Ausdruck dafür. Die Tolteken waren es, welche die großen Bauten in Chichen Itzá erstellten und den Kult der gefiederten Schlange in die Halbinsel einführten. Dem Motiv der Federschlange, Symbol des in Yukatan Kukulcan genannten Quetzalcoatl, sind wir im vorigen ebenso nachgegangen, wie wir die Zunahme der Menschenopfer unter toltekischem Einfluß und den Wandel vom Symbol zum Dekor beobachten konnten. So kann der Umbruch vom „Alten" zum „Neuen Reich" nicht allein vom Formalen verstanden werden, sondern nur aus einem Wechsel des Weltbildes, dem Übergang von einer priesterlichen, dem Jenseitigen zugewendeten Ordnung zu einem kriegerischen und diesseitig orientierten Lebensstil.

Während die *toltekischen* Einflüsse auf die jüngeren Maya seit längerem offenkundig sind, gehört die Aufdeckung der *olmekischen* Wurzeln der Maya-Kultur der neuesten Forschung an. Wir erinnern uns, daß die Olmeken es waren, welche die Jadebearbeitung und die monumentale Steinplastik in Mesoamerika aufbrachten, und ebenso wissen wir heute, daß Stelen und Altäre von ihnen aus zu den Maya gegangen sind. Auch deren Kunst der Menschendarstellung war olmekisches Erbe, und desgleichen stammen von den Olmeken Kalender und Schrift. Die Aufdekkung dieser Wurzeln braucht aber der Anerkennung dessen, was die Maya als eigene Leistung entwickelt haben, nicht Abbruch zu tun.

III.

Amerikas Reiche Küste und Goldkastilien

Norden und Süden begegnen sich

Die heutigen mittelamerikanischen Staaten von Honduras bis Panama haben zwar das Fehlen von Steinarchitektur und Tempelpyramiden gemein und unterscheiden sich dadurch vom alten „mesoamerikanischen“ Raum, sind dabei aber für den Altertumskundler dennoch ein außerordentlich heterogenes Gebiet. Verläuft doch durch Zentralamerika (nicht durch den Isthmus) die völkerkundliche Grenze von Nord- und Südamerika, denn Costarica stellt die Zone der Begegnung zwischen den aus dem Norden und aus dem Süden gekommenen Völkerbewegungen dar.

Von den uns aus dem vorigen Kapitel vertrauten Kulturvölkern Mexikos treffen wir in mittelamerikanischen Breiten sogar Enklaven der *Nahua:* die Pipil und die Nicarao, beide „toltekische“ Völkerschaften, die nach 1168, das heißt nach dem Fall von Tula, der Küste von Oaxaca und Chiapas entlang durch Guatemala bis nach San Salvador und Nikaragua zogen. Von ihnen finden wir die Nicarao, die der von ihnen bewohnten neuen Heimat den Namen gaben, am Nikaragua-See und von dort in einem schmalen Streifen bis zur Küste des Pazifik. Die Pipil dagegen waren in drei Gruppen aufgespalten, deren eine sich in Nordwest-Honduras niederließ, die zweite an der Südostküste Guatemalas und die dritte im westlichen und mittleren Salvador (mit der Hauptstadt Cozcatlan in der Nähe des heutigen San Salvador). Als südlichste Vorposten der *Maya* müssen wir die Städte Nacó und Tenampua in Honduras und Opico in Salvador bezeichnen, deren Bewohner vermutlich zu dem Maya-Stamm der Chortí gehörten. *(T. 41)* Aber weder ihnen noch den genannten Nahua-Gruppen sind die Denkmäler von Santa Lucía Cozumalhuapa (bei Escuintla an der Südküste Guatemalas) zuzuschreiben, die zwar im Siedlungsbereich der Pipil lagen, aber Zeugnisse eines viel älteren Kulturstroms entlang der südlichen pazifischen Küste, nämlich des *olmekischen* Stelenkults, sind.

Nördliche Herkunft schreibt man heute auch dem alten Kulturvolk von Nikaragua, den *Chorotegen,* zu, die sprachlich wohl mit dem mexikanischen Urvolk der Otomí verwandt waren. Anders als die primitiven Stämme der atlantischen Küste bewohnten sie die gesünderen und fruchtbareren Gebirgslandschaften im Westen, stießen aber auch an der pazifischen Küste bis zur Halbinsel Nicoya im nördlichen Kostarika vor; unter ihnen ließen sich, wie wir gesehen haben, später dann Nahua-Gruppen nieder.

Gegenüber diesen aus dem Norden gekommenen Wellen erkannte *Max Uhle* als erster weitreichende Zusammenhänge zwischen den Muisca Ostkolumbiens, von denen wir später reden werden, und anderen Völkerschaften weit bis nach Mittelamerika hinein. Wie wir heute wissen, war der gesamte Raum vom zwölften nördlichen bis zum dritten südlichen Grad, nämlich vom

Südrand des Nikaragua-Sees bis nach Ekuador, wenn auch durchsetzt mit eingesprengten anderen Volksgruppen, Lebens- und Siedlungsbereich der *Chibcha.* Die chibcha sprechenden Stämme standen dabei auf einem sehr unterschiedlichen Niveau; einige waren durchaus primitiv, andere aber hatten unzweifelhaft eine zumindest beginnende Hochkultur. Um von den Chibcha Mittelamerikas nur einige wichtigste Gruppen zu nennen, so waren dies die Cueva und ihre heutigen Erben, die Cuna, im östlichen Panama; Guaimí und Dorasque folgten im westlichen Panama; ihnen schlossen sich Talamanca und Guetar in Kostarika an, während Guatuso und Rama schon im Grenzgebiet von Kostarika und Nikaragua lebten.

Um die Verwicklung des völkischen Bildes vollständig zu machen, gab es aber auch ethnische und linguistische Gruppen, die keine nachweisbaren Verwandten im Nord- oder Südkontinent haben, sondern im mittelamerikanischen Raume von altersher heimisch gewesen sind. Zu ihnen zählen die *Lenca,* in denen wir vielleicht die Urbevölkerung von Honduras und Salvador sehen müssen.

Unsere Darstellung, die sich auf die Völker der Hochkulturen beschränkt, muß dabei zwischen dem lebendigen Beobachtungsstoff der Eroberungszeit und den größtenteils noch unverbunden danebenstehenden archäologischen Ergebnissen scheiden. Die Isthmusländer waren der erste Festlandsraum, auf dem die spanischen Konquistadoren Fuß faßten, nachdem Kolumbus auf seiner vierten Reise (1502–1504) die ganze Ostküste von Honduras bis Panaman befahren hatte, dabei aber nur einen sehr schwachen Eindruck von der Gesittung der Landesbewohner erhielt. Der frühe Geschichtsschreiber Fernández de Oviedo hat uns jedoch ihre Lebensart aufgezeichnet. Die Gebiete der neuentdeckten Landenge zwischen dem Nord- und dem Südmeer, wo man 1519 die älteste heute noch bestehende Stadt des amerikanischen Festlandes, Panama, gründete, wurden von dem Katholischen Ferdinand „Castilla del Oro", Goldkastilien, benannt. Und in der Tat sollte sich später zeigen, daß sie, nicht etwa Mexiko oder Peru, die eigentlichen Goldländer der indianischen Welt waren. Die Altertumskunde unterscheidet hier als wichtigste Fundprovinzen die Landschaft Coclé im mittleren Panama und die Hochlandskultur von Kostarika und Chiriquí im westlichen Panama. Bis heute aber ist die Durchforschung des mittelamerikanischen Bodens erst sporadisch und lückenhaft – in einem schier unverständlichen Mißverhältnis zu der Bedeutung, die dieser Raum von den ältesten Zeiten bis heute als Bindeglied zwischen dem Nord- und Südkontinent, als Wanderstraße auch aller Völkerwellen besaß.

Tolteken in Mittelamerika – Erben olmekischer Kunst – Nicarao und Chorotegen

Als Einwanderer aus dem Norden erwähnten wir die *Pipil.* Sie bewohnen heute noch einige Dörfer im Umkreis von Sonsonate im westlichen Salvador, während ihre einstige Hauptstadt Cuzcatlan („Halsbandort") in der Nähe des heutigen San Salvador lag. Als Abspaltung der Tolteken bewahrten die Pipil eine altertümliche Form der von den Azteken weiterentwickelten Nahua-Kultur. Ihre gesellschaftliche Gliederung erinnert an die aztekischen Calpulli. Wie andere nördliche Völker kannten sie die Unterscheidung von Friedensfürsten und Kriegshäuptlingen. Der herrschaftliche Charakter ihrer Gesittung zeigt sich auch hier in der ständischen Ordnung von Adel, Gemeinen und Sklaven.

Aus den alten Berichten erfahren wir, daß die Pipil eine männliche und eine weibliche Gottheit vor deren Idolen verehrten. Ihre Priesterschaft gipfelte in einem Hohepriester, dem ein oberster Wahrsagepriester zur Seite stand. Auch hören wir von vier weiteren höheren Priestern und werden dadurch an das Vorhandensein von vier militärischen Unterführern gemahnt; beiden Gremien lag wahrscheinlich auch hier eine Orientierung nach Kardinalpunkten oder Windrichtungen zugrunde. Neben Opfern anderer Art waren Menschenopfer üblich; uneheliche Kinder und Kriegsgefangene fielen ihnen anheim, und man vollzog sie nach echt mexikanischer Art als das uns bekannte Herzopfer. Die Feste der Sommer- und Wintersonnenwende waren offenbar alte Kultdramen, und einschließlich ihrer Benennungen erinnern die zwanzig Tageszeichen ihres Kalenders an den mexikanischen Stil. Bei allen solchen beredten Entsprechungen aber erweist sich das „Gefälle" gegenüber den Verwandten im Norden darin, daß wir keine Spur von städtischen Anlagen haben.

Obwohl in deren späterem Siedlungsgebeit gelegen, waren die 1860 entdeckten Werke von *Cozumalhuapa* keine Schöpfungen der Pipil. Steinpfeiler mit Reliefbildern und Steinklötze in Gestalt von Schädeln und Tierköpfen zeugen von einem Stil, der sowohl den Maya wie den Nahua fremd ist. Heute hält man vielmehr diese Werke für Ausläufer des *olmekischen* Stelenkults, die sich an drei verschiedenen Stellen der pazifischen Küste finden: in Tonalá im westlichen Chiapas, wo eine alte Stadt mit von Pyramiden und Plattformen umgebenen Plätzen freigelegt worden ist; in Izapa im östlichen Chiapas und eben in Santa Lucía Cozumalhuapa, das im Departement Escuintla im südlichen Guatemala liegt; von hier kamen 28 Skulpturen 1881 in das Berliner Museum für Völkerkunde.

Ebenso wie die in der letztgenannten Zone gefundenen Steinjoche, Äxte und Menschenköpfe sind auch die Stelen zweifellos Abkömmlinge der olmekischen Kunst. Die acht größten Stücke, vierkantige Pfeiler mit flachen, figürlichen Reliefs auf einer der Seiten, sind fast 3 m hoch und 0,65 m stark und umgaben einst, ganz ähnlich wie bei dem Kalasasaya in Tiahuanaco, einen Tempelbezirk. Sieben dieser acht Stelen zeigen dabei das gleiche Motiv: einen Gott *en face*, der in den Wolken schwebt, und einen im Profil gesehenen Priester, der betend den Arm zu ihm erhebt. *(T. 40)* Es findet sich auch die Darstellung eines Menschenopfers, und ferner begegnen uns bilderschriftliche Zeichen. Die Unterbauten der Tempel bestanden aus großen Erdpyramiden mit Treppen und einer Umkleidung aus Mauerwerk.

Von den jüngeren Kulturen ganz zu schweigen, bieten die Werke von Cozumalhuapa keine Parallelen zu den Maya oder Tolteken und auch nicht zu Teotihuacan. Sie stammen aber zweifellos aus der älteren, theokratischen Phase der Hochkultur, so daß der wahrscheinlichste zeitliche Ansatz auf 600–900 unserer Zeitrechnung geht.

Das Kulturvolk von Nikaragua und Nord-Kostarika waren, als Nachbarn der toltekischen *Nicarao,* die *Chorotegen,* beide Bewohner fruchtbarer und dichtbesiedelter Landstriche, in denen die frühen spanischen Schriftsteller den Anblick der Maisfelder und Kakaogärten und die Schönheit der Frauen rühmen. Denn als Nahrungspflanze stand Mais im Vordergrund. Er floß ebenso auch als Maisbier durch die Kehlen seiner Erzeuger, wie man aus einer pflaumenähnlichen Frucht (Spondias purpurea) eine Art Wein zu bereiten verstand. Was die Genußmittel angeht, so ist es erstaunlich, daß das in den mittleren Anden heimische Kokakauen bis hierher verbreitet war. Beachtlich war neben den Erträgen des Anbaus auch der Anfall von Früchten und Beerenobst (vor allem der weintraubenähnlichen Coccoloba uvifera), und von nicht geringerem Nutzen sollen Wachs und Honig wilder Bienen gewesen sein. Während die Spanier den Bestand an Rotwild bestaunten, ergänzten im Haushalt der indianischen Bauern der Truthahn und eine gleichfalls als Nahrung dienende kleine Hunderasse die pflanzliche Kost. Einen wertvollen animalischen Beitrag lieferte auch der ergiebige Fischfang, besonders aus den beiden großen Süßwasserseen, dem Managua- und dem Nikaragua-See. Märkte wurden auf den Dorfplätzen abgehalten, und wie bei den Mexikanern und Maya spielten Kakaobohnen die Rolle von Zahlungsmitteln.

Mit der Bedeutung des Maises als Nahrungspflanze konkurrierte als Faserpflanze die Baumwolle, welche den Rohstoff der Kleidung stellte. Neben Penisschnüren werden als Tracht der Männer Lendentücher und unter den Armen um den Körper geschlagene Decken genannt, die durch einen Gürtel gehalten wurden. Die Kleidung der Frauen bestand aus Baumwolldecken, die den Körper brustabwärts bis zu den Füßen verhüllten und, anders als bei den schulterfreien Cueva, durch ein ponchoartiges Kleidungsstück vervollkommnet wurden, das Brust und halbe Arme bedeckte. Sandalen aus Hirschleder hatten die Vorfahren der Nicarao schon aus Nordamerika mitgebracht. Werkzeuge und Geräte bestanden aus Holz und Stein. Als Waffen für Jagd und Krieg dienten Bogen und Speerschleuder (beide für Geschosse mit Feuersteinspitzen), Lanzen und Keulen, keulenartige Schwerter und Obsidiansplittern – Angriffswaffen, gegen die man sich durch Baumwollpanzer und Schilde mit Hirschlederüberzug zu schützen versuchte.

Hier wie anderwärts geht der Versuch, ein Bild indianischen Lebens zu zeichnen, von der wechselseitigen Ergänzung der frühen spanischen Beobachtungen und der neueren archäologischen Funde aus, welch letztere am Nikaragua-See und am Golf von Nicoya ihren Schwerpunkt haben.

Neben kleineren Steinplastiken – so auch figürlich ausgearbeiteten Keulenknäufen in Form von Menschen- und Tierköpfen – sind da drei- und vierfüßige „metates" (Mahlsteine) bemerkenswert, die anthropomorph oder zoomorph (als Jaguar oder Kaiman) gestaltet sind, vermutlich aber keine profane, sondern zeremonielle Verwendung fanden. Runde steinerne Sitze, nackte männliche und weibliche Figuren in einem eigentümlichen, primitiv anmutenden Stil und steinerne Idole – es soll auch ein goldenes (wahrscheinlich vergoldetes) Götterbild in einem Tempel gestanden haben – sind weitere Zeugen der Steinskulptur, wirken jedoch gegenüber mexikanischen Stücken plump. Tongefäße sind bunt oder einfarbig und geritzt oder plastisch verziert. Als vollkommenste gilt die Keramik der Halbinsel Nicoya, die Dreißfuß- und Kugelgefäße mit polychromer Bemalung geliefert hat. In Ometepe sind neben halbkugelförmigen Tassen und Schüsseln mit drei Vögeln oder Tierköpfen als Füßen auch Idole aus Ton Okarinas aus Terrakotta ans Tageslicht gebracht worden. Die entwickelte Goldtechnik von Nicoya, die beispielsweise zoo- und anthropomorphe Figurinen mit Trophäenköpfen erzeugte, ist deshalb verwunderlich, weil es im Lande selber nur wenig Gold gab und dieses vermutlich von Süden her importiert wurde. Von der genannten Halbinsel stammen auch hervorragend gearbeitete Schmuckstücke aus Nephrit. So wie die Wohnhäuser durchweg aus pflanzlichem Material bestanden, dürften auch die Tempel, welche die Quellen erwähnen, keine Bauten aus Stein gewesen sein; nur auf der Insel Ometepe wurden Steinbauwerke entdeckt. Wohl aber haben sich Reste kleinerer Pyramiden aus Erde und Stein erhalten, deren Plattform jedoch keinen Tempel, sondern den Opferstein trug.

Das Zusammenleben der Menschen war wohlgeordnet. Alle waren verheiratet, und die Einehe war unter Gemeinfreien die Regel; Polygamie beschränkte sich auf die Herrschenden. Eine Verbindung mit der eigenen Mutter, Schwester oder Tochter war dabei ausgeschlossen. Zwischen den Chorotegen und Nicarao besteht aber ein schon den frühen Augenzeugen aufgefallener Unterschied. Bei den Nicarao wurde die Gattenwahl von dem Vater des Mädchens getroffen, und man legte großen Wert auf die Jungfräulichkeit, die bei der Eheschließung festgestellt wurde. Bei den Chorotegen dagegen verdienten die heiratsfähigen Töchter sich ihre Aussteuer durch entgeltliche Hingabe an die Freier, und das Mädchen selber traf dann seine Wahl – ohne daß seine Stellung deswegen geringer gewesen wäre; im Gegenteil fiel den Beobachtern auf, daß die Männer den Frauen sehr untertan waren, alle möglichen Verrichtungen für sie besorgten, ja von ihnen geschlagen und im Streitfall des Hauses verwiesen wurden. Daß gesellschaftliche Unterschiede bestanden, wurde schon angedeutet; bei den Nicarao zum Beispiel waren die Krieger ein bevorzugter Stand. Es gab Unfreie, die auch geopfert und bei den Chorotegen verzehrt wurden, während man sich weiblicher Sklaven zur Arbeit bediente.

Wohlgeregelte öffentliche Gemeinwesen werden von den frühen Beobachtern anerkannt. Dabei traten aber wiederum kennzeichnende Unterschiede zutage. Denn bei den Chorotegen war an der Spitze des Stammes ein Ältestenrat, dem auch der Kriegshäuptling untergeordnet war. Die Stämme der Nicarao aber wurden von starken Kaziken regiert, die Herolde und Gesandte hielten. Freilich stand auch ihnen ein Rat der Alten zur Seite, der alle vier Monate gewählt wurde und seinerseits Ordnungsorgane erkor. Die Alten bewahrten auch die Register der Landverteilung (Kataster) und ernannten die Marktpolizei. Ein Vergleich zwischen Chorotegen und Nicarao läßt auf der einen Seite ein stärkeres Beharren pflanzerisch-demokratischen Denkens und auf der anderen Seite mehr herrschaftlich-vaterrechtliche Züge erkennen.

In der Behandlung der Rechtsbrüche ist die hochkulturelle Denkweise unverkennbar. Zwar wurden Diebe bis zur Erstattung versklavt, worin sich also eine ältere Schadenshaftung behauptet hat; daß sie außerdem aber geschoren wurden, ist eine hochkulturelle Ehrenstrafe. Dieselbe herrschaftliche Tendenz offenbart sich in der Bestrafung der Sodomie (durch Steinigung) und in dem Unterschied, den man zwischen vorsätzlicher und fahrlässiger Tötung machte; nur die erstere bestrafte man mit dem Tode, während man es im letzteren Falle bei einer Buße beließ.

Ähnliche mexikanische Anklänge wie in der Gesellschaft können wir auch im Weltbild und Kult der Nicarao beobachten. Ihre Mythen sprachen von einer durch Sintflut zerstörten Zwischenschöpfung, und auch sie nahmen – verbunden mit der Vorstellung einer unkörperlichen Seele in körperlicher Gestalt – ein unterschiedliches Schicksal der Toten an: während die Verstorbenen gemeinhin in ein Totenreich des Unterweltgottes gingen, stiegen die Seelen der Gefallenen und Geopferten zu den Schöpfergöttern im Himmel auf. Kinder wurden erdbestattet, Erwachsene aber verbrannt, so auch die Kaziken mit all ihrer Habe, deren Asche in einem Tongefäß vor Ihrem Palast vergraben wurde.

Die Chorotegen verehrten eine Gewittergottheit, die im Vulkan von Masaya wohnte. An der Spitze des Nicarao-Pantheons stand Tamagastad, niemand anders als Quetzalcoatl, Schöpfer und Kulturheros, hinter dem ein älteres Schöpferpaar zu einer mythischen Rolle verblaßt war. Der oberste Kazike der Nicarao war zugleich oberster Priester; er betete jeweils ein Jahr im Tempel zum Segen des Volkes und wurde dann abgelöst. Bei Nicarao und Chorotegen lebte die Priesterschaft von den Opfergaben und wirkte unter anderem auch bei der Eheschließung mit. Aufgabe der Nicarao-Priester war aber auch die Pflege von Schrift und Kalender (die Namen der zwanzig Tage des Monats stimmten mit den mexikanischen überein); in ihren Händen lagen die gefalteten Wahrsagebücher aus Hirschhaut, die zehn bis zwölf Meter lang und schwarzrot bemalt waren, von denen leider aber kein Stück erhalten ist.

In den Tempeln der Nicarao standen Idole aus Stein, vor denen Räucheropfer dargebracht und gebetet wurde. Dort fanden auch die Opfer von Kindern und Gefangenen statt, in echt mexikanischem Stil, indem man die Herzen herausriß und mit ihrem Blut das Idol bestrich, während das Fleisch zerstückelt und dann verteilt wurde. Gegenüber dieser kultischen Kommunion bei den Nicarao wurde von den Chorotegen profaner Kannibalismus geübt; außer der Sklavenhaltung dienten regelrechte Menschenjagden der Gewinnung von Fleisch. Um der Schadenswirkung bestimmter Frevel zu entgehen, beichtete man vor zum Schweigen verpflichteten besonderen Priestern, die Bußen auferlegten. Den Rhythmus des Jahres begleiteten 21 Feste, die mit Prozessionen, Tanz und Gesang verbunden waren, und es fehlte nicht das uns aus Mexiko bekannte Fliegerspiel. Die Kulthandlungen der Chorotegen waren aufs engste mit dem Gedeihen der Feldfrucht verknüpft; beispielsweise kasteite man sich durch Entziehung von Blut, das man auf Maiskolben sprengte. Von dem Gedanken der Fruchtbarkeit waren auch orgiastische Feste beherrscht, bei denen für das Gemeinwohl zur Abwehr von Schaden Mädchen geopfert wurden, die freiwillig in den Krater des Vulkans von Masaya sprangen.

Die Ursprungsverwandtschaft mit der älteren Nahua-Kultur (toltekischer Prägung) liegt bei den Nicarao zutage. Bei den Chorotegen treten stärker andere Züge hervor (*Disselhoff* hat dabei zum Beispiel das Kokakauen, die orgiastischen Feste und die Gewittergottheit im Auge), denen wir in den alten Kulturen Kolumbiens wiederbegegnen.

An den Nikaragua-See schließt sich südlich in den heutigen Ländern Kostarika und Panama der Lebensraum der mittelamerikanischen *Chibcha* an. Die frühen Augenzeugen schildern mit kräftigen Farben die Landschaft, die zum größten Teil gebirgig ist, aber auch aus Überschwemmungstiefland besteht. Sie heben bereits hervor, daß die inneren und die pazifischen Striche, deren Talauen, Felder und immergrünen Baumbestand unsere Quellen preisen, seit jeher gesünder gewesen seien; und dementsprechend war auch die Dichte der Besiedlung verschieden. So wie den frühen Beobachtern die starke sprachliche Zersplitterung auffiel, unterscheidet man heute verschiedene archäologische Zonen, von denen Coclé (wo aufschlußreiche Gräberfunde auf der Halbinsel Azuero anfielen), Veragua, Chiriquí und Darién die bedeutendsten sind. Die vordem hier blühenden Gesittungen wurden von Chibcha-Völkern gebildet, deren Nachkommen die späteren Talamanca, Guaimí und Cueva gewesen sind. Die Funde gehören meist dem 14. und 15. Jahrhundert n. Chr. an. Denn alles bisher auf dem Isthmus Ausgegrabene ist nicht alt, außer Muschelhaufen an der Küste des Golfs von Parita, die aber als Überreste einer alten Fischerbevölkerung nicht als hochkulturell zu betrachten sind. Auch hier erschließen die archäologischen Zeugnisse mehr den Zugang zur materiellen und technischen, die alten Schriftquellen den zur geistigen und gesellschaftlichen Kultur.

Neben Kolumbien waren Kostarika und Panama („Castilla del Oro") die eigentlichen Goldländer der Neuen Welt, wo die Chibcha als die wirklichen Meister des Goldes und der Tumbaga wirkten. Ebenso wie den Vollguß und die Treibarbeit beherrschten sie den Guß in verlorener Form und übten die Vergoldung des Kupfers mit Hilfe von Pflanzensäften. Bereits Kolumbus machte auf seiner vierten Reise, auf der er die Küsten von Honduras bis Panama befuhr, Bekanntschaft mit ihren Goldzieraten, besonders Brustschmucken, wie sie später in Form von Adlern und Fledermäusen, Spinnen und Eidechsen in Kostarika zutage gefördert wurden. Kostbarste und vollkommenste Goldarbeiten stammen auch aus der panamensischen Landschaft Coclé, wo 1515 Gonzalo de Badajoz von dem Kaziken von Paris mit Hirschhaut überzogene Palmblattkörbe von einem halben Meter Durchmesser voll Goldschmucken als Geschenk erhielt. Die Goldschmiede von Coclé verarbeiteten reines Gold, Kupfer und die Goldkupferlegierung Tumbaga, letztere auch mit plattiertem Goldüberzug. Auch Stücke aus Knochen und Stein wurden mit Gold bekleidet. Unter den Fundstücken gibt es Helme mit getriebenen Ornamenten, Schmuckscheiben mit Darstellungen in Treibarbeit und oft mit zierlichem Filigran; Nasenringe und Ohrschmucke wurden aus Golddraht, in Voll- oder Hohlguß hergestellt, ebenso tier- und menschengestaltige Schmuckanhänger; es finden sich da kupferne und goldene Schellen und Ketten aus massiven und hohlen Goldperlen, und in frühen Berichten lesen wir von den Gliederketten, die der Kriegeradel in der zu Coclé gehörenden Landschaft Escoria trug. Eine Verbindung von Gold und Stein war beliebt. Wir haben aus dieser archäologischen Zone Amulette aus Quarz, Serpentin und Achat; Jade wurde hier nicht verwendet, wohl aber waren Smaragde geschätzt, die vermutlich von der ekuadorianischen Küste her eingeführt wurden. Freilich mußte man bei all dem berücksichtigen, daß edler Stein- und Metallschmuck ein Vorrecht der Adeligen und Fürsten war; außer dem sonstigen Schmuck begleiteten ihre goldenen Zeremonialwaffen die Fürsten ins Grab.

Neben der edlen Verfeinerung solcher Kleinkunst kannte man auch die in gröberen Linien wirkende Plastik in Stein. Ansprechender sind für uns die runden steinernen Prunksessel und die drei- oder vierfüßigen Mahlsteine, oft in Jaguarform, alle aus einem vulkanischen Stein. Wie aus Kostarika kennen wir Mahlsteine auch aus Coclé, wo sich außerdem lange Reihen von Steinpfeilern bis zu sechs Meter Höhe gefunden haben, deren Bedeutung jedoch unbekannt ist.

In Kostarika ergrabene Töpferware erweist auch die Beherrschung einer durch Wachsabdekkung geübten Negativmalerei. Eine feinbemalte Keramik in verschiedenen Formen wurde auch in Coclé ans Licht gebracht.

Die Bedeutung des wenig haltbaren Holzes ist im praktischen Gebrauch sicherlich größer gewesen, als es die Funde in unzerstörbaren Rohstoffen vortäuschen. Holz war zum Beispiel das Material für die Waffen. Als solche waren in Panama Speerschleudern, Lanzen und Keulen in Gebrauch. Der Bogen wurde nicht als Waffe benutzt, aber es kann als Kuriosum verzeichnet werden, daß die Ärzte sich des in Amerika seltenen Aderlaßbogens bedienten. Die Bedeutung des Holzes als Werkstoff wird auch in den großen (mit Baumwollsegeln bewegten) Einbäumen deutlich und in der ebenfalls aus ausgehöhlten Baumstämmen angefertigten Schlitztrommel.

Bauten aus Stein vermissen wir im ganzen hier beschriebenen Raum. Auch die Tempel waren aus Holz, standen aber bevorzugt auf Plattformen, die mit einem Mantel aus Steinen bekleidet waren. Die Bestattung erfolgte zum Teil in Steinkisten. Bei den Behausungen aber herrschten runde oder ovale Kegeldachhütten, vielfach mit achteckigem Pfostenkranz, vor, die mit Stroh oder Palmblatt gedeckt waren. Hängematten aus Baumwolle waren ihr wichtigstes Inventar (Cueva); es kamen aber auch niedrige Stühle vor (Guetar), wie wir sie ebenfalls auf den Inseln finden. Die dörfliche Siedlung war üblich, wenn ihr Zusammenhang, wie wir aus Panama hören, teils auch gehöftweise aufgelockert war. Dagegen fehlt es durchaus an Ansätzen zu einer städtischen Kultur, obwohl eine Siedlung wie Natá (in Coclé) 1500 Einwohner hatte und von einem Palisadenringe umgeben war.

Baumwolle wurde zu Kleidungsstücken verwoben. Dabei nahm die Bekleidung von Norden nach Süden ab. Trugen bei den Guetar die Männer noch eine Art Hose, die Frauen außer dem Schurz ein ärmelloses Hemd, so gingen die Männer in Panama nackt – denn Penisstulpe, beispielsweise aus einer Meermuschel, kann man nicht zur Bekleidung rechnen. Die Frauen der Cueva gingen in Baumwolldecken, die aber Brust und Arme freiließen. Bei den Gemeinfreien reichten sie bis zu den Knien, während sie bei den Edelfrauen bis zu den Knöcheln fielen. Spanische Schriftsteller rühmen den aufrechten Gang der adligen Frauen, die ihre stolze Haltung durch Busenhalter aus Goldbändern unterstrichen und dabei so eng gebaut waren, daß der Verkehr mit ihnen den Spaniern Schmerz bereitete.

In der Anbauwirtschaft wurden Mais und Maniok, Bataten und Melonen gepflegt. Als Genußmittel gesellten sich zu dem aus dem Mais gewonnenen Bier noch Palm- und Fruchtweine und Tabak, der in Form von Riesenzigarren geraucht wurde. Für animalische Nahrung sorgte der Fischfang in Flüssen und an Küsten. Doch auch die Jagd muß ergiebig gewesen sein; ihr boten sich Hirsch und Leguan, Tapir und Pekari (Nabelschwein), auch der Truthahn und vielerlei Vogelwild. Treibjagden der Herren bedienten sich großer Brände und Stellnetze. Zur Wildbeuterwirtschaft müßte man auch die Perltaucherei im Golfe von San Miguel rechnen und die Gewinnung von Salz aus Sümpfen und Meerwasser, zum Beispiel in Escoria, wo man Salzwasserlachen verdunsten ließ.

Salz und Gold waren auch die hauptsächlichsten Handelsartikel. Abgesehen vom Austausch zwischen den unterschiedlich ausgestatteten Landschaften sind unmittelbare Handelsbeziehungen zwischen Panama und Ekuador auf dem Seewege ebenso zu vermuten, wie ein solcher maritimer Verkehr zwischen der nördlichen Küste Perus und der mexikanischen Westküste unterstellt werden muß.

In den Geschlechterbeziehungen war die Verbindung mit der Mutter (bei polygamen Ehen mit der Hauptfrau des Vaters schlechthin), ferner mit Schwestern und Töchtern verpönt. Die Eheschließung war mit einem Hochzeitsfest der Verwandtschaft verbunden. Wir hören zwar, daß Abtreibung häufiger vorkam, andererseits aber war Kinderlosigkeit doch ein Ehescheidungsgrund. Über die ehelichen und die gesellschaftlichen Verhältnisse überhaupt, besonders der Cueva, geben uns aber nicht nur die Berichte der Augenzeugen Auskunft, sondern in beschränkterem Ausmaße auch die archäologischen Tatsachen. Die in der Zone Coclé gefundenen Gräber weisen eindeutig aus, daß Standespersonen mit mehreren Frauen und Dienern begraben wurden, daß also Hörigkeit und adelige Polygamie bestanden. In der Tat ist eine ständische Schichtung für den gesamten Kulturraum von Honduras über Nikaragua und Kostarika bis Panama erwiesen, also die Existenz eines Adels und von Sklaven, welch letztere meist aus der Kriegsgefangenschaft herrührten. Unrichtig wäre es, anzunehmen, alle kriegsgefangenen Männer seien geopfert worden, denn die Quellen berichten ausdrücklich, daß Sklaven auch zu Verrichtungen eingesetzt wurden. Die gehobenen Schichten waren zuweilen gestuft. Bei den Cueva zum Beispiel müssen wir zwischen dem Blutsadel der „pirarailos“ und dem kriegerischen Verdienstadel („cabra“) unterscheiden, der von dem Landesherrn mit Frauen, Sklaven und Land belehnt werden konnte. Lang herabreichende Mäntel der Männer und bis zu den Fußknöcheln fallende Röcke der Frauen zeichneten die Vornehmen aus. Daß die gesellschaftlichen Unterschiede wenigstens zum Teil auf völkischer Überschichtung beruhten, wird durch alte Berichte nahegelegt, wonach es im Fürstentum Escoria (Coclé) eine sich auch körperlich abhebende Oberschicht gab.

Auseinandersetzungen zwischen den Volksgruppen haben auch der Bildung eines kräftigen Herrentums Auftrieb gegeben. Anlässe zu Streitigkeiten waren zum Beispiel Meinungsverschiedenheiten über die Jagd- und Fischereirechte. Sie wurden mit der Speerschleuder und der Makana, einer mächtigen, mit zwei Händen geschwungenen Hartholzkeule, ausgetragen. Der Einsatz von Spionen war beliebt. Wie blutig es bei diesen Fehden zuging, erfuhren die Spanier, als man ihnen in der Landschaft Paris (Coclé) einen aus Schädeln der erschlagenen Feinde errichteten Turm und eine mit Schädeln gepflasterte Straße zeigte. Die Dörfer wurden darum mit Palisaden aus stacheligen Distelgewächsen bewehrt.

Nicht staatliche Großraumbildung, sondern ein kleines und kleinstes Duodezfürstentum gab dem gesamten Chibcharaum sein Gepräge. Aber im Innern war das Häuptlingstum kräftig erstarkt. Wir wissen das nicht nur von den Fürsten der Guetar, sondern auch von den Cueva, bei denen der Landesherr, *saco* oder *tiba* (vergleiche den *cipa* der Muisca), über Herolde und Boten verfügte; begleitet von einem Gefolge wurde er in einer Hängematte getragen und unterhielt einen stattlichen Harem. Gebot der Fürst über andere Kaziken als Suzeräne, so nannte man ihn *queví*. Das bekannteste Beispiel für einen solchen Lehensherrn ist Quitatara von Paris, der über vier oder fünf ihm unterworfene Vasallen gebot. Gleich den Kaziken hatten die Adeligen mehrere Frauen, von denen eine als Hauptfrau das Haus regierte. Abgesehen von einer solchen vergrößerten eigenen Hauswirtschaft verfügten die Herren zwar nicht über Abgaben, wohl aber über Arbeitsdienste der Untertanen. Im Kriegsfalle lebte das Aufgebot auf Kosten des Landesherrn. Erbe von Besitz und Rang war der älteste Sohn, der aber die nicht erbberechtigten Söhne, auch die der Nebenfrauen, mit unterhielt.

Alle gesellschaftlichen Verhältnisse regelte ein Gewohnheitsrecht, zu dem sich indes auch schon Ansätze zu einem verkündeten Satzungsrecht gesellten. Die Kaziken sprachen persönlich Recht, bedienten sich aber zur Verhaftung und Vollstreckung der Hilfe von Gerichtsdienern. Um das unantastbare Vorrecht der gehobenen Stände zu unterstreichen, vollzog der König selber bei adeligen Delinquenten die Todesstrafe durch einen Keulenschlag. Einen Instanzenzug gab es ebensowenig wie einen Zeugenbeweis, die Parteien waren jedoch zur Wahrheit verpflichtet, und die Parteilüge wurde mit dem Tode bestraft. Todesstrafe stand auch auf Tötung, Ehebruch, Diebstahl und Sodomie.

Die Behandlung der Toten, die von Grabbeigaben begleitet wurden, war unterschiedlich. Auf dem Hochland von Kostarika kamen rechteckige Steinkistengräber vor. In Coclé ist man auf Fürstengräber gestoßen, rechteckige oder ovale Gruben, in denen der Tote, umgeben von Frauen und Dienern, auf einem Holzschemel saß. Bei den Cueva aber wurden die toten Häuptlinge nicht begraben, sondern am Feuer gedörrt und reihenweise in einer Ahnengalerie aufgestellt. Gaspar de Espinosa war bei der Bestattung des Kaziken von Paris zugegen, dessen Leiche durch Räucherung mumifiziert und mit allen Kostbarkeiten und Insignien angetan wurde; Frauen und Gefangene waren dazu bestimmt, ihn auf seiner Reise ins Totenland zu begleiten. Die Erinnerung an die großen Toten lebte weiter im Heldenlied.

In ihren Mythen bewahrten die Cueva das Motiv von der großen Flut. Die Vorstellung von Geistern paarte sich mit dem Glauben an eigentliche Höhere Wesen. Namentlich sind uns wenige Göttergestalten bekannt. In Panama wußte man von einem Schöpfer Chicume, auch von dem Himmelsgott Chipiripa, beide etwas verblaßt zugunsten ihres Widersachers Tuira, der mit drei Greifenklauen bewehrte Hände und Füße besaß.

Es ist schwer, zwischen magischen Praktikanten und echten Priestern zu scheiden. Letztere hießen bei den Cueva *tequina*. Sie vermittelten zwischen den Menschen und Tuira; um seinen Rat einzuholen, zogen sie sich in eine Hütte zurück und ließen dann wechselnde Tonarten hören. Vermutlich lagen auch die Ansätze zu bilderschriftlichen Aufzeichnungen in ihren Händen; es waren vereinfachte graphische Darstellungen in Farbe auf Holztafeln und erinnern mehr an nord- als mittelamerikanische Beispiele.

Nicht wenige Züge des Kulturbildes weisen unzweideutig nach Norden, nicht nur im gesellschaftlichen und geistigen Bereich. Ebenso unverkennbar, und zwar um so mehr, je weiter man nach Süden kommt, sind kolumbianische Parallelen, die sich nicht auf die Metalltechnik beschränken. Aus den Isthmusländern heraus haben umgekehrt Einflüsse auf die Antillen ausgestrahlt.

Das Festland strahlt zu den Inseln aus

In weniger als hundert Jahren nach der spanischen Landnahme waren von der Urbevölkerung der mittelamerikanischen Inseln nurmehr Reste erhalten, die sich mit den eingeführten Negersklaven vermischten. Aber frühe Beobachter haben uns die Kulturzustände auf den Inseln geschildert. Fiel doch bereits Kolumbus der greifbare Unterschied von zwei sich deutlich abhebenden Bevölkerungen, einer kriegerischen und einer friedlichen, auf. Heute vermögen wir die Besiedlungsgeschichte und den ethnischen Aufbau deutlicher zu beschreiben. Danach stellte die eigentliche Urbevölkerung ein aus dem Nordkontinent, vielleicht auf dem Wege über Florida, eingewandertes Element von Fischern dar, die man beispielsweise auf Kuba noch unverkennbar zu unterscheiden verstand. Die Hauptmasse der indianischen Bevölkerung aber gehört den *Taino* an, einer Untergruppe der Aruak, die mehrere Jahrhunderte vor der Conquista von der südamerikanischen Festlandküste aus die gesamte Inselwelt in Besitz genommen und sogar eine Kolonie auf Florida angelegt hatte. Auf den Kleinen Antillen nun wurden die Taino nicht lange Zeit, wohl nicht mehr als ein Jahrhundert, vor der Ankunft der Spanier von den Calina verdrängt, die gleichfalls aus Südamerika kamen und von den Taino Caniba genannt wurden, woraus sowohl die Volksbezeichnung *Kariben* wie unser Wort Kannibalen entstand. Sie unterbrachen die Verbindung der Aruak mit dem Festland, rotteten auf ihren gefürchteten Raub- und Eroberungszügen die Männer der Taino aus, heirateten aber die Frauen, unter denen sich bis zur spanischen Zeit ihr aruakisches Idiom erhielt. Bis zur europäischen Landnahme hatten die Kariben auf den kleinen Antillen, den Inseln unter dem Wind und auf Teilen von Puerto Rico Fuß gefaßt, dagegen waren Kuba, Haiti, Jamaica, die Bahamas und andere Teile von Puerto Rico noch nicht von ihnen besetzt, sondern wurden nur durch Raubzüge heimgesucht. Man denke nur an den romanhaften Niederschlag, den dieser anthropophage Vernichtungskrieg in Daniel Defoes Robinsonade gefunden hat.

Die Kariben haben nur wenige archäologische Zeugnisse hinterlassen, während die Spuren der Taino greifbar zutage liegen. Die angedeuteten unterschiedlichen Mischungen der Völker, wobei wir bei den Taino noch mehrere zeitlich folgende Wellen beachten müßten, haben zu Nuancen im Kulturbild geführt. Am entwickeltsten möchte uns die Gesittung auf Haiti und vor allem Puerto Rico erscheinen, die aber auch nach dem östlichen Kuba hin ausstrahlte. Wir können hier kein ausführliches Bild der alten Taino-Kultur malen, sondern müssen uns nach dem gesteckten Rahmen des Buches darauf beschränken, die Züge zu zeichnen, die über den Stil einer primitiven Pflanzerkultur hinausreichen und hochkulturelle Merkmale aufweisen.

Der Maniok spielte auf dem Gebiete der Lebenssicherung die führende Rolle; angebaut wurde aber auch Baumwolle als textiler Rohstoff, und zwar auf Haiti mit künstlicher Bewässerung. Holz und Fasern stellten das vornehmliche Rohmaterial für technische Zwecke; aus Hartholz war beispielsweise die Makana, die mit zwei Händen geschwungene Keule als Waffe der Vornehmen. Aus Baumwolle wurden die Hängematten gefertigt, deren Name von dem verballhornten Tainowort *hamaca* stammt. Uns interessiert hier, daß diese Indianer auch eine Steinbearbeitung ausübten. Polierte Steingeräte (Beile) zeigen nicht selten eingeritzte oder eingemeißelte menschliche Gesichter und Figuren (wie wir das auch aus Mexiko kennen), und für die Kariben sind mandelförmige Beile aus hartem Gestein bezeichnend, die zum Teil skulptiert sind. Die Goldkupferlegierung Guanin dagegen wurde aus Kolumbien importiert. Denn in großen Einbäumen, die bis zu dreißig Meter Länge hatten und mit bis zu achtzig Ruderern bemannt waren, trieben die Taino Handel auch bis nach Yukatan und Florida hin.

Auch in die beachtlichen Werke der Plastik teilten sich Holz und Stein. Die vierfüßigen Sitzschemel der Häuptlinge, Standespersonen und Gäste waren tier- und menschengestaltig mit einer Rückenlehne geschnitzt. Den mexikanischen *teponaztli* ähnelten hölzerne Schlitztrommeln. Aus Holz, aber auch aus Stein wurden menschen- und tierförmige Götterbilder skulptiert, die recht ansehnlich sind. Große halsbandähnliche Gebilde aus Stein, vor allem auf Puerto Rico, hatten sicher einen kultischen Sinn. Unter den Steinskulpturen müssen wir auch drei- oder vierfüßige Mahlsteine nennen, die häufig in Tierköpfen endeten. Weniger ragt die Töpferei der Taino hervor. Spärlicher auf den westlichen Inseln, ist Keramik reichlicher auf Puerto Rico und den Kleinen Antillen angefallen.

Die Taino wohnten in stattlichen Dörfern, deren Häuser sich um einen Dorfplatz gruppierten, der häufig von hochkant gestellten Steinen oder einem Erdwall umgeben war. Die Baulichkeiten selber waren ganz aus pflanzlichem Material, also aus hölzernen Pfosten mit Stroh- oder Palmblattdach, wobei Rundhütten mit konischem Dach Rechteckhäusern mit Giebeldach gegenüberstehen. Während dies dem Bilde einer altertümlichen Lebensweise von Pflanzern entspricht, erinnern Grabkammern der Kaziken an die Kolumbianische Hochkultur.

Inmitten der stattlichen Dörfer erhob sich ein öffentliches Gebäude, das offenbar zu Beratungen diente. Doch wurde schon angedeutet, daß die Gesellschaft keineswegs egalitär war. Vielmehr hoben sich in der ständischen Gliederung von den gemeinfreien Bauern einerseits Hörige, andererseits Adelige und Häuptlinge ab, deren beider gehobener Status erblich war. Als

Standesprivileg wurden schon die geschnitzten Stühle erwähnt. Daß die gesellschaftlichen Unterschiede letztlich auf Vorgänge ethnischer Schichtung zurückgingen, wird uns nahegelegt. Auf Kuba zum Beispiel wurde eine ältere Taino-Bevölkerung von einer aus Haiti eingewanderten, aber ebenfalls aruakischen Herrenschicht überlagert. In den Häuptlingen verkörperte sich die öffentliche Gewalt. Ihre Autorität ging im allgemeinen nicht über das Dorf hinaus. Auf einzelnen Inseln aber hatte der Konzentrationsvorgang größeren Fortschritt gemacht. Auf Puerto Rico geboten Kleinkönige ebenso über untertänige Dorfkaziken, wie sich auf Haiti fünf Fürsten (darunter ein Karibe) in die Herrschaft über die Insel teilten. In Jamaica vollends war einem dieser Duodezpotentaten die Vereinigung der ganzen Insel unter seiner Herrschaft geglückt. Immerhin bildeten Ratsversammlungen noch ein Gegengewicht gegen Kazikenmacht. Die Kleinfürsten hatten aber Hoheitssymbole und unterhielten bereits einen kleinen Hofstaat, Herolde und eine Leibwache; auch lebten sie polygam. Nach ihrem Tode wurden sie einbalsamiert und auf einem Schemel sitzend in einer Grabkammer beigesetzt, wohin sie auch die lebendig mitbegrabene Hauptfrau begleitete, während ihr Amt auf einen Schwestersohn überging. Von dem Vernichtungskrieg der Kariben gegen die Taino abgesehen, waren kriegerische Auseinandersetzungen auch innerhalb der aruakischen Schicht zwar seltener, kamen aber doch zum Ausgleich von Rechtsbrüchen und wegen Grenzstreitigkeiten vor.

IV.

El Dorado

Ein Land der Gegensätze

Dem, der eine Geschichte des frühen Amerika schreibt, müßte der nördliche Andenraum besonders anziehend sein. Er war die Durchgangspforte für alle Einwanderer, die nach Südamerika zogen, und lag in der Mitte zwischen den großen Gesittungen Mittelamerikas und Perus. Erstaunlich also, daß die Erforschung dieses Teiles der Neuen Welt noch nicht die Breite und Tiefe erreicht hat wie im mittleren Andengebiet und in Mesoamerika. Verantwortlich dafür sind der unterschiedliche Grad, in dem die archäologische Forschung an den einzelnen Standorten vorwärtsgetrieben ist, und die Tatsache, daß selbst in den fortgeschritteneren Gesittungen das vergängliche Holz als Werkstoff im Vordergrund stand.

Auch für eine Gliederung der Kulturen ist grundlegend, daß sich die beiden aus dem ekuadorianischen Raume kommenden Kordilleren in Kolumbien in drei Gebirgsketten aufspalten. Die östliche Cordillera Oriental setzt sich nördlich in der venezolanischen Cordillera de Mérida fort; dagegen stellt die Sierra Nevada de Santa Marta ein isoliertes Massiv und nicht eine Fortsetzung der Ostkordillere dar. Der mittlere Zug, die Cordillera Central, die in den Nevados de Huila und Ruiz die schneeige Höhe von 5600 m erreicht, verbreitert sich und verflacht im Norden zum Bergland von Antioquia, um sich dann in den sumpfigen Ebenen des unteren Magdalena und der atlantischen Küste zu verlieren. Die Hänge dieser Zentralkordillere sind waldbedeckt, zum Teil aber (und auch früher schon) kahl, und das gleiche gilt von der dritten, westlichen Kette, der Cordillera Occidental, die parallel zur pazifischen Küste läuft. Zu diesen drei großen Gebirgszügen gesellt sich noch die Cordillera del Chocó, die mit tropischem Urwald bekleidet ist.

Anders als weiter südlich schließen die kolumbianischen Anden keine Hochflächen ein, sondern sind durch tiefe Täler getrennt. Eine kulturgeschichtlich wichtige Ausnahme bilden die Becken von Boyacá und Cundinamarca (die sogenannte „Meseta von Bogotá“). In den genannten Tälern fließt zwischen der Chocó- und der Westkordillere der Río San Juan nach Süden hin zum Pazifischen Ozean, während der Río Atrato nach Norden strömt. Dem Karibischen Meer fließt auch Kolumbiens größter Fluß, der Magdalenenstrom, zwischen der Ost- und Zentralkordillere, zu, und auch sein bedeutendster Nebenfluß, der Cauca zwischen Zentral- und Westkordillere, ist nördlich orientiert.

Den Kontrasten der Höhenlage entsprechen die Gegensätze des Klimas, die angenehme Ausgeglichenheit der Hochländer gegenüber der Tropennatur der Flußniederungen. Man unterscheidet eine Tierra Caliente (die atlantische und pazifische Küstenebene und die Unterläufe der großen Flüsse), eine Tierra Templada (z. B. das Bergland von Antioquia oder das obere

Caucatal), eine Tierra Fría (beispielsweise die um 2600 m hohe Meseta von Bogotá) und schließlich die „Páramo"-Landschaft, die noch einen Anbau von Kartoffeln und Gerste erlaubt, ehe sie in die Schneeregion übergeht. Verständlich ist also eine erstaunliche Spielbreite der natürlichen Vegetation, der Tierwelt und ebenso der landwirtschaftlichen Möglichkeiten.

Die fortgeschritteneren Gesittungen Kolumbiens beschränkten sich auf die drei Andenketten, sind also nicht in die östlichen Tiefländer eingedrungen, füllten aber auch diesen andinen Raum nicht etwa völlig aus, sondern lebten Seite an Seite mit Völkerschaften von primitivem Niveau. Vor allem blieb die gesamte atlantische und pazifische Küste von Stämmen wie Barbacoa oder Chocó besetzt, die nach ihrem Lebensstil zu den Bewohnern des tropischen Waldlands zu rechnen sind. Auszunehmen hiervon sind die Tairona der Küste von Santa Marta, auf deren Boden archäologische Funde das Vorhandensein von steinernen Hausplattformen, Brücken und Ackerbauterrassen beweisen. Die Verzahnung tiefkultureller und hochkultureller Gruppen auf engstem Raum hat in den kolumbianischen Anden zu einem Gefälle der Gesittung geführt. So erwuchs eine Vielzahl regionaler Kulturprovinzen, deren Besonderheiten gleicherweise auf Umweltbedingungen wie auf völkischen Eigenheiten und abweichenden Außeneinflüssen beruhten. Die sich verhältnismäßig hervorhebende Töpferware von Manizales und die hervorragende Metalltechnik der Quimbaya seien als Beispiele für solche Besonderheiten genannt. Nicht weniger aufschlußreich und verworren zugleich ist aber die Tatsache, daß wir neben einem Gesittungsgefälle von Stamm zu Stamm auch innerhalb jeder einzelnen Gruppe eine Ambivalenz beobachten können, daß hoch- und tiefkulturelle Haltungen unausgeglichen vergesellschaftet waren.

Wir gewahren aber auch gemeinsame Züge. Wirtschaftsgrundlage war der Bodenbau: die Pflanzung von Obstbäumen und der Anbau von Mais und Knollengewächsen (Süßkartoffel und Maniok). Pflanzerischer Herkunft waren auch die Genußmittel: Maisbier und Palmwein, Koka und Tabak. Auch hier war wesentlichster Ausdruck der beginnenden Hochkultur die Umgestaltung des Gesellschaftsgefüges, das Auftreten sozialer Stände mit Adel und Sklaverei und die Geburt von Zwergstaaten unter einem dynastischen Herrentum. Und ebenso wie in den übrigen Zentren der indianischen Hochkultur entfalteten sich, gefördert durch den Bedarf der Herrschenden und des Adels, einzelne Künste und Fertigkeiten. Freilich erreicht die Keramik weder an Formenreichtum noch an Eleganz des Dekors das Niveau der küstenperuanischen Töpferware; und ebensowenig war den Kulturen Kolumbiens eine Steinbaukunst eigen. Die Überlegenheit der kolumbianischen Kunsthandwerker ist demgegenüber in der Metalltechnik zu erblicken und rankte sich – anders als in den Bronze- und Silberländern im Süden – an der Goldkupferlegierung Tumbaga empor. Plattierung des Kupfers mit Gold, Färbung der Oberflächen mit Pflanzensäften und Lötung, Treibarbeiten und Guß (massiver Stücke wie in „verlorener Form") sind Errungenschaften, die von dem vielseitigen Geschick der indianischen Kunsthandwerker zeugen. Man unterscheidet bezüglich der Metallarbeit sieben Stile mit den zonalen Bezeichnungen Muisca, Colima, Quimbaya, Darién, Sinú, Tairona, Tolima.

Die entscheidenden Vorstöße in das Binnenland der nördlichen Anden erfolgten in den dreißiger Jahren des 16. Jahrhunderts. Das Leitmotiv „El Dorado", dem in Zukunft die Eroberer folgten, hat dabei einen wohlbekannten historischen Kern: geht es doch darauf zurück, daß Sebastián de Benalcázar, der 1534 Quito gegründet hatte und von da aus nach Norden stieß, von diesem „Dorado", nämlich von dem vergoldeten Kaziken von Guatavita auf dem Hochland von Bogotá, reden hörte. Benalcázar begründete 1536 die spanischen Siedlungen Popayán und Cali und wandte sich 1538, den Nachrichten vom „Dorado" folgend, nach Osten. Hier aber war ihm Gonzalo Jiménez de Quesada zuvorgekommen, der 1537 von Santa Marta auf einer „amphibischen" Kundfahrt dem Magdalena entlang das Hochland erreichte, wo er das spanische Santafé (Bogotá) anlegte. Kurz vor dieser Gründung traf Benalcázar aus Westen ein, und dann als dritter der Welserhauptmann Nikolaus Federmann, der aus dem östlichen Tiefland heraufgestiegen war.

In Westkolumbien setzte Jorge Robledo die Enteckungen Benalcázars im mittleren Caucatal fort und gründete 1541 die Stadt Antioquia. Auch hier konkurrierten damit Vorstöße von der Nordküste her. Schon vor Jahrzehnten, 1512, hatte der Entdecker der Südsee, Vasco Núñez de Balboa, in der Atrato-Niederung vergeblich die Schmelzhütten des Kaziken Dabeiba gesucht. Nach der Gründung von Cartagena (1533) erkundete dann Alonso de Heredia die reichen Grabhügel am Sinú. Von Cartagena aus stieß 1537/38 Vadillo zum Cauca vor – mit dem Ergebnis, daß sich wie drüben in Bogotá die von Norden und Süden gekommenen Conquistadoren die Hände reichten. Und ähnlich wie im Osten Nikolaus Federmann als verspäteter Dritter erschien, trat Pascual de Andagoya im Westen auf, der 1540 den Hafen von Buenaventura fand.

Von Anfang an beeindruckte die Konquistadoren nicht allein die fremde exotische Welt, sondern auch die Vielfältigkeit des Geschauten. Ihr Blick war freilich noch nicht auf die Feinheiten rassischer Züge geschult. Allerdings stellt auch das äußere Bild des kolumbianischen Indianers sich verhältnismäßig einheitlich dar, und zwar gehörte das herrschende rassische Element, um *Eickstedts* sprachlicher Prägung zu folgen, mit gewissen Einschüssen seiner „andinen" Rasse dem Typus an, den er unter „Zentraliden" versteht. Demgegenüber war der Wirrwarr der Sprachen ein Tatbestand, der die Abendländer unmittelbar und praktisch in leidiges Erstaunen versetzte.

Den sprachlichen Verhältnissen entsprechen unsere heutigen Vorstellungen von der Besiedlungsgeschichte des Raumes. Zwischen den Völkern Mesoamerikas und dem Inkareich erstreckte sich der Siedlungsboden der Chibcha vom Nikaragua-See bis ins mittlere Ekuador. Ihre historische Heimat müssen wir in den Kordilleren Kolumbiens suchen. Bei ihrer Ausbreitung nach Norden und Süden nahmen sie von den drei Ketten der nördlichen Anden und von den darin eingeschlossenen Tälern des Magdalena und Cauca Besitz. Sie überlagerten dabei eine ältere Vorbevölkerung, die in Ost- und Nordkolumbien (wie die heutigen Goajiro) aruakischer Herkunft und mit den Pflanzervölkern der Orinoko- und Amazonas-Tiefländer sprach- und kulturverwandt war. Die Überlagerung der Chibcha über diese ältere Schicht ist wahrscheinlich in verschiedenen Wellen erfolgt, und den Impuls, der sie bis zum Äquator und bis nach Mittelamerika trieb, haben wir vielleicht der Expansion eines anderen Volkes zuzuschreiben: den verhältnismäßig jungen Vorstößen der Kariben, die aus ihrer Heimat in Groß-Guayana mit erstaunlicher Stoßkraft in verschiedene Richtungen drangen und als deren Vortrupps wir auch im Rahmen der kolumbianischen Anden karibische Sprachinseln (z. B. die Motilonen) finden. Gegenüber einer einseitigen Einschätzung der kulturschöpferischen Rolle der Chibcha neigen wir heute dazu, den Aruak mehr gerecht zu werden, und vermuten besonders in wesentlichen Fortschritten der Metalltechnik (z. B. der Erfindung der Tumbaga und des Gusses in verlorener Form) möglicherweise Kulturleistungen der Aruak.

Diese historische Sicht ist allerdings aus den Verhältnissen zur Zeit der Conquista erschlossen. Denn anders als bei Mexikanern und Maya fehlt es, wie schon gesagt, an einer geschichtlichen Überlieferung, und die Traditionen der Eingeborenen reichen nur wenige Lebensalter zurück. Um so wichtiger ist es, auch hier an die Ergebnisse des Spatenwerkes zu appelieren, um mit altertumskundlichen Mitteln in die Tiefe der „vorgeschichtlichen", das heißt der vorkolumbischen Zeit vorzustoßen.

Im Zeitalter der Entdeckungen kann jedenfalls nur an zwei Standorten von höherer Kulturentwicklung gesprochen werden, die das Niveau der tropischen Pflanzerkultur überragte: dem mittleren und südlichen Caucatal und dem Hochland um Bogotá, zwischen denen dazu ein markantes Kulturgefälle bestand.

Herren und Barbaren im Caucatal

Im mittleren und oberen Caucatal fanden die Spanier Eingeborene vor, die sich bei manchen barbarischen Zügen über den Standard „primitiver" Stämme erhoben.

Wenn man auch die Möglichkeiten der Jagd und des Fischfanges nutzte, so hatten die Ansätze höherer Gesittung doch eine bodenbauende Wirtschaft zur Grundlage. Unter den Nutzpflanzen war der Mais die bedeutendste; nächstwichtig waren Maniokwurzel und Süßkartoffel. Palmen und Fruchtbäume lieferten beliebte Ergänzungen – gestatteten erstere doch die Gewinnung von Palmwein, so wie man aus Mais die leichtalkoholische Chicha bereitete. Nur das untere Caucatal erlaubte den Anbau von Baumwolle, so daß die meisten Stämme diesen Rohstoff von dort bezogen. Gegenstände des Austauschs waren aber auch fertige Gewebe. Einige Volksgruppen zeichneten sich durch bunte Gewänder aus, da sie ihre Stoffe mit Stempeln farbig zu bedrucken verstanden, und bei den Catío bildeten die Muster ihrer Gewebe sogar eine ideographische Schrift.

(T. 44 o.) Einfach in ihren Formen, aber darum doch kein Ausdruck des Unvermögens sind die Erzeugnisse der Keramik, vor allem wenn man sie mit den vollendeten Werken der Metallarbeiter vergleicht, deren Kunstfertigkeit alles dergleichen in Amerika überragt. Fast alle Stücke stammen dabei aus Gräbern, sind also Grabbeigaben gewesen. Zu den ausgezeichneten Sammlungen, die Madrid und Berlin verwahren, gesellt sich die Kollektion der kolumbianischen Na-

tionalbank, welche die lobenswerte Idee gehabt hat, ihre Notendeckung in metallischen Altertümern anzulegen.

Da finden wir stattliche Figuren, die 30 cm Höhe erreichen, Helme, Flaschen und eine Vielzahl von Schmuckstücken. Heute noch erinnert der „Río de la Vieja“ südlich von Cartago an die Begegnung des Benalcázarzuges mit einer Quimbayafrau, die – offensichtlich als Händlerin – von Kopf bis Fuß mit Goldschmucken überladen war. Und die Landschaftsbezeichnung Arma hat dem Gedächtnis die goldenen Rüstungen der Krieger bewahrt, mit denen sich Jorge Robledo maß. Allerdings wurde das Gold nicht rein, sondern in einer Legierung von Kupfer und Gold (Tumbaga) verarbeitet, die eine leichte Beimischung von Silber enthielt. Ein Goldgehalt von 80 Prozent ist das höchste, was sich ergeben hat, meist ist es beträchtlich weniger. Auch wählte man einen unterschiedlichen Gold- und Kupfergehalt, um ein und demselben Werkstück eine wechselnde Oberflächenfärbung zu geben.

Das Gold wurde sowohl aus Flüssen gewaschen wie aus Erzen gewonnen, wobei man kein anderes Arbeitsgerät kannte als solches aus Holz, Kupfer und Stein. Aufschlußreich ist ein Blick auf die eigenartige Technik des alten Minenbetriebs. Um auf die goldführenden Adern zu stoßen, trieb man mit einer gewissen Schräge Schächte in den Boden, die so eng waren, daß gerade eine Person hinabsteigen konnte. Auf der Sohle erweiterte man aber diese Schächte nicht etwa durch seitliche Stollen, sondern trieb in geringer Entfernung einen weiteren Schacht in die Erde und so fort, alle so eng, daß jeweils nur einer sich darin bewegen konnte. Für den bedeutendsten alten Minenbezirk von Buriticá hat Pedro Simón uns geschildert, wie man mit den gekauften Sklaven verfuhr: „Lebend öffnete man ihnen die Brust und entnahm das Fett, um Fackeln für die Minenschächte zu machen, das Fleisch aber aß und verkaufte man.“

Die kennzeichnende Technik der kolumbianischen Goldschmiede war der „Guß in verlorener Form“. Ihre figürlichen Plastiken sind also nicht massiv, sondern hohl; denn sie enthielten ursprünglich ein Tonmodell, das später entfernt wurde. Neben dem Land der Quimbaya wäre als Zentrum der Goldarbeit die sagenumwobene Landschaft Dabeiba zu nennen, deren Werkstätten nie gefunden wurden – und dabei hat man immer wieder nach diesem Kaziken gesucht, der ständig hundert Goldarbeiter beschäftigte und in dessen Hoheitsgebiet der goldgedeckte Tempel der Gewitttergöttin Dobeiba lag ...

Verglichen mit dieser hochentwickelten Technik, im Vergleich aber auch mit dem von anderen amerikanischen Völkern Geleisteten, tritt die Baukunst völlig zurück. An einigen Stellen Kolumbiens wurden Überbleibsel steinerner Konstruktionen gefunden; sie sprechen für den ursprünglich „lithischen“ Charakter auch dieser Hochkulturen, die also einen Rückschritt zur Holzbauweise der tropischen Pflanzervölker erfuhren. Besonders bei den Völkerschaften des waldreichen Caucatals ist ein solches Zurücksinken offenkundig, zumal auch hier monolithische Altäre und steinerne Sarkophage die megalithische Note bewahrt haben. Im übrigen aber bekunden ihre Paläste, Befestigungen, Opferplattformen und riesigen Götterbilder eine seltsame Variante der hochkulturellen Steinbautechnik in monumentaler Holzarbeit.

Die Häuser der westkolumbianischen Chibchastämme waren vorwiegend Rundhütten mit Kegeldach, die aus Bambus und anderen Hölzern erstellt und mit Palmblättern gedeckt wurden. Sie bildeten dörfliche Siedlungen, die zum Teil von einer Palisade umgeben waren und im Inneren eine Art Bambusfort aufwiesen. Aus der Vielzahl der übrigen Hütten ragten große Versammlungshäuser und die imposanten Paläste hervor – alle aber aus Holz.

Der entscheidende Impuls lag auch hier im Gesellschaftlichen: in der Entstehung eines Adels und einer Sklaverei; sie führte zur Herausbildung sozialer Nuancen, die ihre Krönung in einem dynastischen Herrentum fand. Die Völkerschaften von Westkolumbien sind dabei wohl zu einem kräftigen, aber lokalen, allenfalls regionalen Herrentum, nicht aber zu großräumigen staatlichen Gebilden gelangt. Die innere Festigung der öffentlichen Gewalt ging also der räumlichen Ausweitung ihrer Herrschaft voraus. Von den östlichen Gruppen der Meseta von Bogotá unterscheiden sie sich nicht minder in den greifbaren Wurzeln der herrschaftlichen Gewalt: glauben wir bei den Potentaten der Ostkordillere noch deutlich den Ursprung ihrer Autorität vom Priesterlichen her ertasten zu können, so wurzelte die westkolumbianische Häuptlingsmacht in den profanen Bereichen der Wirtschaft und des Kriegs.

Dessen ungeachtet hatte der Häuptling bevorzugten Anteil an den Quellen magischer Kraft und stand in enger Beziehung zu den Heiligen Wirklichkeiten. Man denke an die Ausstattung der Kaziken mit Kopftrophäen, an ihre bevorrechtigte Teilnahme am Kannibalismus; an die Verbindung des Häuptlingstums mit den Menschenopfern und den Idolen der Götter. Wie bei den Cueva von Darién schlossen ihre Paläste Hauskapellen und Ahnengalerien ein. Die Kaziken galten auch hier als mit überlegener Lebenskraft ausgestattet, und hieraus erklärt sich, daß man ihre Berührung mit dem Boden vermied (das sogenannte „Tabu der Erde") und daß nach ihrem Tode der Gedanke des „lebenden Leichnams" eine eindrucksvolle Verwirklichung fand.

Die räumliche Ausdehnung der Kazikenmacht muß unterschiedlich gewesen sein. Anders aber ihre interne Befehlsgewalt, die despotisch genannt werden kann. In ihren Händen lag die Entscheidung über Frieden und Krieg; die Untertanen hatten Frauen für ihren Haushalt zu stellen und leisteten Fronarbeit beim Bau ihrer Häuser, auf ihren Feldern und bei der Gewinnung von Salz und Gold. Der Kazike lenkte alle Funktionen der öffentlichen Gewalt, wobei sich Ansätze zu einer arbeitsteiligen Gliederung des Hofstaates nachweisen lassen. Die Häuptlinge waren im allgemeinen auch oberste Kriegsführer. Frondienste und Naturalabgaben der Untertanen stellen Frühformen öffentlicher Besteuerung dar.

Uns ist dieses Königstum in jenen goldenen Plastiken überkommen, die den Stolz der Madrider und Berliner Sammlungen bilden. Die spanischen Konquistadoren aber erlebten diese Herren von Angesicht zu Angesicht, und so sehr sie auch von ihrer eigenen Überlegenheit überzeugt waren, konnten sie sich doch nicht den imponierenden Eindruck dieser Herrscherpersönlichkeit entziehen – kein Wunder also, daß wir in ihren Schilderungen den lebensnahen Niederschlag eines Bildes finden, das mit solcher Ausdruckskraft aus ihren goldglänzenden Konterfeis spricht.

So lesen wir von dem Landbesitz dieser Kaziken und von ihren Palastanlagen, die im mittleren Caucatal durch mehrreihige Bambuspalisaden zu Festungen ausgebaut waren. Das Häuptlingstum ragte auch durch seine sonstige Ausstattung, seinen reichen metallischen Schmuck, die goldenen Trinkgefäße, seine goldbestickten Gewänder und seinen Vorrat an Salz hervor. Denn Gold und Salz gehörten zu den bedeutendsten Handelsgütern, mit deren Rolle nur noch der Handel mit dem Menschenfleisch lebender Sklaven wetteifern konnte. So waren die Kaziken nicht nur Träger der öffentlichen Gewalt in unserem Sinne, sondern zugleich die bedeutendsten Gold-, Salz- und Sklavenhändler. Im wesentlichen beschäftigten die Herren ihre Sklaven mit der Ausbeutung von erzführenden Adern und Flußgold, deren Verdampfung von Salzwasser und neben der Fronarbeit ihrer Untertanen in ihrer eigenen Landwirtschaft.

Von dieser gehobenen Ausstattung der Kaziken haben wir ausgesprochene Würdezeichen und Hoheitssymbole zu unterscheiden. Da begegnen wir Federschmuck und Federzeptern (die wir in spiraliger Stilisierung in den Händen der Goldfiguren finden), lesen von goldenen Diademen, herabfallenden Gewändern, langen Haaren und Fingernägeln, die vielleicht als Zeichen übernatürlicher Kräfte galten. Auch verwundert es nicht, daß hölzerne Schemel ein Vorrecht der Häuptlinge waren. Sie liegen auf der gleichen Linie wie die Tatsache, daß die Kaziken in Sänften und Hängematten getragen wurden; man vermied also eine Berührung mit dem Erdboden, um ein Abströmen magischer Kraft zu verhindern. Allein die Repräsentation der Kaziken erforderte ein Gefolge, das aus Vornehmen, Frauen und Sklaven bestand. Es war aber nur ein Teil des gesamten Hofstaates, innerhalb dessen wir Anfänge einer arbeitsteiligen Gliederung beobachten können, wenn wir von einem Majordomus, von Musikanten, Boten und Dolmetschern lesen.

Ein Tatbestand, der am meisten die Aufmerksamkeit der Konquistadoren erweckte, war die herrschaftliche Polygamie, an der die Adligen teilhatten. Da hören wir bald von zehn bis zwölf, bald auch von zwanzig Frauen. Wir erfahren sogar, daß bei den Häuptlingsehen politische Gesichtspunkte eine Rolle spielten. Innerhalb des Harems müssen wir allerdings zwischen den Ehefrauen und Konkubinen unterscheiden. Letztere fielen zahlreich als Kriegsbeute an, wurden aber auch auf den Märkten gekauft. So durchzog eine ständische Schichtung auch den Harem der Häuptlinge, eine Hierarchie, die in der Einrichtung einer Hauptfrau gipfelte; zu dieser Rolle war eine Schwester oder Nichte des Häuptlings oder auch die seiner Frauen berufen, die als erste gebar. Von den eigentlichen Ehefrauen der Häuptlinge heißt es, daß man auch von ihnen viel Aufhebens machte und daß sie sich ihrerseits von den Nebenfrauen bedienen ließen, während ihre eigene Funktion sich darauf beschränkte, ihrem Gemahl den Becher zu kredenzen.

Mit nicht geringeren Ehren wurden die Kaziken nach ihrem Tode bedacht, der aber nur der Übergang zu einer anderen, unserem irdischen Dasein sehr ähnlich gedachten Lebensform war. Vielerorts wurden die verstorbenen Häuptlinge durch Austrocknen mumifiziert, was darauf abzielte, das Weiterleben durch Bewahrung der Körperform zu gewährleisten. *(T. 43 o.)* Ihre Bestattung fand zumeist in Schachtgräbern statt, die in einer mit Platten ausgelegten Grabkammer endeten. Seltener waren Grabhügel, die ebenfalls Kammern einschlossen; solche kennen wir von Nore, Dabeiba und vom Río Sinú. Die Vorstellung, daß das Leben der Toten mit gleichen Ansprüchen und Bedürfnissen dem unsrigen gleiche, hat der Sitte der Grabbeigaben Auftrieb gegeben, auf der in hohem Grade unsere Kenntnis der versunkenen Kulturen beruht. Unter diesen Grabbeigaben spielten Lebensmittel, Maisbier und Schmuckstücke eine Rolle; aber auch Sklaven und Frauen wurden mit den Kaziken ins Grab versenkt. Und wenn die Verstorbenen auch auf einer anderen Ebene weiterlebten, nahmen sie doch an den Taten der Zurückgelassenen teil und liehen auch ihren Kämpfen unsichtbar Arm und Rat. Kein Wunder, daß Heldenlieder das Gedächtnis der großen Toten bewahrten. Dieses Herrentum, das sich zu Friedenszeiten in freundnachbarlichen Turnieren erprobte, war ebenso kriegsgewohnt wie trinkfreudig, ebenso prätentiös wie brutal. Der Goldschmuck der Fürsten muß auf die Konquistadoren nicht geringen Eindruck gemacht haben, wenn man dazu an ihre persönliche Haltung und an ihr Gehabe denkt. „Sie sprechen langsam und stellen herrschaftliche Würde dar" – aus solchen Worten strahlt ein Abglanz noch zu uns, wenn wir in alten Chroniken nach einem Schimmer der vergangenen Größe suchen.

Ein Blick auf die geistige Welt aber lehrt uns, in welchem Grade diese Herrenkultur in altertümlichen Horizonten verwurzelt war. Anders als in den fortgeschritteneren Gesittungen hatte das Häuptlingstum noch nichts zur Unterdrückung von Kannibalismus und Kopfjagd getan. Da haben wir die mit Menschenhäuten bespannten Trommeln und vor allem die ganzen Trophäenbälge, von denen der Soldat Cieza eine Beschreibung gibt, in deren nüchternen Worten noch die Erregung des Erlebnisses zittert: „Trat man in diese (Häuptlingshalle der Lile), so sah man oben ein langes Brett, das von einem Ende des Saales zum anderen ging, und darauf waren in einer Reihe viele Körper getöteter Menschen gestellt, die man im Krieg gefangen hatte. Man schnitt sie mit Feuersteinen auf und enthäutete sie, und nachdem man das Fleisch verzehrt hatte, füllte man die Häute mit Asche, bildete ihnen Gesichter aus Wachs auf ihren eigenen Köpfen und stellte sie auf das Brett." Denken wir nur an den König von Nore. Als er zum ersten Male die Spanier aufsuchte, führte er mehrere Frauen mit; von ihnen sollten zwei, auf dem Boden ausgestreckt, als Bett, eine dritte als Kopfkissen und eine vierte zum Frühstück dienen – und doch nennt Castellanos, der poetische Pfarrer von Tunja, diesen Kannibalen „verehrungswürdig anzuschauen". Auch hier wie anderwärts war die Wurzel der anthropophagen Bräuche nicht Hunger, sondern ihr gedanklicher Ausgangspunkt war der Glaube, durch Einverleibung von menschlichem Fleisch und Blut die eigenen Kräfte zu steigern. In Übertragung auf den neuen Götterhimmel der herrschaftlichen Kulturen hat dieser Glaube bei verschiedenen Stämmen im Caucatal zu Menschenopfern geführt, und zwar aus der Vorstellung, daß menschliches Fleisch und Blut, vor allem aber menschliche Herzen, zur Erhaltung und Stärkung der Götter vonnöten seien.

(T. 43 o). Die Gewittergöttin Dobaiba ist eine der wenigen numinosen Gestalten, die wir namentlich kennen. Neben diesen höheren Wesen, die man mit Menschenopfern vor hölzernen Idolen verehrte, stand als andere Prägung des religiösen Bewußtseins der Ahnenkult. In ihm hat

die Idee des lebenden Leichnams ebenso die Sitte der Grabbeigaben befruchtet wie die Grabarchitektur. So wurde das Schachtgrab mit einer nuancenreich ausgebauten Kammer zum archäologischen Leitmotiv der Völker von Westkolumbien.

Im Lande des vergoldeten Menschen

Die hervorragendste Gruppe der Chibchavölker waren die *Muisca*. Ihr Lebensraum waren einige Hochbecken in den Departementen Cundinamarca und Boyacá, die zum gemäßigten Klima der „Tierra Fría" gehören und zwischen 2000 und 3000 Meter liegen. Ein fruchtbarer Boden machte diesen Abschnitt der Ostkordillere einst wie heute zum dichtestbesiedelten Teil des Landes. Wenn wir mit einer Bevölkerungsdichte von 40 Menschen auf den Quadratkilometer rechnen, dürfte auch damals eine Einwohnerzahl von mindestens 600 000 Menschen zu unterstellen sein, die sich auf ein Gebiet von 270 Kilometer Längserstreckung und 140 Kilometer Breite verteilten, dessen Gesamtfläche also rund 150 000 Quadratkilometer betrug.

Die Muisca waren von Völkerschaften umringt, die zum Teil erbitterte Feinde waren. Alle ihre Nachbarn gehörten nach ihrem Kulturstil den tropischen Pflanzervölkern an, alle aber, ob Freund oder Feind, unterlagen den Ausstrahlungen der in sie eingebetteten Hochkultur.

Die Muisca unterscheidet vom Inkareich nicht nur die räumliche Enge ihres Entfaltungsspielraumes, sondern auch die geringe geschichtliche Tiefe. Nicht allein die altertumskundlichen Funde treten hier an Bedeutung zurück, es fehlt auch nahezu völlig an einer eigenen Geschichtstradition. Nur die Dynastie des Cipa von Bogotá können wir zwei Generationen zurückverfolgen, das heißt, die mündliche Überlieferung hat auch in diesem Falle lediglich eine Spanne von sechzig Jahren bewahrt. Weder die eingeborene Tradition noch archäologische Tatsachen haben Spuren der Gesittungen hinterlassen, die den Muisca in diesem Raume vorangegangen sind.

Wenn auch mit beträchtlichem Abstande können wir aber die Muisca neben den mesoamerikanischen Völkern und denen der mittleren Anden als ein Zentrum indianischer Hochkultur gelten lassen. Auch ihre Auftriebskräfte waren dabei weniger technischer und künstlerischer als vielmehr gesellschaftlicher Natur.

Die Muisca waren seßhafte Bodenbauer. Ihre Wirtschaft fußte auf dem Anbau von Nahrungspflanzen. Die wichtigste war der Mais, den man gekocht und geröstet genoß, der aber auch zur Bereitung der Chicha diente. Unter anderen Nahrungspflanzen erwähnen wir noch die Kartoffel, die Süßkartoffel, den Maniok und die Quinoa (eine eiweißreiche Körner liefernde Meldenart), ferner Tomaten und Bohnen. Beide Geschlechter widmeten sich der Landwirtschaft, die mit dem Pflanzstock und mit hölzernen Spaten betrieben wurde. Dagegen mußten einige andere Pflanzen aus den Tiefländern eingeführt werden, darunter Koka- und Tabakblätter, die aber nicht dem allgemeinen Genuß dienten, sondern der Priesterschaft als Narkotika vorbehalten blieben. Hinter der pflanzlichen Ernährungsgrundlage trat animalische Kost zurück. Von jagdbaren Tieren kamen nur Kaninchen in Frage, während die Jagd auf Rehe ein Vorrecht des Adels und der Könige war. An Haustieren gab es Hunde und Meerschweinchen.

Stein wurde kaum als Baustoff benutzt. Die Behausungen unterschieden sich also wenig von den Hütten der tropischen Pflanzervölker. Sie hatten teils rechteckigen, teils kreisrunden Grundriß und in letzterem Falle ein Kegeldach. Die Häuser bestanden aus Holzpfosten, die in die Erde getrieben wurden und auf denen das Strohdach ruhte. Die Wände errichtete man aus Bambus und verputzte sie dann mit Lehm. Den gleichen Baustil hatten die Paläste und Tempel; die königlichen Gehöfte waren dazu mit einer Palisade umgeben. Auch die Dorfschaften waren zum Teil mit Palisaden umwehrt. Das Hütteninnere wurde mit Matten ausgelegt. Man kannte vierfüßige Schemel aus Holz und schlief auf Bambusgestellen, die mit Baumwolldecken belegt wurden.

War die Webkunst doch eine der Techniken, in denen die Muisca unter ihren Nachbarn hervorragten. Hauptsächlich verfertigte man rechteckige Decken. Die Kleidung war bei beiden Geschlechtern gleich, indem eine Decke um die Hüfte, eine andere um die Schultern geschlagen wurde. Was die Gewebe der Muisca zum begehrten Handelsgegenstand machte, war ihre farbige Musterung, die man in vielen Tönen mit Stempeln aufzudrucken verstand. Die Qualität der Gewebe ist deshalb beachtlich, weil die Muisca in ihrem Gebiet ja gar nicht über den Rohstoff verfügten, sondern die Baumwolle aus den Tiefländern einführen mußten. Sie kehrte dann zum kleineren Teile als Fertigware zu den Tieflandstämmen zurück. In ihren Handelsverträgen wurde als Norm angewandt, daß die Muisca *eine* fertige Decke als Gegenwert für den Rohstuff zu *drei* Decken lieferten – sie zogen also einen beträchtlichen Nutzen aus der Verarbeitung, der sie die Baumwolle unterwarfen. Neben Baumwolle spielte unter den Einfuhrgütern Gold eine Rolle, das auf alten Handelswegen aus den Minen von Antioquia kam. Es darf nicht verschwiegen werden, daß es auch einen Handel mit Menschen gab. Kauften doch reisende Händler in den Tiefländern Knaben auf und brachten sie zu Opferzwecken ins Muiscaland. Unter den Ausfuhrgütern figurierten neben fertigen Decken Smaragde, die man in Somondoco brach, teilweise aber auch selber im Magdalenental wie in den östlichen „Llanos“ kaufte und ebenfalls „reexportierte“. Außerdem verkauften die Muisca Salz, das man an verschiedenen Stellen durch Verdampfung salzhaltiger Quellen gewann, sowie Edelsteine und Gold, was wiederum eine „Veredelung“ eingeführter Rohstoffe war. Der Handel war also eine Stärke der Muisca. Ihre Kaufleute kamen weit herum: bis zur Küste von Santa Marta und nach Antioquia, bis in die Gegend von Quito und in die Ebenen des Orinoko, wo Nikolaus Federmann auf das Hochland von Bogotá aufmerksam wurde. Wie bei den Inka gab es Straßen, wenn auch nicht von gleicher Vollkommenheit. An zentralen Stellen des Landes fanden alle vier Tage Märkte statt. Wie sehr die Muisca im Handel geschult waren, beweist ihr Kreditsystem, das zur gewohnheitsrechtlichen Übung geworden war. Man kannte das zeitliche Auseinanderfallen von Leistung und Gegenleistung und eine Verzinsung der Schuld; dieser Zins betrug nicht weniger als 50 Prozent im Monat, und man schlug jeden Monat die Zinsen zum Kapital, rechnete also mit einer „geometrischen Reihe“.

Die Leistungen der Metallarbeiter standen nicht auf dem künstlerischen Niveau Westkolumbiens. Die Bronze war unbekannt. Wenig häufig war auch die Verwendung von reinem Gold, geläufig aber die Legierung von Kupfer und Gold (Tumbaga), deren Rohstoffe eingeführt werden mußten. Die Erzeugnisse der Muisca haben dabei einen charakteristischen Stil, der sie von denen aller übrigen Völker markant unterscheidet. Man kannte drei verschiedene Techniken. Übte man doch den Guß massiver Stücke ebenso wie den Guß in verlorener Form, die beide zur Herstellung figürlicher Plastiken dienten. Zur Fertigung von Brustplatten oder von Nasenschmucken und ähnlichem aber bediente man sich einer eigenartigen Treibarbeit, die in gleichzeitig rohstoffsparender Weise mit Blech und Draht operierte: die figürlichen Motive wurden in ihren Umrissen aus Goldblech geschnitten und alle Details dann entweder auf steinernen Matrizen herausgetrieben oder - noch kennzeichnender - aus dünnen Golddrähten aufgelötet, so bei Personen Mund, Augen, Ohren, Nase usf. Eine solche Technik zielte naturgemäß nicht auf eine realistische Darstellung ab, sondern kam mit einer gewissen Notwendigkeit vom Technischen her zu einem symbolischen Stil. Unter den von den Muisca geübten Verfahren müssen wir auch die Oberflächenfärbung mit pflanzlichen Säuren erwähnen; indem man diese an bestimmten Stellen ansetzte, löste man dort das Kupfer in der Legierung und erzielte so eine unterschiedliche Farbtönung.

Die eigentümliche Technik der Goldarbeit hat offenbar auch das Schaffen in anderen Stoffen beeinflußt. Dies gilt ebenso von der wenig vollendeten Steinskulptur wie von der Plastik in Ton. So entsprechen bei Figurengefäßen dünne Tonwülste, mit denen die Details ausgedrückt wurden, dem aufgelöteten Draht der Metallstücke; eine Technik wurde also zur Stilmanier. Unter den Funden aus Stein überwiegen kleine Gebrauchsgegenstände: Mahlsteine, Beile, Matrizen für die Metallarbeit und Spinnwirtel. Auch hölzerne Stücke hat man gefunden, z. B. Schemel, Lanzen und Speerschleudern. Der Anteil dieser beiden Stoffe steht dabei sicher in einem umgekehrten Verhältnis zu ihrer einstigen Bedeutung, nur daß der Stein sich besser erhalten hat. Denn im Grundzug muß man auch der Gesittung der Muisca die Kennzeichnung geben, daß sie - *sit venia verbo* - eine „hölzerne Hochkultur" war.

Der entscheidende Fortschritt der Muisca ist die Festigung der öffentlichen Gewalt. Die uneingeschränkte Macht, die ihre Kaziken ausübten, leitete sich nach dem Glauben der Untertanen aus übernatürlichen Quellen ab. Eine dieser Wurzeln war ihre Überlegenheit, die sie in einer Novizenzeit von sechs Jahren vermittels strenger Fasten, Enthaltungen und Kasteiung gewannen; verboten war ihnen beispielsweise in dieser Zeit der Genuß von Salz, Pfeffer und Fleisch, auch durften sie nicht die Sonne sehen. Diese überlegene Kraft war aber auch mit der Vorstellung höherer Wesen verbunden; nahm man doch an, daß diese sich in den Königen unmittelbar verkörperten. Wir können hier eine sehr frühe Phase des sogenannten Gottkönigtums fassen, das wir in einer letzten historischen Abschwächung in der Idee des Gottesgnadentums kennen. Ein Ausfluß dieser Gedankenwelt war es, daß kein gewöhnlicher Mensch den Blick der Kaziken ertragen konnte, weil das Übermaß von Kraft, das von ihnen ausstrahlte, ihn vernichtet hätte. Aus diesem Grunde näherte man sich den Herrschenden mit gesenktem Blick, und umgekehrt wurden bestimmte Verbrecher gezwungen, den Königen ins Gesicht zu schauen, in der Erwartung, daß der Übeltäter zusammenbreche. *Preuß* hat diese gedankliche Verwurzelung der öffentlichen Gewalt in einer numinos-priesterlichen Sphäre bei einem lebenden Volk Nordkolumbiens, den Kágaba der Sierra Nevada de Santa Marta, studieren können und damit die Ausgangsplattform erfaßt, die einst auch an der Wiege der Herrenmacht unter den Muisca stand. Bei ihnen selber tritt diese Verbindung von geistlicher und weltlicher Würde in reinster Ausprägung in der Person des Kaziken von Iraca zutage, der noch zur Zeit der Eroberung Priester und König in einem war.

Die Rechtsprechung lag ganz in den Händen der Könige. Wir möchten einen Rechtsbrauch erwähnen, der ebenso wirkungsvoll wie eigenartig erscheint, die Art und Weise nämlich, wie man rückständige Steuern einzutreiben verstand. Man logierte in dem Hause des Schuldners einen Beamten in Begleitung eines Bären oder Puma ein, bis der Betreffende über dieser wenig sympathischen Gesellschaft die Nerven verlor und – zahlte. Zu den Vorrechten der Kaziken gehörten bestimmte Ohren- und Nasenschmucke; eine tiaraähnliche Kopfbedeckung, die wir aus archäologischen Stücken kennen, war Hoheitssymbol. Gleich wie im Caucatal ließen die Könige sich in Sänften tragen und benötigten für ihre Hofhaltung eine erstaunliche Anzahl von Nebenfrauen, die in die Hunderte gingen und die erbeutet, gekauft, aber auch von den Untertanen gestellt wurden.

War also die innere Festigung der herrschaftlichen Gewalt den Muisca mit den westlichen Chibchastämmen gemein, so unterschieden sie sich in einem beachtlichen Zug: während die Völkerschaften des Caucatals nicht über Stammesfürstentümer hinausgelangten, schritten die Muisca zu umfassenderen Gebilden fort. Andererseits erreichten sie aber auch nicht die noch weitergeführte Phase des Inkareichs, das heißt, es gab keinen Einheitsstaat aller Muisca; vielmehr war der Schauplatz ihrer Geschichte im Zeitalter der Entdeckung in neun voneinander unabhängige Staaten geteilt, von denen allerdings zwei nach Umfang und Macht alle anderen überragten. Das eine dieser Staatswesen gehorchte dem „Zaque“, der in Tunja regierte, sein Gegenspieler im Süden war der „Cipa“ von Bogotá.

Mit den Inkaherrschern hatte der Zaque die Sitte der Schwesternheirat gemein. Hier wurde diese auch aus Hochkulturen der anderen Kontinente geläufige Einrichtung mit einem mythischen Urzeitgeschehen motiviert. Ein Zaque Hunsahuá, der in Hunsa regierte, verliebte sich in seine eigene Schwester; diese ward schwanger und wurde darauf von ihrer Mutter verstoßen, so daß sie mit ihrem Bruder entfloh und dabei der Richtung eines Speeres folgte, den er mit seiner Speerschleuder warf. Sie zogen in südlicher Richtung bis zu dem Wasserfall von Tequendama an der Grenze des Muiscalands, ließen sich dort, des Wanderns müde, nieder und erkalteten zu Stein. Seit dieser mythischen Zeit soll der Zaque seine Schwester geheiratet haben, ein Rechtsbrauch, der den übrigen Souveränen fremd blieb. Dagegen verbindet sich mit dem Cipa von Bogotá die einzige, wenn auch kurze geschichtliche Überlieferung der Muisca, die in die Vergangenheit reicht. Wir erfahren, daß der vorletzte Vorgänger des letzten Dynasten Saguanmachica hieß und zahlreiche Kriege führte, um seine Herrschaft auszuweiten; seinem Neffen Neméquene gelang die Unterwerfung des Fürsten von Guatavita, der bis dahin als unabhängiger Herrscher zwischen den Gebieten des Zaque und des Cipa regiert hatte; und der Neffe dieses Neméquene, namens Tisquesusa, bereitete gerade den entscheidenden Feldzug gegen seinen Rivalen, den Zaque, vor, als die Ankunft der Europäer den Ablauf der autochthonen Geschichte unterbrach. Unabhängig von den beiden genannten größeren Herren gab es neben einigen weiteren, unbedeutenden Kleinkönigen den Priesterfürst von Iraca, den die Spanier nach seinem Titel Suamoj nannten, woraus die Ortsbezeichnung Sogamoso entstand. Der Tempel des Suamoj war allen Muisca ein „zwischenstaatliches" Heiligtum, wohin der fromme Pilger auch in Kriegszeiten wallfahren konnte. Wir könnten hier von den Anfängen eines Völkerrechts sprechen, das also in sakralen Bereichen verwurzelt war. Ähnlich war es mit dem Asyl, das der Ort Suesca gewährte, und ebenso wenn wir von der Unverletzlichkeit der Gesandten lesen. Es ist auch nicht uninteressant, sich eine Vorstellung von der Reichweite dieser Staatsgebilde zu machen: so gebot der Cipa über 300 000 Untertanen, der Zaque über 240 000, während es in Iraca 175 000 und in Guatavita 125 000 gab. Die großen Widerspieler waren also Zaque und Cipa. Letzterer wurde für eine Verkörperung der Mondgottheit gehalten, während der Zaque als Inkarnation des Sonnengotts galt und darum ursprünglich eine zum mindesten geistliche Hegemonie genoß. In der von uns überschaubaren Zeit, also im ersten Drittel des 16. Jahrhunderts, sehen wir die beiden Dynasten zum Entscheidungskampf um die Vorherrschaft angetreten; als einen Schritt auf dem Siegeszuge des Cipa kann man die Unterwerfung von Guatavita bewerten, und es ist anzunehmen, daß diese Entwicklung zu einem Einheitsstaate der Muisca unter dem Cipa von Bogotá geführt haben würde.

Die feudalen Staaten der Muisca bestanden aus unterworfenen Fürstentümern. Von der Erbfolge der Kaziken bildete der Priesterkönig von Suamoj eine Ausnahme; denn er wurde durch ein Kollegium von vier benachbarten Häuptlingen (Kurfürsten) aus zwei berufenen Familien ausgewählt, die sich in regelmäßigem Turnus ablösten. In den übrigen Staaten war der Nachfolger Kazike eines bestimmten Teilgebiets. Und diese Norm verband sich im allgemeinen mit der anderen, daß ein Schwestersohn des verstorbenen Häuptlings Thronfolger war. Im Gegensatz zu dieser mutterrechtlichen Folge des Herrentums erbten bei den Gemeinen die Söhne. In diesem Zusammenhang sei darauf hingewiesen, daß es im Unterschied zu Peru bei den Muisca privaten Bodenbesitz gab. Anders als im Reiche der Inka hatten sich hier in viel stärkerem Ausmaß private Vermögen herausgebildet, denen sicherlich der rege Handel Auftrieb gab. Wir begegnen deshalb auch innerhalb der gemeinfreien Schicht einer Polygamie, wobei die kuriose Tatsache vermerkt werden kann, daß auch beim Brautpreisangebot, dem üblicherweise erst bei der dritten Werbung entsprochen wurde, nach geometrischer Reihe gerechnet wurde.

Die Gliederung der Stände fußte sowohl auf politischen wie wirtschaftlichen und sakralen Faktoren. Neben den Dynasten und der Masse des Volkes standen einerseits Sklaven, die aus Kauf oder Kriegsgefangenschaft stammten, andererseits aber ein Adel. Als Sonderfall gesellschaftlicher Hervorhebung führen wir den Kriegeradel der „Guecha" im Cipa-Staat an. Während man im allgemeinen das Haar lang herabfallen ließ, hatten die Guecha das seltsame Vorrecht, kurzgeschnittenes Haar zu tragen. Sie waren in Bergfesten untergebracht und schützten das Land gegen Einfälle aus den Tiefländern; ihre Waffen wären Speerschleudern, Lanzen, Keulen und Schilde – dagegen fehlte der Bogen, die Waffe der tropischen Pflanzerkultur.

Auch bei den Muisca waren die Priester Mittler zwischen den Menschen und Göttern, zugleich aber Ärzte und Zauberer. Sie mußten sich einer Novizenzeit unterwerfen, welche die der Kaziken um sechs weitere Jahre übertraf, also zwölf Jahre betrug, in denen sie zu Enthaltung und strikter Keuschheit verpflichtet waren und sich durch Kauen von Kokablättern in einen ekstatischen Zustand versetzten. Ihr Amt vererbte sich wie das der Kaziken vorzugsweise auf einen Schwesternsohn.

Die Novizenzeit der Priester und Könige wurzelte in dem Glauben, daß sie so übernatürliche Kräfte gewinnen würden, deren sie für ihren Verkehr mit den Göttern bedurften, die aber auch ihren Einfluß auf die Natur und die Menschen gewährleisteten. Unter den Handlungen, mit denen wir die Priester befaßt sehen, erwähnen wir die Heilung von Kranken, die Wahrschau und die Bewirkung von Regen. Auch die von ihnen geleiteten Feiern hatten einen magischen Zug. Auf die Fruchtbarkeit der Felder zielten agrarische Riten ab, bei denen es Maskentänze gab. Alles das reicht in seinen Wurzeln in die Pflanzerkultur, von deren Äußerungen, im Gegensatz zum Caucatal, indessen der Kannibalismus fehlt. Möglicherweise hat dazu beigetragen, daß die Muisca sich nicht mit sogenannten „karibischen" Völkerschaften gemischt hatten, sondern in einer Abwehrstellung zu ihnen standen. Dagegen übten sie gleichfalls die Sitte der Kopftrophäen. Hier, wie in Mexiko und bei den westkolumbianischen Stämmen, wurden Menschenopfer vor allem im Dienste solarer Gottheiten dargebracht. Als Opfer waren Kinder bevorzugt; man kaufte solche von anderen Stämmen, sie wurden aber auch von den Adeligen gestellt. In welchem Grade sich magische und religiöse Vorstellungen in solchen Opfern verzahnten, lehrt uns der Brauch, junge Mädchen beim Bau der königlichen Paläste zu opfern: dann wurden die tragenden Pfosten der Bauten durch die lebenden Körper der Mädchen hindurch in die Erde getrieben, auf daß die Paläste fester gegründet seien durch die Verbindung mit menschlichem Fleisch und Blut.

(T. 44 o.) Auch die zahlreichen Felsbilder, die sich im Muiscalande finden, weisen auf eine religiöse und magische Deutung hin. Eine skulptierende Behandlung des Steins war aber nicht entwickelt. Die Felszeichnungen sind meist in Rot ausgeführt, indem man das Tiefrelief farbig füllte. Sie bestehen in geometrischen Mustern und stilisierten Figuren von Tieren. Unter letzteren stoßen wir häufiger auf den Frosch, den ja viele Völker als Regenbringer betrachten. Da man sich Felsen, Höhlen und Berge als Sitze der Götter dachte, hingen Felszeichnungen wahrscheinlich auch mit dem Kult der betreffenden Wesen zusammen.

Die Gottheiten haben zum Teil astralen Aspekt, wobei wir Sonnen- und Mondgestalten zu scheiden vermögen. Und zwar hieß die Mondgöttin Chia, der Sonnengott wurde Sua genannt;

aus einer verbalhornten Verbindung der beiden Namen entstand die Bezeichnung „Usachie" für die Spanier, die man vorübergehend für Söhne des Sonnengottes und der Mondgöttin hielt. Hinter diesen astralen Persönlichkeiten ist aber auch noch die Vorstellung von einem Schöpfergott faßbar, der Chiminigagua hieß, aber hinter jüngeren Göttergestalten zurückgetreten und zu einer Mythenfigur verblaßt war. Die Mythologie der Muisca ist im übrigen reichlich verworren; darin macht sich das Fehlen einer einheitlichen Priesterorganisation bemerkbar, so daß es zahlreiche Varianten mythischer Themen gab. Greifen wir das des Erdgottes Chibchachum heraus, der auch Schutzherr der Bauern, Goldhandwerker und Händler war. Eines Tages erzürnte er über die Menschen und verwandelte das Hochtal von Bogotá in einen See. Da erschien auf einem Regenbogen Bochica und schleuderte seinen goldenen Stab gegen die Felsen, die auf der Stelle dem Wasser Ablauf gaben. So entstand der Wasserfall von Tequendama, Chibchachum aber wurde verurteilt, von nun ab die Erde zu tragen, die bis dahin auf vier hölzernen Pfosten geruht hatte, und es gibt immer ein Erdbeben, wenn er die Last von einer Schulter auf die andere wälzt. Der Mythos enthält also doppelt ein explanatorisches, Naturtatsachen „erklärendes" Motiv und spiegelt außerdem den Widerstreit zwischen solaren und lunaren Gottheiten; denn Chibchachum, der besiegte Erdgott, gehört der älteren, lunaren Schicht an, während Bochica ein Sonnenwesen ist, das die Lande von Osten nach Westen durchzog, wie die Muisca aus seinen Fußspuren auf den Felsen noch zu erkennen glaubten. Als Kulturheros brachte er den Menschen die Kenntnis des Ackerbaus, die Webekunst und die Gesetze und verlieh den mythischen Herrschern der Vorzeit die Macht, dem Wetter und den Krankheiten zu gebieten. Der lunaren Schicht gehörte ferner die Göttin Bachue an. Sie wurde in den heiligen Lagunen wohnhaft gedacht, dort mit kultischen Wettläufen und Gelagen verehrt und mit Opfergaben von Gold, Smaragden und Decken bedacht. Diese Opfer sind durch die Lagune von Guatavita berühmt geworden, welche die Heimat der Dorado-Legende war: denn zu bestimmten Zeiten wurde der Kazike von Guatavita am ganzen Körper mit Öl gesalbt und mit Goldstaub gepudert; dann fuhr er auf einem Floß hinaus, badete und opferte so den Goldstaub, der an ihm haftete.

Neben Höheren Wesen wurden auch die Ahnen verehrt. Das Schicksal der Verstorbenen stellte man sich, ähnlich wie bei den Mexikanern, unterschiedlich nach der Todesart vor; die im Krieg, im Kindbett und an akuten Krankheiten (das heißt wohl: im Kampf mit Dämonen) Gestorbenen hatten ein bevorzugtes Los. Die Bestattung geschah in Höhlen und Schachtgräbern. Letztere hatten eine Tiefe bis zu drei Metern und verbreiterten sich unten zu einer Kammer. Die mumifizierten Leichname der Kaziken aber wurden in Höhlen beigesetzt. Zur Mumifizierung nahm man die Eingeweide heraus und präparierte den Körper mit Harz. Den vornehmen Toten begleiteten bevorzugte Stücke der Habe, vor allem Goldschmuck; aber auch Frauen und Sklaven, die man vorher berauschte, sanken mit dem Kaziken ins Grab. Aus dem Glauben an ein dem unsrigen ähnliches Weiterleben der Toten erklärt sich auch, daß man die Mumien der Herrscher im Krieg mit sich führte.

Die Sorgfalt der spanischen Chroniken gibt uns noch weitere Einblicke in die Denkart der alten Eingeborenen. Es sei an die Rolle erinnert, welche die 6 bei den Muisca spielte: wir begegneten ihr bei der sechsjährigen Novizenzeit der Kaziken, der zweimal sechsjährigen bei den Priestern, und wir finden sie auch als Trauerzeit von sechs Monaten. Offenbar hat der Symbolgehalt der Zahlen, Farben und geometrischen Zeichen (man denke an die Felsbilder) eine uns unvorstellbare Bedeutung gehabt.

Monumentale vorgeschichtliche Kunst

Wenden wir uns nun den Gesittungen zu, deren Kenntnis wir nur der Arbeit des Spatenwerkes verdanken. Auch im nördlichen Andenraum hat man versucht, die Befunde nach Stilunterschieden der Töpferwaren und der Gewebe, der Grabarchitektur und Metallarbeit in räumliche Gruppen zu ordnen, und ist dabei zu folgender Gliederung gelangt:

1. Das Land der Tairona an der karibischen Küste bis zum Nordabfall der Sierra Nevada de Santa Marta – die einzige Zone, wo man Überreste oberirdischer steinerner Bauten gefunden hat.
2. Das Muiscaland der Meseta von Bogotá.
3. Die Zone von San Agustín am obersten Magdalena, die neben den erwähnten Tairona als einzige Zeugnisse megalithischer, wenn auch nicht oberirdischer Konstruktionen geliefert hat.
4. Das Gebiet von Tierradentro in der Zentralkordillere, das mit der Zone von San Agustín gemein hat, daß wir nur in diesen beiden eine Steinskulptur finden.
5. Die Zone von Nariño,
6. das Gebiet des oberen Cauca und
7. das Quimbayaland am mittleren Cauca, die mit Tierradentro Schwerpunktzonen der Schachtgräber bilden.
8. Schließlich das Gebit des Rio Sinú, in dem schätzereiche Grabhügel die Aufmerksamkeit der ersten Entdecker erregten.

In den vergangenen Jahren hat man sich Rechenschaft darüber gegeben, daß die „Kultur von San Agustín“ mehr als einen lokalen Befund, nämlich eine weitverbreitete Schicht darstellt. Allen anderen ist dagegen die sehr begrenzte Verbreitung ihrer Befunde gemein. Zu dieser altertumskundlichen Aufsplitterung hat vermutlich schon in vergangenen Zeiten das Fehlen einer staatlichen Großraumbildung beigetragen, so daß sich die für die Chibchavölker charakteristische Kleinstaaterei in den Ergebnissen der Altertumskunde spiegelt. Naturgemäß erschwert die geringe Verbreitung der einzelnen Stile eine Chronologie, die sich auf Überschichtungen stützen könnte. Und da auch jegliche geschichtliche Überlieferung fehlt, muß die Altersbestimmung der voreuropäischen Kulturen Kolumbiens noch als wesentlich ungelöst gelten, wenn es auch auf der Hand liegt, daß sie zum Teil in das erste nachchristliche Jahrtausend zurückreichen dürften.

Bei der Kultur von *San Agustín* handelt es sich, wie schon angedeutet, nicht um eine vereinzelte Fundstätte, sondern um eine Vielzahl von Funden des gleichen Stils, die über einen bestimmten Bereich gestreut sind. Auffallend ist, daß keine spanische Chronik den namengebenden Fundplatz erwähnt, obwohl schon 1537 ein Vorstoß in das obere Magdalenental stattfand. Entdecker war 1797 der einheimische Gelehrte *Francisco José de Caldas*. Unter den späteren Erforschern müssen wir den Italiener *Codazzi* (1857) und den Deutschen *Alfons Stübel* (1869) erwähnen. Am bekanntesten aber sind die Forschungen, die *K. Th. Preuß* 1913/14 durchführen konnte, der 120 Monumente beschrieb. Inzwischen sind 328 Denkmäler freigelegt.

Der Kolumbianer *Hernández de Alba* möchte sie in die folgenden Stilgruppen scheiden. Als einfachste Zeugnisse gelten ihm solche, die sich auf Einritzungen in einem flachen Relief beschränken und Menschen und Tiere darstellen. Dazu gehört ein Felsblock vom „Alto del Tablón", der menschliche Figuren in offenbar anbetender Haltung zeigt, so daß *Krickeberg* von einem „steingewordenen ewigen Gebet" spricht. Ferner haben wir zylindrische Steine mit reliefierten Gesichtern und Armen; man hat sie als Übergang zu einer eigentlichen Steinplastik deuten wollen, deren zahlreiche Belege ja die Aufmerksamkeit auf diese Kulturschicht gelenkt haben. Diese menschen- und tiergestaltigen Plastiken sind ebenfalls aus einem einzigen Block gehauen. Man kann sie ebensowohl „monolithisch" wie „megalithisch" nennen, errreichen sie doch zum Teil eine Höhe von vier Metern. Stilistisch kann man sie wiederum in zwei Gruppen ordnen: solche mit einem gewollt konventionell-hieratischen Stil von priesterlicher Strenge und Skulpturen von einem vollendeten Realismus, die eine sichere Steinmetztechnik bekunden, aber keine religiöse Bedeutung ausstrahlen. Sind diese Schöpfungen eine technisch vollkommenere Weiterentwicklung, die sich von der religiösen Ausgangsbasis entfernte? Es scheint also, daß die Figuren (die übrigens Spuren von farbiger Bemalung in Schwarz, Weiß, Rot und Orange aufweisen) einen unterschiedlichen Sinn gehabt haben. Ein Teil von ihnen diente zur Markierung nahegelegener Gräber; andere bedeckten die Gräber selbst; einige standen in den Tempeln, von denen noch die Rede sein wird, als eine Art von Karyatiden, und wiederum andere waren wohl reine Idole. Ausgehend von dem Dargestellten hat man versucht, diese Gottheiten zu analysieren, die das Pantheon jener Epoche repräsentieren. Man glaubt, auch hier lunare und chthonische neben solaren, einen Wasser- und Windgott neben Kulturheroen zu finden. Zu den häufiger wiedergegebenen Attributen der Gottheiten gehören die Werkzeuge der Steinmetzen, Hammer und Meißel. Einige Figuren tragen auf ihrem Kopf eine zweite (einen „Alter ego"?), andere tragen Masken und wiederum andere auf der Brust einen Trophäenkopf. Beachtenswert ist bei einigen, daß ihr breiter Mund betonte Schneidezähne hervortreten läßt – ein Merkmal, das uns auch von peruanischen Darstellungen geläufig ist. Die konventionelle, archaische Formenstrenge dieser Gruppe von Bildwerken erinnert immer wieder an Teotihuacan, an Tiahuanaco und an Chavín. Es handelt sich um eine ausgesprochene Ausdruckskunst, die auf die Gestaltung innerer Gesichte gerichtet ist.

Viele dieser Statuen befinden sich in einer Art Kammer, die durch gewaltige seitliche, hintere und obere Platten gebildet wird, also nur nach einer Seite hin offen, dabei aber mit Erde gedeckt ist und so einen Mound oder Tumulus bildet. Diese Hügel erreichen einen Durchmesser von 25 Metern und schließen teilweise mehrere Kammern ein. Diese selber gehen bis zu einer Größe von 4,5 mal 3 Metern, so daß man in solchen Fällen schon von Tempeln, in anderen besser vielleicht von Schreinen sprechen könnte. Ihr Grundriß ist rechteckig, ihre Decke wird durch die Seitenwände, aber auch durch Säulen und Karyatiden gestützt. Die Wände sind zum Teil mit geometrischen Mustern bemalt. Auch diese Anlagen kann man als „megalithisch" bezeichnen, denn sie sind nicht aus kleinen Steinen oder Ziegeln, sondern aus großen Blöcken gefügt. In einigen Fällen wird ihr Eingang von säulenartigen Tragfiguren flankiert. Zuweilen sind sie halb unterirdisch an einen Abhang gebaut, und man könnte dann an den Kult einer Erdgottheit denken.

Beachtenswert sind auch die Gräber. Sie sind gleichfalls als rechteckige Kammern gebaut, nämlich aus senkrecht in den Boden eingelassenen Steinen und mit flachen Platten gedeckt. Einige enthielten steinerne Sarkophage, die aus einem Blocke gehauen und mit skulptierten Deckeln geschlossen waren.

Andere Kulturelemente der einstigen Schöpfer dieser Gebilde können aus den plastischen Darstellungen und sonstigen Funden ermittelt werden. Wir bekommen so eine Vorstellung von ihrem Schmuck und den Waffen. Es geht daraus hervor, daß die alten Bewohner dieses Gebietes die Weberei gekannt haben dürften, weil man tönerne Spinnwirtel fand. Auch die Technik des Goldgußes war ihnen vertraut. Wir kennen die Geräte der Steinmetzen, man hat Mörser und Mahlsteine ausgegraben. Auch die Keramik spielt eine Rolle und weist verschiedene Formen auf: große und kleine Töpfe, Teller und Schüsseln, Becher und Dreifußgefäße. Sie scheinen teils praktischen Bedürfnissen, teils rein kultischen Zwecken gedient zu haben. Die meisten sind einfarbig kastanienbraun, orange oder rot; einige sind mit Ritzmustern dekoriert, wobei die eingeschnittenen Linien zum Teil mit einer weißlichen Paste ausgefüllt wurden. Es kommen indes auch zweifarbige Gefäße, und zwar sowohl mit positiver wie negativer Bemalung, vor. Die Muster sind geometrisch. Allen diesen Befunden gegenüber ist aber auffallend, daß die profanen Behausungen völlig unbekannt sind, da alle Monumente offenbar kultisch-zeremonieller Natur gewesen sind. Ähnlich wie Teotihuacan oder Monte Albán in Mexiko und Tiahuanaco im Süden dürfte San Agustín ein kultisches Zentrum gewesen sein, eine Wallfahrtsstätte für eine in weitem Umkreis gesiedelte bäuerliche Bevölkerung im heutigen Südkolumbien.

Von den Funden im Stile von San Agustín müssen wir eine andere Gruppe vorkolumbischer Zeugnisse unterscheiden, die nach der Landschaft Tierradentro in der südlichen Zentralkordillere benannt worden sind. Hier handelt es sich um eine monumentale Grabarchitektur, die vor allem von *Pérez de Barradas, Hernández de Alba* und *Nachtigall* erforscht worden ist.

Allerdings finden sich auch in diesem Gebiete Altertümer im Stile von San Agustín, Bildwerke ebenso wie Keramiken. Im allgemeinen sind die Skulpturen einfacher in ihrer Ausführung und weisen auch nicht die stilistische Formenbreite auf. Man hat infolgedessen von einem „epigonalen" San Agustín-Stil gesprochen, ohne daß sich in Wirklichkeit etwas Authentisches über das Zeitverhältnis der Funde aussagen ließe.

Kennzeichnend aber sind in Tierradentro die Belege für eine ganz andersartige Kultur. Es handelt sich um unterirdische Grabkammern, die in einem leichter zu bearbeitenden Gestein namens „Granodiorit“ teils auf künstlich geebneten Terrassen, teils auf Bergkuppen angelegt worden sind. *(T. 43 u.)* Die Kammern haben einen kreisrunden oder elliptisch-ovalen Grundriß. Ihre Abdachung ist gewölbt oder flach oder schräg abfallender Fels und wird durch aus dem Stein gehauene rechteckige Pfeiler gestützt. In einer späteren Phase wurden die Wände vermittels vorspringender Pilaster in eine Art Nischen aufgelöst, so daß seitliche Räume gewonnen wurden, deren Zahl zwischen drei und sieben schwankt. Die Innenwände sind mit einer Kalkschicht bekleidet, die als Malgrund für eine Verzierung diente, die ursprünglich auf den nackten Fels aufgetragen wurde. Man malte in Schwarz, Weiß, Rot und zuweilen Orange, und zwar parallele Linien, Sonnenfiguren, Rhomben und auch Gesichter und Körper von Menschen. *(T. 43 u.)* Zu diesen Kammern stieg man durch einen Schacht hinab, dessen Eingang nach Osten schaute und der mit Erde ausgefüllt und mit einem Stein verschlossen war. In seinem Innern führten sauber gehauene Stufen zum Teil als Wendeltreppe zur Kammer hinab.

In diesen Grabarchitekturen finden sich auffallenderweise keinerlei Bildwerke. Reichlich vertreten dagegen ist Töpferware, die aber keine Beziehung zu anderen Stilen Kolumbiens hat. Auch Steinwerkzeuge hat man geborgen und als einziges Metall geringe Mengen von Gold. Aber auch hier fehlt jede Spur von profanen Behausungen.

Weder die Ausführung noch die Verzierung der Kammern ist einheitlich, und möglicherweise eröffnet sich hierdruch eine Aussicht auf geschichtliche Staffelung. Aus solchem Stilvergleich hat *Pérez de Barradas* eine Entwicklungslinie zu zeichnen versucht, die von einem strengeren und von stärkerem religiösem Gehalt getragenen Stil zu einer mehr dekorativen Manier, einer barocken Verweltlichung führt.

Wenn man die Stilgruppen von San Agustín und Tierradentro auch scheiden muß, so hat man dennoch die Frage gestellt, ob zwischen beiden nicht eine Abhängigkeit besteht. Im allgemeinen aber wird heute eine solche Ursprungsverwandtschaft der beiden Kulturen abgelehnt, und man beruft sich dabei auf markante Unterschiede: zum Beispiel wurde die Bestattung in Tierradentro in dem beschriebenen Typus von Schachtgrab durchgeführt, während man in San Agustín monolithische Sarkophage hatte. Wenn es sich aber um unabhängige Gesittungen handelt, wäre es um so wichtiger, ihr zeitliches Verhältnis und ihr Alter zu klären. Auf jeden Fall gehört die Schicht von Tierradentro jüngeren Zeiten an als die von San Agustín, die teilweise von ihr überlagert wurde, wie das Auftreten des Schachtgrabes in der Spätzeit dieser Kultur beweist.

Über die völkischen Träger beider Gesittungen können wir gar nichts sagen. Allenfalls möchte man negativ feststellen, daß die späteren Bewohner dieser Gebiete wohl nicht die alten Kulturschöpfer waren. Weder die Andaquí des Raumes von San Agustín noch die Paez von Tierradentro hatten zur Zeit der Eroberung die geringste Kenntnis der Altertümer und dürften eher als die Zerstörer der alten Kulturen anzusehen sein, die deren wirkliche Träger, die Künstler der Steinmetzarbeit, vernichteten oder vertrieben.

Die Versuche, zu einer absoluten Chronologie der beiden Gesittungen vorzustoßen, stehen nicht nur vor dem Fehlen einer eingeborenen Überlieferung, sondern auch vor dem unbefriedigenden Stande der archäologischen Schichtung. Ausgangspunkt ist dabei der im Grunde auf einem Stilvergleich beruhende Eindruck gewesen, daß es sich bei der Kultur von San Agustín um eine ältere, „klassische" Phase handelt, die vor den jüngeren, „nachklassischen" Gesittungen lag. *Max Uhle* hat den Anfang von San Agustín um 600–700 n. Chr. gesehen; heute dürfte im Zuge der allgemeinen Hinaufdatierung der amerikanischen Frühgeschichte ein um Jahrhunderte früherer Ansatz geboten sein, der Anschluß an die stilverwandten Gesittungen sucht. Tierradentro ist unbestreitbar zwischen San Agustín und den späteren Aufbruch der Quimbaya und Muisca zu datieren.

In jedem Falle handelt es sich bei San Agustín um einen Horizont, der eine viel weitere Ausbreitung hatte, als es die ursprünglichen Funde ahnen ließen, und einem größeren Teil der nördlichen Anden zu einer Zeit seinen Stempel gab. Dies hat dazu angereizt, ihn mit anderen „klassischen" Kulturen Amerikas in Beziehung zu bringen. Der Kolumbianer *Restrepo Tirado* hat an eine Herleitung von den Maya-Quiché in Guatemala gedacht. Wird ein so unmittelbarer Zusammenhang heute auch nicht mehr erwogen, so sucht man doch nach wie vor nach Anknüpfungspunkten außerhalb von Kolumbien. Man denkt dabei an einen nördlichen Niederschlag der klassischen Kulturen der mittleren Anden. Aber lassen wir auch die Frage solcher unmittelbarer Beziehungen ganz bei Seite, so bleibt doch der Eindruck, daß es sich um die regionale Verwirklichung einer Kulturbewegung des ersten nachchristlichen Jahrtausends handelt, um eine Stilverwandte der „klassischen" Kulturen, wie wir sie in Teotihuacan und Monte Albán und im „Alten Reiche" der Maya kennenlernten und deren Gegenbeispiele in den mittleren Anden uns noch beschäftigen werden.

V.

Die Geschichte der Kulturen von Altperu

Der alte Kulturraum „Peru“ unterscheidet sich von dem heutigen Staatsgebiet gleichen Namens dadurch, daß er die östlichen Tiefländer der Amazonaszuflüsse ausklammert, dafür aber die Andengebiete des heutigen Ekuador und Bolivien sowie Teile des nördlichen Chile und Nordwestargentiniens einbegreift.

Nicht als ob die so zusammengefaßten „andinen“ Landschaften einheitlicher Natur gewesen wären. Die alte Kulturgeschichte des Raumes wird ja grundlegend von Gegensatz und Austausch zwischen Hochland und Küste beherrscht. Die bis zur Breite von Piura nahezu regenlose Küstenwüste mit ihrem Einerlei von Dünen und Fels wird durch zahlreiche (in Peru 54) aus dem Gebirge kommende Flußläufe unterbrochen, in denen sich Oasenkulturen entwickeln konnten, so daß *Disselhoff* diese Striche das Ägypten Amerikas nennen kann. Sowohl an der nördlichen Küste (wozu man die Täler bis Casma zu rechnen pflegt) wie an der mittleren und an der südlichen (die jenseits des Lurin-Tales – Pachacamac – beginnt) hat die räumliche Trennung durch Wüstenstreifen und Gebirgsausläufer seit je zur Sonderentwicklung individuell geprägter Kulturen geführt. Und die mit der Küstenzone kontrastierende Welt der Anden ist in sich alles andere als etwa einheitlich. Schneeige Gipfel stehen gegenüber subtropischen Tälern, hochgelegene Mulden und Ebenen dem tropischen Ostabfall. Im allgemeinen aber ist diese Bergwelt dank Regen und Quellen dem Bodenbau zugänglich und selbst in großen Höhen der „Puna“ noch als Weideland nutzbar.

Trotz der Züchtung landschaftsgebundener Nutztiere (des Lama und des Alpaka) ist zu Zeiten der alten Indianerkulturen die Jagd kaum von geringerer Bedeutung als die Viehzucht gewesen. Während aber an Haustieren zu den beiden genannten Auchenienarten nur noch Hunde, Enten und Meerschweinchen traten, hat die Spielbreite der klimatischen Zonen zur Nutzung von über dreißig Pflanzenarten geführt, von denen der Mais im klimabegünstigten Titicaca-Becken sogar auf 3900 m steigt. Die in den Hochlandschaften Perus und Boliviens ursprünglich heimische Kartoffel und die Charakterpflanze Quinoa, eine Meldenart, stellen die kennzeichnenden Kulturgewächse der Puna dar. Die Entwicklung der Landschaft gehört zu den Großtaten der alten Gesittungen. Wasserleitungen und Terrassierungen, die Düngung mit Vogel- (Guano-) und Lamamist, die Erfindung von Kartoffel- und Fleischkonserven deuten stichworthaft den Hochstand der altindianischen Landwirtschaft an. Pflanzlicher Herkunft waren auch die Genußmittel: die kokainhaltigen Blätter des Kokastrauchs und die Chicha, ein vorwiegend aus Mais vergorenes Bier.

(T. 34) Im Vergleich mit den übrigen amerikanischen Spitzengesittungen haben die alten Kulturen der Anden ihre ausgesprochenen Schwerpunkte. Die technische Vielseitigkeit und der künstlerische Hochstand der Weberei korrespondieren mit dem Reichtum an Formen und De-

kor, den die Töpferkunst bietet. Von dem andinen Gebiet haben maßgebliche Fortschritte der Metalltechnik ihren Ausgang genommen, vor allem die Erfindung der Bronze. *(T. 35)* Eine dörfliche Wirtschaft mit gemeinsamem Landbesitz und starken gemeinwirtschaftlichen Bindungen war der Unterbau für ein gelenktes Wirtschaftssystem als Wirkungsform einer staatlichen Großraumbildung, die in Amerika nicht ihresgleichen hat, während die Oasenkulturen der Küste schon vor ihrer Absorption durch das Großreich der Ketschua zu städtischen Ballungen führten. Eine großstrichig zeichnende Wertung muß aber demgegenüber auch sehen, daß die Steinplastik und die Bilderschriften Mesoamerikas, seine Rechenkunst und seine chronologischen Systeme kein Gegenstück in den Anden haben, da beispielsweise die oft genannten Knotenschnüre (kipu) sich auf die Festhaltung von statistischen Zahlenwerten beschränkten. *(T. 44 u.)*

Anders als in den mesoamerikanischen Hochkulturen führt uns die in den spanischen Quellen niedergeschlagene eingeborene Geschichtstradition nur ins 13. Jahrhundert zurück. Eine absolute Chronologie der frühen Abläufe ist für die mittleren Anden zuverlässig erst mit dem Aufkommen der Radiokarbonmethode möglich geworden. Altertumskundliche Forschung setzte in Peru zwar auch schon gegen Ende des 18. Jahrhunderts ein – wir brauchen nur an das graphische Werk und an die Sammlung zu denken, die der Bischof der nordperuanischen Stadt Trujillo, Baltasar Jaime Martínez Compañón, nach Spanien sandte. Eine Übertragung europäischer Grabungsmethoden ist jedoch erst um die letzte Jahrhundertwende durch den Deutschen *Max Uhle* erfolgt.

Wurden hierdurch erstmals historische Schichten der Küstenkulturen freigelegt, so erkannte später der Peruaner *J. C. Tello* demgegenüber die Selbständigkeit und das Schwergewicht der frühen Hochlandsgesittungen.

Hier wie in Mesoamerika ist man seitdem dazu übergegangen, zwischen einer „formativen", einer „klassischen" und „nachklassischen" Phase zu unterscheiden. Die erstere fußte auch hier auf einer bodenbauenden Dorfkultur, die durch die jüngere Forschung erschlossen wurde. Die ersten Auskünfte lieferte der Abfallhaufen der sogenannten Huaca Prieta, eines zwölf Meter hohen Hügels am Ausgang des Chicama-Tals, zu denen sich später ähnliche Befunde in den Küstentälern von Pacasmayo, Virú und anderen gesellten. In ihnen tritt eine *„vorkeramische Pflanzerkultur"* zutage, die mit Hilfe von C 14 ab etwa 2500 v. Chr. datiert worden ist. Neben dem noch dominierenden Fang von Fischen und Seekleintieren wurden Bohnen, Pfeffer, Gurken und Kürbisse angebaut, ebenso auch die Baumwolle, die aber noch nicht verwebt, sondern in einer altertümlichen Art von Flechttechnik verarbeitet wurde. Noch gab es keine Bewässerung und vor allem noch keinen Mais. Man schätzte die Koka schon als Genußmittel, und es läßt sich daraus auf einen frühen Handel mit den östlichen Völkerschaften schließen. Dem Archäologen fällt das Fehlen keramischer Funde ins Auge, denn Belege der Töpferkunst sind erst für eine spätere Phase – ab 1225 v. Chr. – bezeugt, mit denen zugleich der Mais einsetzt. In der nun folgenden Zeit verstand man einfarbig rote oder schwarze Gefäße zu formen; auch Statuetten aus Ton treten auf, und man ging zu solideren Behausungen über, wie die nun erscheinenden Lehmziegel bekunden, bei denen wir sogar ältere zylindrische von späteren kegelförmigen scheiden können. Das ist, mit wenigen Strichen gezeichnet, die Ausgangsplattform, auf der die hochkulturelle Entfaltung im Raume der mittleren Anden fußt.

Der Chavin-Horizont

Ein neuer Kulturhorizont hebt im 9. Jahrhundert v. Chr. an. Es ist nicht eine gewachsene Lebensform von einheitlichem Gepräge, sondern ein neues Weltbild mit seiner Symbolik, wenn auch mit regionalen Stilunterschieden, das sich über verschiedene Völkerschaften ergoß. Das läßt an die überlagernde Ausbreitung einer Oberschicht denken. Im Mittelpunkt dieses Weltbildes steht ein Gott, der sich im Jaguar oder Puma verkörpert und dessen Begleiter Schlangen und Kondore sind.

Der neue Horizont hat seinen Namen von einer Kultstätte in den Anden, wo heute die Ortschaft Chavín de Huántar liegt, an einem Flüßchen namens Mozna, das in der Cordillera Blanca entspringt und seine Wasser zum Marañón trägt. Schon 1873 fiel von hier eine Steinplatte, die sogenannte Raimondi-Stele, an, die in flachem Relief ein felines Ungeheuer mit Szeptern in seinen Krallen zeigt; es ist von einem ganzen Aufbau geöffneter Raubtierrachen gekrönt, von denen Schlangen ausgehen. Dieses Denkmal stammte von einem Kultbau, dessen Geschosse durch Treppen verbunden waren und der mit anderen rechteckigen Baukörpern einen versenkten Hof einschloß. Im Inneren dieses sogenannten „Castillo“ hat man unterirdische Treppen und Galerien erschlossen. Die Ummantelung dieser Pyramide – aus flachen und glattbearbeiteten Blökken – unterscheidet sich stilistisch von allem späteren. Die Außenseiten waren zum Teil mit glatten steinernen Platten gleichsam furniert. Auch waren realistisch gesehene steinerne Plastiken – faltige menschliche Häupter – in die Fassade eingelassen, und neben solchen sind auch Reste von einem Fries erhalten, dessen Reliefs als Hauptmotiv den Raubtiergott zeigen.

Die Benennung des Bauwerkes als „Castillo“ ist ebenso abwegig, wie sich auch keine namhafte Wohnbevölkerung nachweisen läßt. Alles deutet vielmehr darauf, daß hier eine Kultstätte, möglicherweise ein Wallfahrtsort war. Die Aufdeckung weiterer Ruinenstätten des gleichen Stils ist nicht ausgeblieben. Unter mehreren Plätzen im Raume der nördlichen Kordilleren heben wir Kunturwasi im obersten Tal des Jequetepeque hervor, wo sich ebenfalls ein dreistufiger Tempelunterbau findet. Vor allem aber haben Religion und Stil von Chavín (wobei der Name nichts über den wirklichen Ausbreitungsherd sagt) übergegriffen in die Täler der nördlichen und mittleren Küste. Hier wurden Reliefs und Keramik in Stil von Chavín, desgleichen Schmuck aus Türkisen, Bein und getriebenem Goldblech gefunden, das auch an der mittleren Küste gleichzeitig mit dem Stileinfluß von Chavín auftritt. Die schon genannte Huaca Prieta am Ausgange des Chicama-Tals hat unterirdische Wohngruben preisgegeben, die aber mit Flußsteinen ausgelegt worden waren. Im benachbarten Tal von Virú fand man Fundamente der Bruchsteinmauern von einer Tempelanlage. Im Tal von Nepeña legte man eine Plattform mit Treppe frei, Wände aus konischen Lehmziegeln mit feinverstrichener Lehmverkleidung, aber auch Reste steinerner Mauern mit Tonreliefs. Bei Casma entdeckte man terrassenartig gestufte Pyramiden mit Steintreppen sowie Stein- und Tonreliefs mit Chavínmotiven in farbig bemalten Nischen. Am bemerkenswertesten ist im gleichen Tale der Platz Sechín, dessen erhöhte Kultterrasse auf drei Seiten von reliefierten Blöcken eingefaßt war. Weiter südlich als Casma sind keine Bauten aus dieser Zeit aufgedeckt worden, während die Stileinflüsse Chavíns sich noch viel weiter nach Süden verfolgen lassen.

Man spricht deshalb zum Unterschied von den andinen Ruinenstätten, die vor allem durch ihre kultischen Bauten beachtlich sind, von einem „Küsten-Chavín" (nach einer dem Chicama-Tal benachbarten Fundstelle auch „Cupisnique" genannt), das sich von allen späteren Befunden der Küstengräber besonders durch seine Keramik abhebt. Diese Töpferware ist einfarbig; ihre Verzierung ist meist geritzt, seltener in Relief. Sie bevorzugt geometrische Muster (so auch plastische Protuberanzen), aber auch zoomorphe Motive, so daß man von einer abstrakten und gegenständlichen Darstellung zur gleichen Zeit sprechen kann. Einfache, vom kugeligen Gefäß ausgehende Formen von Krügen walten vor, wobei zum ersten Male der Steigbügelhenkel auftritt, aber es kommen auch ausdrucksstarke plastische Formen vor.

Da unser Quellenstoff sich auf archäologische Daten beschränkt, ist es durchaus begründet zu sagen, es bestehe kein Anlaß, von einem Chavín-Reich zu reden *(Disselhoff)*. Dürfte es aber wirklich nur eine in kleinen Gruppen siedelnde Pflanzerbevölkerung gewesen sein, die diesen religiösen und ästhetischen Umbruch schuf? Auch ohne schriftliche Zeugnisse dürfte man doch an die Ausbreitung einer Oberschicht denken, die das neue Weltbild zum Siegeszug brachte, vielleicht an vergeschwisterte oder verschwägerte regionale Dynasten und an eine Erstreckung der Hochlandsherrschaft zur nördlichen Küste hin. Wahrscheinlich liegt ein gesellschaftlicher Umbruch mit ständischer Schichtung und Erstarkung des Häuptlingstums dem Durchbruch einer neuen Weltanschauung zugrunde. Diese Umwälzung scheint nicht in einer Epoche des Friedens erfolgt zu sein; das drückt sich außer in den gefundenen Waffen in den Köpfen menschlicher Opfer als Attributen der mythischen Wesen aus, z. B. in den eingeritzten Reliefs flacher Stelen in Sechín.

Daß die Machtergreifung durch eine Herrenschicht auf fremdvölkischem Ursprung beruhte, wird vielleicht dadurch nahegelegt, daß neben den religiösen und mit ihnen verbundenen künstlerischen Neuheiten erstmals bisher unbekannte Techniken auftreten, von denen das Hämmern des Goldes und echte Baumwollweberei die bedeutendsten sind. Das Vorkommen von Lamaknochen in den Gräbern der Küste weist auf Handelsbeziehungen zum Hochlande hin. Die beträchtlichen lokalen Stilunterschiede innerhalb des Chavín-Horizonts dürften teils auf Sonderentwicklungen fußen (die beispielsweise in Chavín de Huántar das Steinrelief, im Chicama-Tal die Töpferkunst blühen ließen), teils aber auch eine zeitliche Folge spiegeln. Der peruanische Archäologe *Tello* suchte den Ursprung des neuen Impulses in den östlichen Tiefländern, während der Wiener Kulturhistoriker *Heine-Geldern* an transpazifischen Einfluß aus Südostasien denkt.

Aus den altertumskundlichen Zeugnissen, auf die sich ja unsere Kenntnis beschränkt, ist ein Abebben des großen religiösen Impulses greifbar, der die Chavín-Periode beseelte, eine mit technischem Fortschritt einhergehende Verweltlichung. Beruhte sie auf dem Untergang eines Imperiums und dessen Zerfall in regionale politische Einheiten? In jedem Falle können wir in der Folge das Aufblühen markant unterschiedener regionaler Kulturen sowohl an der nördlichen und südlichen Küste wie auf dem nördlichen und südlichen Hochland beobachten.

An der nördlichen Küste treten in einem besser, das heißt gleichmäßiger als vordem gebrannten Ton dünnwandige Keramiken auf, die mit der Spielbreite ihrer Darstellungen von Tieren, Menschen und Genreszenen eine größere Lebensoffenheit als unter der Herrschaft des Raubtiergottes bekunden. Die Ausbreitung künstlicher Bewässerung vermittels Kanäle erlaubte den Unterhalt einer dichteren Bevölkerung; sie eignete sich auch gewerbliche Fortschritte (die Verarbeitung von gehämmertem Gold und getriebenem Goldblech, von Kupfer und einer Goldkupferlegierung zu Schmuckzwecken) an. Die kunstvollen Goldarbeiten stammen aus Chongoyape im Lambayeque-Tal. Man unterscheidet innerhalb der auf den Chavín-Einfluß folgenden Phase an der nördlichen Küste zwei Perioden. Die eine dieser Schichten, die eine sich auch an der mittleren Küste durchsetzende weiße Verzierung auf rotem Grund der Gefäße aufbrachte, hat man nach einer Fundstätte im Chicama-Tal „*Salinar*“benannt. Die andere, in der sowohl Negativmalerei (durch Abdeckung der Muster mit Wachs oder Lehm) wie Kupferguß auftreten, wurde nach einem Fundplatz im Virú-Tal „*Gallinazo*“ genannt.

Vergessen wir nicht, einen Blick auf das benachbarte Hochland zu werfen. Hier ist vor allem das obere Santa-Tal ins Auge zu fassen, wo zunächst auch der Stil „weiß auf rot“ zum Durchbruch kam. Dann aber entfaltet sich eine durchaus eigene Initiative, die unter der Bezeichnung „*Recuay*“sowohl eine Negativmalerei wie eigenartige Steinbildwerke hervorbrachte, die in einer plump anmutenden Stilisierung Frauen und Krieger darstellen, wahrscheinlich aber schon zur folgenden Periode gehören.

Alte Oasenkulturen der Küste

Nach den als „formativ“ bezeichneten Gesittungen, die wir bisher kennen lernten, wird die folgende archäologisch erschließbare Fundschicht „*Mochica*“, die eigentlich „klassische“ Periode an der nördlichen Küste genannt. Die Mochica-Kultur, deren Name sich von der Fundstätte Moche ableitet, dürfte im Chicama-Tal heimisch gewesen sein und hat sich von dort sowohl nach Norden in die Täler bis Pacasmayo und Lambayeque und nach Süden ins Virú-Tal (wo sich der Gallinazo-Stil lange behauptet hat), zum Santa und bis in die Täler von Nepeña und Casma ausgebreitet. Der rassische Typus der alten Bewohner, deren Gräber neben den baulichen Resten unsere Quellen sind, war offensichtlich nicht einheitlich; über eine ältere langköpfige Bevölkerung hat sich anscheinend später eine brachykephale gelegt.

Den Horizont der Mochica kennzeichnet die völlige Beherrschung aller früher und neu erworbenen technischen Fertigkeiten. In ernährungswirtschaftlicher Beziehung lieferte vor allem der Fischfang (mehr als die Jagd, die nach den Darstellungen auf Vasenbildern wohl ein Vorrecht der Herren war) den animalischen Nahrungsbedarf. Den hauptsächlichen Unterhalt aber stellte der Bodenbau, dem ausgedehnte Bewässerungsanlagen räumliche Ausweitung und Intensivierung verliehen; im Chicama-Tal arbeitet ein alter Kanal von 113 km Länge bis auf den heutigen Tag. Zu den früheren Anbaupflanzen hatten sich inzwischen auch die auf dem Hochland gezüchtete Kartoffel und die Süßkartoffel gesellt. Den Kleidungsbedarf deckte die Weberei. Neben Baumwolle wurde auch Wolle verarbeitet, und die Verwendung von Lamawolle ist ebenso wie der nachweisbare Kokagenuß auch ein Zeugnis für den entwickelten Fernhandel, der zwischen Küste und Hochland bestand. Teppiche verstand man ebenso zu weben wie Brokatstoffe; Gaze und Köper sind unter den Geweberesten, welche die Gräber geliefert haben; und sie beweisen auch entwickelte Färbtechniken. Bemerkenswert sind auch die mehrfarbigen Wandmalereien, vor allem in Pañamarca (Nepeña-Tal). *(T. 35)* In der Metalltechnik stehen neben Gold, Silber und Kupfer Legierungen von Kupfer und Silber wie von Kupfer und Gold. Kupfer wurde nun auch zu Geräten und Waffen benutzt. Ebenso wie ihre Herkunft und ihre Gewinnung sind uns auch manche Verfahren unbekannt; doch bekunden die gefundenen Gegenstände die Technik des Hämmerns und Treibens, aber auch den Guß. Man verstand sich auf die Vergoldung und kannte das Schweißen, bei dem man sich eines Gemischs von Kupfersalz und Gummi bediente.

Den bekanntesten und umfangreichsten Anteil am ganzen Fundstoff aber haben die Töpfereien. Die vollkommen gebrannten und dünnwandigen Mochica-Gefäße, von denen, ungeachtet alles Zerschlagenen und noch nicht Ergrabenen, in den Museen der Erde hunterttausende aufbewahrt werden, stellen sicher den in sich ausgedehntesten Fundtatbestand aller Erdteile dar. Gebrauchskeramik und Kultgefäße, die als Grabbeigaben gefertigt wurden, lassen sich unterscheiden. Beide wurden vorwiegend mit Hilfe zweiteiliger Tonmodel hergestellt. Sie haben das Merkmal der flachen Böden, und der Bügelhenkelausguß wiegt vor. Weiterhin kann man sie in zwei, auf ihre Art gleich aufschlußreiche Gruppen scheiden. Die eine, die abgesehen von der Standfläche bei der Grundform des kugeligen Gefäßes verbleibt, zeigt ein kunstvolles, aufgemaltes Dekor mit teils geometrischen, teils figürlichen Vorwürfen, dessen subtiler Auftrag mit feinem Pinsel, vorwiegend in Rotbraun auf cremefarbigem Grund, eher als von Bemalung von Zeichnung zu sprechen gebietet. Eine andere Gruppe greift mit einem unvorstellbaren Reichtum der Phantasie zu plastischer Gestaltung des Gefäßkörpers selber aus. Beide zusammen spiegeln die natürliche Umwelt (Pflanzen und Tiere), das alltägliche Leben und die Vorstellungswelt der alten Bewohner in einer so einmaligen Art, daß *Gerdt Kutscher* von diesen Keramiken als von einem Bilderatlas sprechen kann. Die Darstellung des Menschen bringt nicht nur realistische und idealisierte Porträts, sondern auch Perverse und Sieche; der Sinn für die Karikatur macht sie uns ebenso lebensnahe wie die nicht seltenen Genreszenen. »Nichts, so scheint es, war zu hoch, als daß es nicht auf den Gefäßen dargestellt werden konnte, nichts so niedrig, daß es der Wiedergabe nicht wert gewesen wäre. Tiere und Früchte, Jäger und Krieger, Musikanten und Tänzer, Fürsten und Kranke, aber auch phantastische Dämonen und skeletthafte Totengeister gewinnen in diesen Gefäßen ergreifende Gestalt" *(Kutscher)*.

Neben der reichen Fülle dieser, aber auch anderer Grabbeigaben jeglicher Art – bis zu den Nähkörben der Frauen – sind uns aus der Mochica-Zeit auch mächtige Bauwerke überkommen. Ihre bedeutendsten sind die als „Huaca del Sol" und „Huaca de la Luna" bezeichneten Lehmziegelpyramiden bei Moche. Die erstere erhebt sich, abgesehen von einer Unterteilung in zahlreiche Stufen, auf einer breiteren Terrasse von 18 m um weitere 23 m über die Talsohle. An der mittleren Küste gehören in diese Phase die Lehmziegelbauten von Pachacamac (südlich von Lima) und die Lehmziegelpyramide Maranga im untersten Rimac-Tal.

Aus solchen Gemeinschaftswerken, wie monumentalen Bauten und großzügigen Bewässerungen, schließt man mit Recht auf staatliche Organisationen. Herrscherpersönlichkeiten treten uns in den figürlichen und auf den bemalten Vasen entgegen. Sie und die Gräber im allgemeinen bekunden eine starke ständische Differenzierung, die uns die Würde der Herrschenden mit Sänfte und Thron ebenso lebensnah ins Bewußtsein ruft wie die Autorität der Priester, den Handwerkerstand und das Los der kriegsgefangenen Sklaven. Den Gräbern und den in ihnen bewahrten Keramiken verdanken wir aber auch den Einblick in die religiöse Vorstellungswelt. Vor allem begegnen uns tiergestaltige mythische Wesen. Wie weitgehend sie mit der Fruchtbarkeit der Felder zusammenhängen, ahnen wir, wenn wir da auf die Darstellung von Maiskolben mit menschlichen Köpfen stoßen oder wenn Bohnen als Krieger auftreten. Unzweifelhaft aber gipfelte das Pantheon der alten Küstenbewohner in der weiblich gedachten Mondgottheit, die in ihrer gedanklichen Verbindung mit dem Wasser und mit der Fruchtbarkeit den menschlichen Anliegen wohlgesinnter war als der die Wüste sengende Sonnengott. Dergestalt erschließt uns die fromme Sitte der Grabbeigaben im Verein mit einem ungewöhnlich trockenen Klima in einer auf der Erde nicht wiederzutreffenden Breite das Leben der vergangenen Menschen in jedem Bereich.

Während die alte Oasenkultur, der kunstvolle Bewässerung Leben gab, an der nördlichen peruanischen Küste noch heute fruchtbare Großgüter blühen läßt, ist der einstige Standort der alten Kultur von *Paracas* auf der Halbinsel gleichen Namens jetzt völliges Wüstenland. 1925 hat *Tello* die ersten Gräber hier freigelegt. Aber geblieben ist die Frage, wo und wie die hier bestatteten Menschen ihr Leben gefristet haben; wird doch die Ansicht vertreten, man habe die Verstorbenen von weither in dieses heute so menschenleere Land der Toten verbracht.

Nach dem harten Fels, in den die bis zu 7,5 m tiefen Gräber getrieben sind, wird die erste Phase der nachweisbaren Gesittung Paracas-„*Cavernas*" genannt. Ein senkrechter Schacht mit Stufen führt in diesen Grabstätten zu einer kreisrunden Kammer hinab, die, wie die oft massenweisen Bestattungen nahezulegen scheinen, vielleicht Familiengrüfte waren. Wurden in einem Beispiel doch 55 Tote geborgen, die dort als Hockermumien in ihre Leichentücher gehüllt ruhten. Häufig ist bei ihnen neben der Trepanation eine Deformierung des Schädels, die natürlich in frühester Kindheit vorgenommen wurde. Neben Kalebassen und geflochtenen Körben, Geräten aus Knochen und Stein und auch einigem Schmuck aus Goldblech sind unter den Grabbeigaben vor allem Tongefäße und Stoffe bemerkenswert.

Auf jeden Fall kannte man mehrere Arten textiler Technik, und abgesehen von Baumwolle und Agavefasern wurde auch Lamawolle versponnen, was auch hier die Handelsverbindung mit dem Hochland beweist. Erreichen die Textilien dieser Zeit noch nicht die Vollendung der folgenden Periode, so muß das Niveau der Töpferkunst anerkannt werden. Schalen, Schüsseln, Becher und Krüge (darunter solche mit zwei röhrenförmigen Ausgüssen) wurden in der von vielen primitiveren Völkerschaften bekannten „Spiralwulsttechnik" gefertigt, welche zur Formung des Gefäßkörpers tönerne Wülste spiralig übereinanderlegt. Daneben kommen nur wenige figürlich modellierte Gefäße vor. Zum Dekor wurde nach dem Brand eine farbige Paste in leuchtendem Gelb, in Olivgrün und Schwarz aufgelegt. Ritzverzierung und Raubtiermotive erinnern uns an Chavín. Ist die Töpferware dieser Epoche dabei noch dickwandig, so zeichnet sich die der folgenden Periode durch ihre Leichtigkeit aus; sie ist aber einfarbig in Elfenbein, Grau oder Braun.

Diese zweite lokale Phase wird Paracas-„*Nekropolis*" genannt. Hierhin gehören die 429 Mumienbündel, die *Tello* in rechteckigen Totengruben fand. Die Hockerleichen – bei denen der Schädel künstlich in die Länge gezogen erscheint – wurden wahrscheinlich nach Entfernung der Eingeweide durch Räucherung mumifiziert. Unter den äußeren Hüllen (deren es solche von zwanzig mal vier Meter Größe gibt) sind die feinsten farbig bestickten Baumwoll- und Wollgewänder verborgen, die zahlreiche Farbnuancen verraten. *(T. 34)* Neben bestickten Kleidungsstücken verstand man sich auch auf die Fertigung von Brokaten, Schleiertüchern und Gobelins. Der vollendeten Beherrschung der Webe- und Färbetechniken standen kunstvolle Federfächer und Federkleider zur Seite.

Paracas-Cavernas dürfen wir möglicherweise noch mit Chavín synchronisieren und damit in die „formative" Zeitspanne ordnen. Die „klassische" Periode der nördlichen Küste aber findet im Süden ihr Gegenstück in der *Nazca-Kultur,* die sich zeitlich noch mit Paracas-Nekropolis überschneidet und in den Tälern von Nazca, Ica und Pisco entwickelt wurde.

In Nazca kannte man nach Ausweis der Gräber von Metallen nur Gold, doch wurde es nur gehämmert und getrieben, während der Guß noch unbekannt war. Ferner hat *Duncan Strong* eine größere Siedlung mit Plattformen und Pyramiden aus Lehmziegeln freigelegt, aber nirgendwo haben sich hier so stattliche Bauwerke wie im Norden gefunden. Das Fehlen großer Bewässerungsanlagen wird durch die Engräumigkeit des verfügbaren Oasenlandes erklärt. Haben wir dergestalt keine imposanten Ruinen im Nazca-Gebiet, so entschädigt uns dafür die kunstvolle Weberei – wenn sie auch nicht so kostbare Stoffe wie in Paracas hervorgebracht hat – und vor allem eine erstaunliche Töpferei. Beide standen im Dienste der Toten, die in runden oder eckigen Kammergräbern mit Schacht geborgen wurden und deren Kult, so möchte man meinen, alle überschüssige Leistung gewidmet war.

Die Keramik von Nazca ist dünnwandig, gut gebrannt und vor allem vielfarbig bemalt. Es sind meist einfache, dabei aber sehr elegante plastische Formen von Bechern und Schalen mit gerundeten Böden, unter Zurücktreten der freilich nicht fehlenden figürlichen Formgebung, dafür aber mattleuchtend und feinkonturiert mit vorwiegend mythischen Vorwürfen bemalt und poliert. Im Gegensatz zur gleichzeitig an der Nordküste greifbaren Lebensnähe und Wirklichkeitsfreude der Mochica ist das überragende malerische Vermögen der Nazca-Leute überirdisch orientiert. Der Symbolgehalt ihrer Schöpfungen spiegelt sich in Trophäenköpfen und in vielgestaltigen Dämonenfiguren, darunter Wildkatzen, Raubfischen, Tausendfüßlern und Vögeln, die aber nicht Abbilder der Natur, sondern Ausdruck eines mythischen Weltbildes sind.

In der Wüstenlandschaft, die einst der Schauplatz der Nazca-Kultur gewesen ist, erregen rätselhafte „Scharrbilder", die durch Beseitigung der rötlichen Steine auf dem gelben Sanduntergrund entstanden sind, unsere Aufmerksamkeit. Diese teils rein geometrischen, teils figürlichen linearen Gebilde, deren Erforschung sich eine Deutsche, *Maria Reiche*, gewidmet hat, erreichen eine beträchtliche Größe, die bis zu 500 m, ja bis zu 8 km Längenerstreckung geht. Wir wissen nicht, von wem sie ausgeführt worden sind, noch wann. Dienten sie astronomischen oder kalendarischen Zwecken?

Ein Wallfahrtsort in 4000 m Höhe

Die Nazca-Phase selber nahm kein abruptes Ende, sondern lief durch das allmähliche Einströmen eines anscheinend übermächtigen Stilgefühls aus, das eine neue Formensprache zum Durchbruch brachte. Dieser Einfluß ging von dem Hochland im Süden des Titicaca-Sees aus, und wir vermuten – da auch hier alle schriftlichen Quellen ausscheiden –, daß sein Ausbreitungsherd die Kultmetropole von *Tiahuanaco* war. Um das vorweg zu sagen, ist diese berühmteste Ruinenstätte in Südamerika der Gegenstand vieler, zum Teil phantastischer Hypothesen gewesen. Freilich, daß Tiahuanaco die Hauptstadt eines megalithischen Reiches gewesen sein soll, kann ebensowenig bewiesen wie widerlegt werden. Aber das ihr mit Hilfe astronomischer Spekulationen gegebene Alter von 18 000 Jahren und mehr ist nicht minder abwegig als *Thor Heyerdahls* Meinung, die Bewohner der peruanischen Küste hätten Elemente der Tiahuanaco-Kultur zu den polynesischen Inseln gebracht.

Tiahuanaco liegt in dem großen zentralen Hochland Boliviens auf einer Höhe von annähernd 4000 m. Doch die Umgebung erlaubt mit den Möglichkeiten des Anbaus von Kartoffeln, Bohnen und Quinoa und der Haltung von Lama und Alpaka eine verhältnismäßig dichte Besiedelung, der auch der Reichtum an Fischen und Vogelwild in und am unfernen Titicaca zugute kam. Allerdings haben wir keine Spuren einer ehemaligen Wohnbevölkerung, sondern ungeachtet eines in der weiteren Umgebung gehöftweise oder auch dörflich gesiedelten Bauerntums ist Tiahuanaco offensichtlich ein kultisches Zentrum und ein Wallfahrtsziel für enen großen Bereich gewesen. Auf die Hände der Wallfahrer führt man auch die Entstehung der stattlichen Bauten zurück, die vielleicht unter Oberleitung der örtlichen Priester stand.

Da fällt – um nur wenige wichtigste Monumente zu nennen – der 15 m hohe Akapana ins

Auge, heute ein natürlicher Hügel, so scheint es, einst aber eine Kultpyramide, die möglicherweise durch die Formveränderung und Verblendung eines natürlichen Kernes mit Steinen entstand. Auf ihrer oberen Plattform hat man Fundamente von Bauwerken und eine Zisterne gefunden. Zu Füßen des Akapana liegt der Kalasasaya genannte Komplex, ein leicht erhöhter und rings von Stützmauern eingefaßter Bereich von 130 × 135 m. Er hatte einen versenkten Binnenhof, der rings von Terrassen umgeben war, zu denen man über eine sechsstufige monolithische Treppe gelangte. Die großen Blöcke der umfassenden Mauer sind zum Teil noch erhalten, die fehlenden, vor allem die kleineren, wurden in den Ortschaften der Umgebung als Baumaterial verwandt. Innerhalb dieses Bereiches steht auch das bekannteste Monument der Ruinenstätte, das „Sonnentor", das aus einem einzigen Andesitblock von 3,75 × 3 m gearbeitet wurde und nicht weniger als 7 Tonnen wiegt. Das Bemerkenswerteste an ihm ist die zentrale Gottesfigur über dem Durchgang, die von drei Reihen dienender Gestalten flankiert ist. Wir deuten sie als den alten andinen Gott Viracocha. Von seinem Haupt gehen allerseits Strahlen aus, die zum Teil in Pumaköpfen endigen. In seinen Händen hält er Szepter, die in Kondorköpfe auslaufen. Darstellungen des Kondors und Pumas sind markante Leitmotive des Tiahuanaco-Stils.

Viele der einst vorhandenen monolithischen Standbilder wurden zerschlagen oder anderswohin gebracht. Das größte von ihnen ist sieben Meter hoch. Die streng gebundene Stilisierung bewirkt den Eindruck, daß diese Steinplastik sich nicht freigestaltend von dem Pfeiler zu lösen vermag. *Disselhoff* neigt zu der Annahme, daß die Reliefverzierung der Standbilder und auch die Motive des Sonnentors von der Textilkunst her auf den Stein übertragen wurden. In diesem Zusammenhang ist es bemerkenswert, daß wir vom Hochland keine Gewebereste im Tiahuanaco-Stil und umgekehrt von der Küste keine Bildhauerarbeiten haben, was aber den klima- und materialbedingten Verhältnissen völlig entspricht. Unter den Befunden der Küstentäler figurieren auch geschnitzte hölzerne Kielschwerter aus dieser Zeit.

Eine „formative" Grundlage dieser Gesittung scheint eine Schicht zu repräsentieren, die nach einem Wohnhügel auf der Taraco-Halbinsel „Chiripa" genannt worden ist. Während diese Basiskultur in die zweite Hälfte des 1. Jahrtausends v. Chr. fällt, füllt Tiahuanaco das ganze 1. Jahrtausend n. Chr. aus.

Zu einer Schichtenfolge der Tiahuanaco-Kultur ist *Wendell Bennett* auf Grund der Keramik gelangt. Die frühesten Keramiken sind vielfach einfarbig und durch Ritzungen dekoriert. Eine Frühzeit der Priesterkultur entwickelte dann aber auch polychrome Keramiken durch Auftrag verschiedener Farben auf ledergelben Ton. Charakteristisch sind große Räuchergefäße mit welligem Rand und plastischen Ansätzen in Form von Pumaköpfen. In einer „klassischen" Zeit, in der auch die großen Bauten entstanden, werden die Keramiken dünnwandiger und poliert. Ein rötlicher Grundton herrscht vor. Puma- und Kondorbilder neigen zu einer Geometrisierung der Formen. Die Plastik der Gefäße ist elegant, aber einfach, und kennzeichnend ist ein hoher Becher mit im Schwung nach oben geführter Wandung. Eine Schlußepoche hat man als „dekadent", doch auch „expansiv" bezeichnet, weil der Tiahuanaco-Stil nunmehr über einen engeren Raum hinaus eine enorme Verbreitung durch Südperu und Bolivien findet. Jetzt kommt ein aus dem eben genannten Becher (Kero) entwickeltes Libationsgefäß auf, dessen Grundfläche sich zu einem unverhältnismäßig geringen Durchmesser verjüngt. Hinsichtlich des Dekors kann man bei nachlassender Qualität der Töpferarbeit sagen, daß die abstrakten Ornamente vielgestaltiger werden, die figürlichen Vorwürfe aber der Auflösung in eine fast nicht mehr lesbare und ornamental erscheinende Geometrik anheimfallen.

Es wurde schon angedeutet, daß das klassische Tiahuanaco anscheinend von geringer räumlicher Reichweite war. Der expansive Stil seiner Spätzeit hat dagegen eine weite Verbreitung im mittleren Hochland gefunden und ist auch von den älteren Küstenkulturen aufgenommen worden, denen er in der Folge mit seiner Formensprache den Stempel gab. Ob Tiahuanaco dabei mehr als ein „Mekka im höchsten Hochland" *(Disselhoff)* war? Gab es ein Tiahuanaco-Reich, auf dessen politischer Ausbreitung die Expansion der Stilelemente beruhte? Wir werden das vermutlich niemals beantworten können. Geblieben sind uns die stummen und doch beredten Zeugnisse einer Kunst, die *Bushnell* steif und unpersönlich und von einer „leblosen Feierlichkeit" nennt. Das klingt etwas abwertend, und ich möchte es lieber so ausdrücken, daß es eine von religiösen Impulsen beseelte Ausdruckskunst war, der die thematisch und stilistisch strenge Gebundenheit eignet, die wir in der konventionell-hieratischen Formensprache der theokratischen Kulturen Amerikas überall finden.

Eine Variante dieser Gesittung können wir auf dem südlichen peruanischen Hochland fassen. Man hat ihr stichworthaft den Namen des Fundortes *Pucara* gegeben. An dieser Stätte wurde ein Heiligtum mit hufeisenförmig geführten Mauern aus roten Sandsteinblöcken entdeckt, die eine mit weißem Sandstein bedeckte Terrasse und einen versenkten Hof einschlossen. Die Mauerfügung steht an Sorgfalt hinter Tiahuanaco zurück. Die ebenfalls gefundenen Statuen muten dagegen lebensvoller als in Tiahuanaco an. Es fehlt nicht an einfarbigen und polychromen Gefäßen. Und auch hier begegnen wir neben der geometrischen Dekorierung der bevorzugten Darstellung der Wildtiere Kondor und Puma. Disselhoff vermutet wahrscheinlich mit Recht, daß eine Kultur von solcher Reichweite, wie sie der Tiahuanaco-Stil zeigt, von mehreren, in ihren Äußerungen variierenden Mittelpunkten ausgestrahlt hat. Neben Pucara möchte man auch an Huari bei Ayacucho denken; abgesehen von Mauerresten, Steinkistengräbern und Steinskulpturen ist hier auch eine mehrfarbige Keramik ergraben worden, die neben Elementen von Tiahuanaco auch Züge von Nazca trägt.

An der nördlichen Küste greifen Ausläufer der Mochica-Kultur in nördlich und südlich gelegene Täler über. Gleichzeitig aber infiltriert der an der mittleren und südlichen Küste herrschend gewordene Tiahuanaco-Einfluß von Süden her in die Mochica-Täler bis nach Chicama hin, wo er allerdings hinter dem Beharrungsvermögen der alten Stiltradition schnell erlischt. Während wir hier die alten Motive wieder aufblühen sehen, gelang es dem Tiahuanaco-Einfluß im Süden, den eigentümlichen Nazca-Stil auszulöschen. Elemente von Tiahuanaco haben selbst in das nördliche Hochland bis in den Raum von Cajamarca und das obere Santa-Tal Eingang gefunden, während der spätere inkaische Kernraum um Cuzco auffallenderweise eine verhältnismäßig wenig intensive Beeinflussung zeigt.

Nachklassische Zeit

Die nach dem Abklingen der Mochica- und Nazca-Kultur, der Stille von Tiahuanaco und Recuay nun einsetzende „*nachklassische*“ Periode, die sicher schon in den letzten Jahrhunderten des ersten Jahrtausends anhebt, dürfte zunächst eine Übergangszeit mit politischen Wirren gewesen sein. Es erinnert das an den auffallend gleichzeitigen Unruhezustand, der in Mesoamerika mit dem Zusammenbruch der „Theokratischen Kulturen“ einhergeht. Der Verfall der alten Bewässerungsanlagen in einigen Küstentälern gibt der Vermutung Nahrung, daß hinter den archäologisch ausschließlich faßbaren Stilbewegungen nicht nur religiöse, sondern auch politische Triebkräfte standen, die für den Unruhezustand verantwortlich waren.

Bedeutende Fundtatbestände aus dieser Zeit haben an der mittleren peruanischen Küste die Stätten Ancón und Pachacamac erbracht. Die hier zutage geförderten Keramiken und Gewebe verraten eine gemeisterte Technik bei nachlassend religiösem Gehalt. Der einprägsame Symbolgehalt der Tiahuanaco-Formen verblaßt und läuft in eine dekorativ zu nennende Geometrik aus.

Ähnlich wie im mesoamerikanischen Raum erwachsen dann aber aus dieser Periode der Unruhe neue regionale Gesittungen und politische Gebilde, eine Phase, deren vorgeschlagene Benennung als „*Städtebauperiode*“ auf ihr markantestes Merkmal weist. Anscheinend ist um die nämliche Zeit ein Anwachsen der Bevölkerungszahl in den Küstentälern erfolgt; es nötigte zur Konzentrierung der Menschenmassen in Großsiedlungen, in denen die räumliche Gedrängtheit zu einer Art von städebaulicher Planung führte. Auf der anderen Seite vermissen wir bedeutende neue Erfindungen; ja, die Ballung der Menschen in den städtischen Zentren der Küste hat zu etwas wie einer Massenerzeugung geführt, bei der die künstlerischen Impulse und wohl auch die dahinter stehenden religiösen verblassen; die Kunst der Spätzeit wird dekorativ. Das Vorhandensein einer Klassengesellschaft, welche die staatlichen Bewegungen trug, läßt sich dabei aus Anlage und Ausstattung der Gräber ertasten.

Das Reich von Chimor

An der nördlichen Küste führen die Chimú das Reich von *Chimor* herauf, das vermutlich im Tal von Moche seine Anfänge nahm. Das früher dafür angesetzte 14. Jahrhundert dürfte wohl eine etwas zu späte Veranschlagung sein. Diese Staatsbildung dehnte sich nach Süden und Norden in die benachbarten Täler aus, die jeweils durch Wüstenstreifen voneinander getrennt sind, und erstreckte sich zur Zeit ihrer Einverleibung in das Ketschua-Reich (um 1450) über 900 km von Túmbez bis in die Nähe von Lima.

Die Hauptstadt des Chimú-Reiches war Chan-Chan, dessen imposante Ruinen mehrere Quadratkilometer bedecken. Der erste Archäologe Perus, der Bischof Baltasar Jaime Martínez Compañón, hat uns schon in den achtziger Jahren des 18. Jahrhunderts verdienstvolle Pläne vermacht, deren Konfrontierung mit den modernen altertumskundlichen Aufnahmen eine ziemlich genaue Vorstellung von dieser präkolumbischen Großstadt gibt. Sie war in zehn stattliche und durch mächtige, bis zu zwölf Meter starke Lehmmauern abgesperrte Viertel von beispielsweise rund 390 mal 195 m aufgeteilt. Innerhalb der Gevierte sind neben den Resten der Häuser, deren Dächer der Wind davontrug und deren Formen von ihm verweht wurden, Wasserspeicher, Pyramiden und Friedhöfe nachweisbar. Außerhalb der geschlossenen Siedlungen breitete sich das künstlich bewässerte Ackerland. Die großen Mauern, von denen oft mehrere hintereinander gestaffelt sind, waren zum Teil mit Geröllsteinen fundamentiert. Davon abgesehen war alles aus Lehm gebaut, und zwar neben Ziegeln verschiedener Form auch unter Verwendung einer betonartigen, gestampften Masse aus Lehm, Sand, kleinen Steinen und Maisstroh, mit der man auch begehbare Decken zu konstruieren verstand. Im Gegensatz zu der strengen Nüchternheit der Fassaden in der monumentalen Steinbauweise des Hochlandes waren in den Städten der Küste die Wände gern mit Reliefs bedeckt. Sie wirken wie ein Teppich aus geometrischen Mustern (man erinnert sich dabei der Paläste von Mitla), aber auch von stilisierten Blüten und Tieren; während einige stark verwittert sind, haben andere sich unter schützenden Sandverwehungen ausgzeichnet erhalten.

Um nurmehr ein weiteres bauliches Beispiel zu nennen, war aus Lehmziegeln auch der terrassenförmig angelegte Komplex bei Paramonga gebaut, der meistens als Festung aufgefaßt wird, in späteren Zeiten aber wahrscheinlich eine Tempelanlage war. Durch das ganze Land sind ferner noch die Spuren der alten Straßen verfolgbar, die möglicherweise für die inkaischen Eroberer zum Vorbilde wurden. Ihre Breite war unterschiedlich: manchmal sind es nur Pfade zwischen Steinmauern oder Pfostenreihen gewesen, die durch die Wüste von einem Tal zur nächsten bewässerten Oase führten; zum Teil aber erreichen sie eine Breite von 4,5, ja 7,5 und sogar 24 Metern.

Aus den städtischen Siedlungen dieser Oasenkulturen haben die Inka auch auf den Gebieten der handwerklichen und schönen Künste manches gelernt. Wissen wir doch, daß ihre Könige Handwerker aus den Chimú-Städten in ihre Hauptstadt Cuzco zogen, vor allem Facharbeiter für Keramik und Goldschmiedewerk.

Die Töpferware der späten nördlichen Küste führt, wie schon vordem bemerkt, in vielem die Stiltradition der Mochica-Zeit fort. Das gilt vor allem für die Freude an der plastischen Gestaltung des Gefäßkörpers, die eine unentwegte Hingabe an lebensnahen Naturalismus bekundet. Der Bügelhenkelausguß herrscht vor; eine Eigentümlichkeit sind sogenannte Pfeiftöpfe, bei denen die entweichende Luft beim Vergießen des Inhaltes einen pfeifenden Ton erzeugt. Weitgehend verlorengegangen ist aber die einstige Farbigkeit, die in einem einheitlichen Schwarz-Grau der polierten Keramiken unterging. Man hat in Chan-Chan zwar auch eine Menge Gebrauchsgut gefunden, das meiste aber stammt aus den Gräbern und wurde offenbar eigens zur Mitgabe an die Verstorbenen hergestellt. Man möchte manchmal den Eindruck einer massenweisen Erzeugung haben – so sehr scheint künstlerische Einmaligkeit gegenüber technischer Routinearbeit verblaßt. Wie gesagt, stammt der größte Teil der Keramiken aus der Eröffnung der Gräber, und das gleiche gilt auch für die Goldschmucke, ob es nun Armreife oder Halsketten, Stirnreife oder Anhänger sind, außer denen man allerdings auch metallische Becher und Schalen gefunden hat. Metall dringt überhaupt in verstärktem Maße in das Gebrauchsgerät ein, Grabscheite etwa und Keulenknäufe aus Bronze. Die Textilien neigen zu einer gestreiften oder quadratischen Musterung, weisen dabei aber auch stilisierte Fisch- und Vogelmotive auf; beliebt war Federbesatz.

Das Chimú-Reich war ein Herrenstaat mit dynastischer Tradition. Tacanaymo, der Begründer der Herrschaft, landete nach der Hoflegende auf einem Balkenfloß an der Küste. Über seinen Sohn und Nachfolger, der die Küstentäler von Pacasmayo bis Santa eroberte, führt eine Liste von achtzehn Königen bis zu Minchanzaman, der zur Zeit des Inka Tupac Yupanqui regierte und trotz seinem Bündnis mit Cajamarca seine Selbständigkeit an diesen verlor. Er selber blieb aber am Ruder und erlebte sogar noch die Ankunft der Spanier, unter denen sich noch sechs Nachfolger als spanische Statthalter ablösten.

Das despotische Regime des (um mit den Inka zu reden) Chimú-Kápaj, der von seinen Untertanen Tribute in Form von Lebensmitteln und Kleidung erhob, fußte auf einer Klassengesellschaft, bei der eine herrschende Oberschicht die kleinen Bauern und Handwerker ausbeutete.

Alles das, was der trockene Boden und die fromme Sitte der Grabbeigaben uns hinterlassen haben, gibt Zeugnis von einer gewerbefreudigen und genußfrohen Stadtkultur, deren Lebensoffenheit mit der herben und strengen Gesittung des Hochlandes kontrastiert.

Haben wir den Prozeß der Städte- und Reichsbildung zuerst und ausführlicher an der nördlichen Küste verfolgt, so können wir feststellen, daß er in kleinerem Maßstabe auch an der mittleren und südlichen vor sich ging. In den Tälern von Chancay, Ancón und Rimac (heute Lima) blühte der Staat des Cuismancu. Hier haben wir das zweitgrößte Beispiel der Großstadtbildung in einer Oasenkultur, nämlich in Cajamarquilla, das 16 km landeinwärts von Lima liegt. Auch hier ist ein stattliches Areal, das städtische Planung verrät, mit den Ruinen von Lehm- und Lehmziegelbauten bedeckt. Die Keramik auf diesem Boden war dünnwandig mit auf mattrotem oder sandfarbenem Grund in Schwarz gezeichneten Mustern.

An das Reich der Cuismancu schloß sich das Land des Chuquismancu mit dem Cañete-Tal, und weiter südlich erstand das Staatsgebilde von Chincha in den Tälern von Chincha, Pisco, Ica und Nazca – ebenda, wo einst der Schauplatz der durch die Tiahuanaco-Expansion ausgelöschten alten Nazca-Kultur gewesen war. Nach den Chronisten zu urteilen, war Chincha ein mächtiger Staat, der auf die angrenzenden Kordillerenlandschaften übergriff, und noch in der spätesten Zeit war der Herrscher von Chincha einer der Großen am inkaischen Hof. Freilich kennen wir aus diesem Gebiet keine ausgedehnten städtischen Siedlungen, wohl aber Kultterrassen, Pyramiden und Herrensitze – gleichfalls alles aus Lehm. Verfolgen wir auch hier das Leitmotiv der Keramik, so sprechen wir, bei vorherrschend kugeligen Gefäßen, von einem „Ica-Stil"; auf meist ledergelbem Grund sind dabei in Schwarz, Weiß und Rot vorwiegend geometrische Muster, aber auch endlose Reihen von Fischen und Vögeln, vielfach in bandweiser Übereinandersetzung, gemalt.

Schauen wir schließlich auf das Hochland der gleichen „städtebauenden“ Zeit, so vermissen wir geradezu optisch ein Gegenstück zu den städtischen Großsiedlungen der Küstenoasen. Das erklärt sich aber leicht in Zusammenschau mit der Landschaft, die hier nicht zu dichtgedrängten Bewässerungsinseln nötigt, sondern dorfweise, ja bei der Weidewirtschaft der Puna gehöftweise Siedlung nahelegt, wie sie heute noch vorherrschend ist. Den ersten lokalen, dann regionalen Anfängen des Inka-Staates haben auch auf dem Hochland begrenzten staatlichen Bildungen konkurrierend entsprochen – das Beispiel von Cajamarca wurde bereits genannt. Im südlichen peruanischen Hochland und auf dem Altiplano Boliviens spiegeln die rivalisierenden Fürstentümer der Colla oder Aimara, die erst zwischen 1430 und 1470 dem Inkareich einverleibt wurden, aus quellenmäßig besser belegten Zeiten einen Prozeß, der weiter im Norden auch für ältere Zeiten unterstellt werden kann.

Von den altertumskundlichen Funden her sprechen wir hier von der „*Chullpa-Kultur*“ und meinen damit vor allem die Grabbauten der Aimara. Es sind stattliche, meist zu Straßenzeilen gereihte Bauwerke, teils aus Adobe, teils aus Stein, zum Teil in runder (und dabei in Sillustani in umgekehrt-konischer), vorwiegend aber in kubischer Form. Ihrer architektonischen Beachtlichkeit – beispielsweise dem falschen Gewölbe – entspricht keine bemerkenswerte Ausstattung mit Grabbeigaben.

Ein sozialistischer Großstaat vor 400 Jahren

In der gleichen Zeit entwickelte sich aus kleinen Anfängen weiter nördlich, jenseits des Vilcanota-Passes, das später alles absorbierende Inka-Reich. Der Name „*Inka*“ kommt dabei, was immer wieder verkannt wird, als Herrschertitel nur der monarchischen Spitze, allenfalls der Dynastenfamilie zu, während die Staatsgründung dieser politisch begabten Elite sich auf der völkischen Grundlage eines Teiles der *Ketschua* vollzog. Es handelt sich um einen untersetzten und breitschulterigen Menschentyp, dessen breites Gesicht eine gerade oder hakenförmige Nase trägt. Ihre Sprache haben sie, in einer alle ethnischen Grenzen verwischenden Weise, mit einziger Ausnahme der Aimara, der gesamten Andenbevölkerung von Ekuador bis Nordwestargentinien aufgedrückt. Wir haben im Ketschua, das dank der inkaischen Staatsraison und der späteren Missionspolitik heute von sechs bis sieben Millionen Menschen gesprochen wird, das Musterbeispiel einer „agglutinierenden“ Sprache; seine Stärke besteht in der Vielseitigkeit des verbalen Ausdrucks und in seiner Fähigkeit zur Abstraktion.

Über die frühe Geschichte des Raumes von Cuzco (dem auf 3400 m gelegenen „Nabel“ des späteren Inka-Reichs) geben vorgeschichtliche Funde Auskunft. Der Amerikaner *Rowe* hat hier eine alte Schicht freigelegt, die er „Chanapata“ benennt; einfarbige sowie rot und weiß bemalte Tonscherben, Mauern aus lehmverbundenen Feldsteinen und Hockerbestattung gehören zu ihren Merkmalen. Nach der Legende haben die ersten Herrscher des in der Gegend von Cuzco siedelnden Ketschua-Stamms mindestens zwei Jahrhunderte lang in Kleinkriegen mit den benachbarten Gruppen ihresgleichen gelebt; dem dieser Zeit, etwa ab 1200 bis 1438, entsprechenden archäoligischen Fundbestand hat *Rowe* den Namen „Early Inca" („Killke") gegeben. Es tauchen in dieser Zeit noch keine behauenen Steine, wohl aber Gräber mit falschem Gewölbe auf. In der Tat kann man erst die Zeit ab 1438, dem Regierungsantritt des Inka Pachacutec, als „imperial" bezeichnen. Denn die eigentliche Reichsbildung, die Schaffung eines großräumigen Imperiums, ist, gestützt auf eine charakteristische Taktik von Versprechung und Drohung, das Werk von nicht mehr als einem Jahrhundert gewesen, in dessen Anfängen Völkerschaften wie die Lupaca, die Colla und Chanca Rivalen der Inka waren. Wenig sagen dem Leser die Namen der von der höfischen Geschichtslegende bewahrten Namen der ersten halbmythischen, halbhistorischen Herrscher, einsetzend mit dem Dynastiegründer Manco Capac, dessen Bild sich mit der Gestalt eines aus einer Höhle hervortretenden Kulturheroen vermischt. Die ihm folgenden Sinchi Roca, Lloque Yupanqui, Mayta Capac, Capac Yupanqui, Inca Roca und Yahuar Huacac haben auf jeden Fall nur regionale Bedeutung gehabt.

(T. 41) Aus der Liste halbmythischer Könige tritt dann der Inka Viracocha in das Licht der Geschichte. Sein Bündnis mit den Lupaca eröffnete dem inkaischen Einfluß das Titicaca-Gebiet. In die Regierungszeit Viracochas fällt aber auch ein verheerender Angriff der Chanca aus der Gegend um Andahuaylas, der zur vorübergehenden Räumung von Cuzco führte, das aber mit dem Bestande der Dynastie durch den jüngeren Königssohn Pachacutec Yupanqui gerettet wurde.

Der Regierung Pachacutecs (1438–1471) sind die weitreichenden und großflächigen Eroberungen zu danken, die das Königreich der Inka zur Großmacht der Anden erhoben. Kann man die äußere Machtausweitung um das Jahr 1460 etwa in den Rahmen vom Titicaca-See bis zum Junín-See spannen, so geht im Inneren damit der verwaltungsmäßige Aufbau einher, der noch für die Spätzeit kennzeichnend war. Der gebietsmäßige Zuwachs hielt aber unter dem nachfolgenden Tupac Yupanqui (1471 bis 1493) noch an. Schon als Thronfolger setzte er den Vormarsch nach Norden bis in die Gegend von Quito – gegen den erbitterten Widerstand des dortigen Volkes der Cañari – und bis in den mittleren Teil der heutigen Ekuadorküste fort. Die Überlieferung bewahrt die Erinnerung an seine Balsa-(Leichtholzfloß-)Fahrt zu den pazifischen Inseln (allenfalls Galápagos) hin. Von Norden her konnte er so den Großangriff auf das Reich von Chimor starten und setzte seinen Siegeszug bis in die Gegend von Pachacamac fort. 1471 zum Herrscher erhoben, unternahm er vergebliche Versuche, in das östliche Waldland der Amazonaszuflüsse vorzudringen. Erfolgreich war dagegen sein Vorstoß über das Hochland nach Süden hin: die Unterwerfung des von den Aimara bewohnten bolivianischen Hochlands mit Ausweitungen einerseits bis in das nordwestliche Argentinien und andererseits in südwestlicher Richtung über die Atacama hinaus bis zum Maule-Fluß im mittleren Chile. Seinem Erben Huaina Capac (1493–1527) gelang noch die Fortsetzung der Erwerbungen im Norden bis zum Ancasmayu-Fluß in Südkolumbien. Aber der räumlich so weit gespannte Bogen hatte die Grenze seiner Spannkraft erreicht. Einfälle der Chiriguano aus dem heutigen Tiefland Boliviens konnten zwar abgewehrt werden, ein Eindringen in diese den Hochlandsmenschen fremde Welt des Urwalds und der Savanne blieb ihnen aber verwehrt. Huaina Capac residierte mit seiner Lieblingsfrau, einer Cañari-Prinzessin, in Tomipampa, dem heutigen Cuenca in Ekuador, und fiel 1527 einer Epidemie zum Opfer.

Mit Huaina Capacs Tode zerbrach das Imperium. Dem inkaischen Hausrecht zufolge wurde sein erstgeborener Sohn namens Huascar Erbe. Statt ihm gleich den übrigen Brüdern, die als Provinzstatthalter regierten, zu huldigen, berief sich der in Quito residierende Lieblingssohn des Verstorbenen, Atahuallpa, darauf, daß *er* der vom Vater ausersehene Erbe sei, und forderte umgekehrt seinen Bruder zur Unterwerfung auf. Tatsächlich stellte das inkaische Thronfolgerecht einen Kompromiß zwischen letztwilliger Verfügung und präsumptiv gesetzlichem Erbgang dar. Huascar entsandte ein Heer gegen ihn. In der sich entwickelnden Schlacht wurde Atahuallpa gefangen, konnte aber aus seinem Verließ in Tumipampa entfliehen und eine neue Armee aufstellen. In einer Schlacht vor Cuzco fiel Huascar in die Hand der Generäle seines Bruders. Die Botschaft des Sieges erreichte diesen in der nordperuanischen Stadt Cajamarca.

Doch schon am 16. November desselben Jahres 1532 geriet Atahuallpa in der gleichen Stadt in die Gewalt der inzwischen aufgetretenen Spanier unter Francisco Pizarro. Aus der Gefangenschaft konnte er seinen Generälen noch den Befehl zur Hinrichtung seines von ihnen festgehaltenen Bruders geben; er lieferte damit aber selber den Spaniern einen der Rechtsvorwände, die trotz eines weitgehend von ihm erfüllten Lösegeldes zu seiner Verurteilung führten. Hatte er sich doch bekanntlich erboten, ein Zimmer seines Palastes mit Edelmetall zu füllen. Dies hielt die Sieger indessen nicht von seiner Beseitigung mittels der Würgschraube ab, sein formaler Übertritt zum Christentum aber bewahrte ihn vor der Verbrennung. Nicht so, als ob die Unterwerfung Perus mit Atahuallpas Tod abgeschlossen gewesen wäre. Trotz dem Einzug der Konquistadoren in Cuzco (Ende 1533) zogen sich die kriegerischen Auseinandersetzungen noch jahrelang hin, auf indianischer Seite zunächst unter Führung von Manco Capac II., der als Scheinkönig von spanischen Gnaden eingesetzt worden war. Er löste sich aber alsbald von ihnen und hätte die Conquista Perus fast zum Scheitern gebracht, was nur durch eilige Hilfe aus nahezu allen spanischen Siedlungsgebieten vereitelt wurde. In Wirklichkeit aber zog sich der Widerstand von Vitcos im Urubamba-Tal aus bis zum Jahre 1572 hin.

Schon der Mangel an spanischen Frauen führte dazu, daß früh eine breite Vermischung mit den Landeseinwohnern einsetzt, die Bildung eines Mestizentums, wobei nicht wenige spanische Hauptleute sich mit dem hohen Inkaadel verbanden. Die altüberkommenen Kunstfertigkeiten und Techniken wurden noch lange von den Landeskindern geübt und kamen dem Bau und der Ausstattung der Kirchen und Paläste zugute. Dagegen setzte alsbald ein Verfall der Straßen und der Bewässerungsanlagen ein. Auch ein Bevölkerungsrückgang war wohl zunächst unvermeidbar. Das Beharrungsvermögen der Unterworfenen und der Bekehrungseifer der Sieger führten zu einer eigenartigen Verschmelzung der alten und der neuen Religion. Aus sozialökonomischer Sicht hat *Rowe* die koloniale Entwicklung so gekennzeichnet, daß an die Stelle eines Despotismus mit absehbaren ein Despotismus mit unabsehbaren Forderungen trat. Das vorliberale Feudalsystem der Kolonialzeit, das zum Teil bis heute besteht, hat wiederholt zu Erhebungen geführt, von denen der Aufstand des Inkanachkömmlings Tupac Amaru 1780 die bekannteste ist.

Unter den Zeugnissen aus vergangener Zeit bewundert der Reisende heute die monumentalen Überreste der Tempel, Paläste und Festungen. Vergessen wir darüber nicht, daß dies nur der Ausdruck des Herrentums war. Einst wie heute lebte das Volk in bescheideneren Behausungen, in kubischen Einraumwohnungen, die teils aus in Lehm gebetteten Bruchsteinen, teils aus luftgetrockneten Lehmziegeln bestanden. An der Küste wurden sogar die repräsentativen öffentlichen Gebäude nicht wie auf dem Hochland aus Stein, sondern desgleichen aus Lehm erstellt, und die Inka haben nach ihrem Eindringen in die Küstenoasen diese altüberkommene Technik dort fortgesetzt. Als Musterbeispiel dafür kann man den „Sonnentempel" in Pachacamac nennen. Die eigentliche Hochlandsarchitektur empfängt ihre eigentümliche Note durch eine wahrhaft herrschaftliche Baugesinnung, der Monumentalität ebenso wie vornehme Schlichtheit eigen sind. Liebten die gewerbefreudigen Städte der Küste eine Verzierung der Wände mit Stuckreliefs, die an Verwandtes in Mesoamerika erinnert, so begnügten sich die Baumeister der Inka damit, die gewaltige Wirkung ihrer Fassaden und Wände durch Galerien von Nischen aufzulösen; die zurückhaltende Darstellung einiger aus dem Stein gehauener Schlangen und Pumas kann man in ihren Beispielen zählen, und ebenso ausnahmshaft sind die skulptierten Köpfe, die in Chavín als Fassadenschmuck dienten. Freilich müssen wir dabei veranschlagen, daß die Innenräume einst teils mit Geweben, teils mit Gold- und Silberblechen verkleidet waren.

Hinsichtlich der Technik der Steinmetzen unterscheidet man eine größere Anzahl von Stilen, die sich indes in zwei größere Gruppen einordnen lassen. Der „polygonale" Stil verwendet große Blöcke von unregelmäßiger Form, deren Außenseite sich manchmal gerundet vorwölbt. Dieser Stil wurde vorzugsweise bei massiven Umfassungen angewandt. Der „rektanguläre" Stil dagegen verwendet exakt in rechteckiger Form zugearbeitete Steine verschiedenen, doch meist kleineren Formats. Bei Gebäuden ist deren Oberfläche oft glatt poliert; und sie sind vielfach fugenlos aneinandergesetzt, wie wir das an dem Muster der im Grundriß elliptischen Apsis des alten Tempelkomplexes Coricancha, des heutigen Dominikanerklosters in Cuzco, beobachten können. Früher hat man in den verschiedenen Stilen den Niederschlag wechselnder Bauepochen gesehen; man hat sich jedoch davon überzeugt, daß diese unterschiedlichen Techniken nicht auf einer zeitlichen Linie liegen; gehören doch alle erhaltenen Bauten in Cuzco dem 15. Jahrhundert an. In Wirklichkeit variiert die Mauertechnik nach der Zweckbestimmung des betreffenden Bauwerks und nach dem verwendeten Stein. In nicht seltenen Fällen zeigt auch ein und dieselbe Mauer verschiedene Stile zugleich, beispielsweise bei der fassadenartig behandelten Felswand des inkaischen Ruhesitzes Tambomachay. Die unterschiedlichen Stile dienten also den alten Baumeistern, die nüchterne Wirkung der großen Wandflächen aufzulockern. Ein besonderes Merkmal der inkaischen Architektur ist ferner die Trapezform der sich nach oben verjüngenden Nischen, Fenster und Türen, die aus dem Hochland dann auch auf die Bauten der Küste übertragen wurde.

Die verwendeten Steine sind durchweg sehr hart. Aber sie sind so vollendet gefügt, daß man buchstäblich meist nicht die Klinge seines Messers dazwischen schieben kann. Um so bewundernswerter ist diese Präzision, wenn man bedenkt, daß die Steinmetzen nur mit Steinhämmern arbeiteten und die Flächen mit Wasser und Sand polierten. Eine beachtliche Leistung stellt allein der Transport der monolithischen Blöcke dar. Solche bis zu 6 m Höhe finden wir bei den gewaltigen „Zickzackmauern" der Feste Sacsaihuaman hoch über Cuzco eingebaut. Wie im gesamten alten Amerika stand die Bedachungstechnik hinter der Steinmetzarbeit zurück. Die Dächer waren druchgängig aus Stroh. Aber es ist nicht so, als ob man im hochandinen Raum ausschließlich einstöckig baute. In den Ruinenstädten des Urubambatals (Pisac, Ollantaytambo und Machu Picchu) sind zweistöckige Bauten mit Balkenzwischendecke und außenseitiger Treppe sogar keine Seltenheit.

Beachtlich ist, daß die stadtähnlichen Siedlungen des Hochlands allenfalls durch ihre Lage, nicht aber durch Befestigungen geschützt waren. Die sogenannten inkaischen „Festungen" waren in Wirklichkeit Grenzbauernsiedlungen, die zwar an strategischen Punkten lagen, deren Ruinen aber kultische Anlagen das Gepräge geben. Wohl hatte man aus alter Zeit den Pucara- oder Ringwall-Typ übernommen, und Sacsaihuaman ist eigentlich nur ein spätes Großbeispiel für diese in Vorzeiten zurückreichenden Fluchtburgen.

Die Waffentechnik trägt altertümliche Züge. Zum Nahkampf benutzte man Streitäxte und Keulen. Letztere waren teils schwertartig ausgebildet, typischer aber als Morgensterne mit Knäufen aus Stein oder Bronze. Sie wurden durch Lanzen, Schleudern, Speerschleudern und Schleuderkugeln (Bolas) ergänzt, ein altertümliches Waffenarsenal, in dem nur der Bogen des Tieflandes fehlte. Runde und rechteckige Schilde, aber auch Baumwollpanzer und Helme dienten der Verteidigung. Auch bei anderem Gebrauchsgerät fehlen Metalle (Kupfer und Bronze) nicht ganz, treten aber doch im Gesamtbild zurück. Unter den Holzarbeiten möchten wir die „keros" erwähnen, Becher mit steiler Wandung, die mit farbigen Darstellungen in lackartigem, harzhaltigem Farbauftrag dekoriert sind; der größte Teil der erhaltenen Stücke stammt allerdings aus der kolonialen Epoche. *(T. 62)*

(T. 41 u. l.) Die Webkunst der inkaischen Zeit stützt sich auf die schon vorher entwickelten Techniken. Eine zuschneidende Maßarbeit ist der indianischen Kleidung dabei bis heute fremd. Das mit geometrischen Mustern und mit stilisierten Pflanzen- und Tiermotiven wirkende Dekor der Gewebe zeichnet sich wenig durch Expressivität oder Phantasie aus, sondern neigt, verbunden mit tektonischer Flächengliederung, zu ornamentaler Gefälligkeit.

Verständlicherweise sind steinerne Hinterlassenschaften mit nicht geringem Anteil an den Funden beteiligt. In einem auffallenden Unterschied zu anderen Kulturkreisen (Mexiko oder Kolumbien) tritt eine religiöse Großplastik zurück, wenn steinerne Rundplastik auch nicht ganz fehlt. Es überwiegen aber Stücke der Kleinkunst und des Gebrauchs. Nennen wir (neben bronzenen) steinerne Keulenknäufe oder steinerne Schalen mit flachem Boden, gerader Wandung und Schlangenreliefs. Reizvoll sind kleine Alpakafiguren, zum Beispiel aus Alabaster und Serpentin, die eine zylindrische Öffnung im Rücken (zur Aufnahme von „Medizinen") haben und in den Feldern vergraben wurden.

Die Töpferware der Inkazeit ist ausgezeichnet gearbeitet, aber ebenfalls arm an phantasievoller Plastik oder vielseitigem Dekor. Die polychrom (bevorzugt in Rot, Schwarz, Weiß und Gelb) bemalten Stücke sind auf Hochglanz poliert. Ihre Bemalung ist vorwiegend geometrisch, wobei eine Art von Fischgratmuster geradezu typisch ist. Man liebte auch die zurückhaltende Anbringung von Vogel- und Blütenmotiven. Bei sicherem Gefühl für Zeichnung und Farbe sind vor allem zwei Formen für den Kulturhorizont bezeichnend: einerseits große und kleine Amphoren, die unten spitz zulaufen, einen Ansatz und zwei Ösen für Tragbänder haben und meist, die Fläche symmetrisch gliedernd, geometrisch verziert sind; andererseits kleine flache Schalen mit figürlichem Handgriff, der zum Beispiel als Tierkopf gebildet ist, und einem delikaten Dekor aus sparsam gesetzten Vögeln oder Blüten.

Zu den bedeutendsten Errungenschaften der Peruaner gehört unzweifelhaft die Legierung von Kupfer und Zinn zur Bronze. Die Verhüttung der Metalle geschah in auf luftigen Höhen plazierten Windöfen. Während Gold und Silber den gehobenen Ständen vorbehalten waren, diente die Bronze neben dem freilich weichen Kupfer auch zu Gebrauchsgerät. Zahlreich sind in den altertumskundlichen Sammlungen die flachen trapezförmigen Axtklingen, Morgensterne zur Keulenbewehrung und eigentümlich geformte Messer (tumi) mit im rechten Winkel zur Klinge stehendem Griff. Alle Techniken der Verarbeitung wurden gemeistert: das Löten und Schweißen, die Treibarbeit und der Guß.

(T. 41 o. l.) Absoluter Herrscher dieses indianischen Staatswesens war der „Sapa Inca" (der alleinige, ausschließliche Inka), auch „intip churin" (Sohn der Sonne) genannt, während seine Hauptfrau, die „Koya", mit dem Mond in Beziehung stand. Wir haben hier ein ausgesprochenes Gottesgnadentum, indem die höfische Tradition die göttliche Sendung der Dynastie bezeugt. Gottähnlich verehrt wurde der Herrscher auf jeden Fall nach seinem Tode. Als mumifizierter, aber lebend gedachter Leichnam setzte er mit einem Troß von Frauen und Dienern und seinem Domanium seine Hofhaltung fideikommißartig fort. Auf dem Throne folgte ihm grundsätzlich sein ältester Sohn, soweit nicht ein tauglicherer den Vorzug der Verwandten und Großen erhielt. Ihn zierte die „maskapaicha", die Kopfbinde aus roter Lamawolle mit Federputz. Nur mit einer symbolischen Schulterlast und mit niedergeschlagenen Augen durften sich selbst die höchsten Würdenträger ihm nähern. Neben der Königin als Hauptfrau gebot er über ein Heer von Nebenfrauen. Der Gedanke der Blutsreinheit hat wohl erst unter den letzten Herrschern zur Heirat der Schwester als Hauptfrau geführt.

Der Herrscher und seine Sippe waren indes nur die höchste Plattform einer auch dieser Hochkultur zugrunde liegenden Klassengesellschaft. Über die gemeinfreien Untertanen erhob sich ein abgabefreier Adel, den man in zwei Kategorien aufteilen kann. Als höhere Adelsschicht galten die wegen ihrer Ohrpflöcke von den Spaniern so genannten „Orejones" (Großohren), das heißt die ursprünglichen Gemeinfreien des herrschenden Ketschua-Stammes, die alle gehobenen Verwaltungs- und Militärposten innehatten. Von ihnen sind als untere Adelsklasse die „Curaca" zu unterscheiden, die Dorf- und Stammesführer der unterworfenen Völker, die der Inka-Staat vielfach im Amte beließ und psychologisch geschickt auf seine Seite zu ziehen verstand. Nur die Söhne des Adels genossen in Form einer ausgedehnteren Jugendweihe eine Art von öffentlichen Unterricht. Unter der gemeinfreien Bauernschicht gab es aber auch noch einen hörigen Stand, die „Yanacuna", aus ihren Dorf- und Stammesverbänden eximierte Personen, die im Haushalt und auf den Gütern des Inka dienten, auch mit dem dazu gehörenden Land als Lehen an Große gegeben wurden. Durch ihren persönlichen Konnex mit den Herrschenden konnten sie dabei auch zu Wohlstand und Einfluß emporsteigen. Als eine gesellschaftliche Kategorie sui generis muß man ferner die „Aclla" oder „Sonnenjungfrauen" nennen. Sie wurden schon vor Erreichung der Pubertät auf dem Abgabewege auserlesen und traten unter Aufsicht bewährter Matronen in klosterartige Häuser ein. Ein Teil von ihnen versah den Tempeldienst, einige wurden gelegentlich auch geopfert; andere waren als Weberinnen für den Inka tätig, und die Schönsten wurden zu seinen Nebenfrauen bestimmt.

Der vielbewunderte Verwaltungsaufbau des Inkareichs war ein Werk des letzten vorspanischen Jahrhunderts. Die seit alters in die beiden „Phratrien" Hanan und Hurin (Oben und Unten) geteilten Dörfer und Stämme wurden zu insgesamt vier Provinzen zusammengefaßt – daher der Name des Inkareichs „Tahuantinsuyu", die vier vereinigten Lande. Dieser Einteilung lag sicher auch hier ein weltbildhaftes Ortungssystem zugrunde. Innerhalb jeder dieser Provinzen war die Gesamtbevölkerung grundsätzlich in Gruppen von 100 (Dörfer), 1000, 10 000 (Stämme) Haushaltungen untergeteilt, worin aber nur ungefähre Größenordnungen zu erblikken sind. In Überschneidung damit zerfiel die Bevölkerung in zwölf Altersklassen mit unterschiedlicher Tätigkeit. Dies war die Basis für eine Beamtenhierarchie. Den einheimischen Stammesführern stellte man einen inkaischen Statthalter zur Seite, so daß es auf dieser Verwaltungsebene zwei Organe gab. Daneben existierten Sonderbeamte, beispielsweise zur Aufsicht über die staatlichen Speicher, die alle Abgaben aufnahmen, zur Verwaltung und Auswertung der Knotenschnüre und außergewöhnliche Inspektoren (tucuiricuc, Allesseher), die als Kontrollbeauftragte reisten. Verwaltung und Rechtsprechung waren noch nicht getrennt. Das Strafensystem war drakonisch und bildete zahlreiche Spielarten der Todesstrafe, für den Adel aber auch Ehrenstrafen aus. *(T. 44 u.)*

Man kann nicht sagen, daß das von den Inka aufgebaute Regime auf einer den Unterworfenen überlegenen Waffentechnik beruhte, wohl aber auf dem Organisationstalent einer herrschenden Führungsschicht. Dabei gab es kein stehendes Heer. Es ist aber interessant, sich die Mittel vor Augen zu führen, die dem Zusammenhalt eines sich über 37 Breitengrade erstreckenden Imperiums dienten.

Da haben wir erstens das Kolonisationssystem der „mitmac-cuna", die Umpflanzung geschlossener dörflicher oder größerer Einheiten. Sie erfolgte unter Berücksichtigung der klimatischen Verhältnisse und zu verschiedenen Zwecken: zur Steigerung der Produktion (und damit der Steuerkraft) in „unterentwickelten" Zonen, zur Befriedung neu unterworfener Völkerschaften (in diesem Falle in Form eines Austausches von Bevölkerungsteilen) und als Grenzbauernsiedlungen der östlichen Grenze des Reiches entlang. Da war die Bemühung um Einführung des Ketschua als herrschender Reichssprache; sie wurde in der spanischen Kolonialzeit von den Geistlichen fortgesetzt und hat ungeachtet der ethnischen Vielfältigkeit zu einer so großen sprachlichen Einheitlichkeit des mittleren Andengebietes geführt. Da müssen wir die Erziehung der Häuptlingssöhne am kaiserlichen Hofe in Cuzco erwähnen und die Durchdringung des ganzen Reiches mit dem inkaischen Sonnenkult als Staatsreligion – unbeschadet der gleichzeitigen und weisen Übernahme der regionalen Gottheiten in das inkaische Pantheon.

Von großer Wichtigkeit für die Aufrechterhaltung der inneren Ordnung und die Schlagkraft der Heere war auch das von den Inka geschaffene oder, besser gesagt, planmäßig ausgebaute Straßensystem. Während die Zentrale eine gute topographische Kenntnis des ganzen Reiches vermittels tönerner Reliefkarten gewann, durchzogen die „Königsstraßen" in zwei langen nordsüdlich orientierten Strängen das Reich. Beide, die Küsten- wie die Gebirgsstraße, waren durch zahlreiche Querstraßen miteinander verknüpft. Die zum Teil noch heute erhaltenen Straßen waren verschieden breit, dabei schnurgerade, überwanden also Niveauunterschiede durch Treppen, weil sie auf Pferde- und Wagenverkehr keine Rücksicht zu nehmen brauchten. In der Küstenwüste schützten seitliche Ziegelmauern gegen Sandverwehungen. Dabei war natürlich auch die Überbrückung der Flüsse zu lösen. Man kannte bei schmaleren Flußläufen auch steinerne Brücken, bei breiteren aber baute man kunstvolle Hängebrücken aus starken Tauen, zum Beispiel aus zu Stricken gedrehten Agavefasern; die berühmte Brücke über den Apurimac mit 60 m Spannweite zeugte noch lange davon. Alle sechs bis zehn Kilometer standen Vorrats- und Rasthäuser an den Straßen. Sie dienten aber nicht einem allgemeinen Publikumsverkehr, sondern behördlichen Zwecken. So auch die berühmte inkaische Post: alle zwei Kilometer waren Läufer stationiert, die nach einem Stafettensystem mündliche und durch Knotenschnüre memorierte Nachrichten zur Zentrale und in die Provinzen trugen. Dabei wurden im Laufe eines Tages etwa 230 km bewältigt und gelangte eine Botschaft von Cuzco in vier Tagen zur Küste.

(T. 41 u. r.) Die wirtschaftliche Struktur des Landes war kleinbäuerlich. Die pflanzlichen Grundnahrungsmittel des Mais, der sagoähnliche Körner liefernde Quinoa, der Kartoffel und anderer Knollengewächse wurde schwach durch animalische Nahrung ergänzt, nämlich allenfalls durch die gezüchteten Meerschweinchen. Lama und Alpaka dagegen dienten im wesentlichen als Tragtiere, Wollieferanten und Opfer. Unbekannt waren Zahlungsmittel. Doch im Rahmen des Naturalverkehrs hat der Handel, vor allem der Austausch zwischen Küste und Hochland, seit je eine Rolle gespielt.

Im wirtschaftlichen Geschehen kam der lokalen Markgenossenschaft eine große Bedeutung zu. Ihr gemeinsamer Landbesitz mit periodischer Verteilung der Ackerhufen umfaßte eine gemeinsam genutzte Almende als Weideland und eine Ackerreserve für gemeindliche Aufgaben (Armenpflege und Kult). Diese Ordnung blieb auch unter den Inka bestehen, desgleichen das alte Wasserrecht und die wirtschaftliche Arbeitsteilung der Geschlechter und Altersklassen. Der wichtigste Eingriff der Zentrale in die dörfliche Wirtschaft war die Enteignung von Domanialland zugunsten der Krone und der Priesterschaft. Die spanischen Schriftsteller sprechen also mit Recht von einer Dreiteilung des Dorflandes, nur daß man diese Drittel nicht mathematisch exakt nehmen darf. Neben der Bearbeitung des Domaniallandes wurden die Untertanen zusätzlich durch besondere Arbeitsdienste (als Läufer, Metallarbeiter, Töpfer und anderes mehr) sowie durch die verschiedenartigsten Naturalabgaben belastet, die in die staatlichen Speicher flossen. Völlig ins Eigentum der Krone gingen alle Kokaplantagen und alle Minen über. Entsprechend dem ständischen Aufbau des Inkareiches war die Gesellschaft also alles andere als egalitär. Große Unterschiede walteten in der Ausstattung der verschiedenen Klassen, mehr als zwischen den Individuen. Für einzelne waren auch im Inkareich Aufstiegsmöglichkeiten gegeben, weil über den Stamm an Adeligen hinaus ein steigender Personalbedarf zur Besetzung der sich mehrenden Posten verblieb. Eine der Maßnahmen, die den uniformierenden Eindruck des inkaischen Regimes auflockerten, war die Vergebung von Land aus den Domanialbeständen an verdiente Beamte und Heerführer, die zugleich die dazu benötigte Arbeitskraft als Lehen erhielten. Hier hat die Inkaherrschaft zusätzliches Privateigentum geschaffen. Man hat immer dazu geneigt, die staatssozialistischen Züge des Inkareiches zu überschätzen. Es fehlt auch an solchen Kriterien nicht, vieles aber stellt sich doch mehr als eine fiskalische Maßnahme denn als eine der produktions- oder konsumpolitischen Wirtschaftslenkung heraus. Die kollektiven Züge wurden historisch eher in der stark gemeinwirtschaftlich ausgerichteten Dorfgenossenschaft, der gegenüber man den zentralwirtschaftlichen Charakter der Inka-Herrschaft zwar nicht unterschätzen, aber auch nicht überbewerten darf.

Wie in anderen Herrenkulturen hat auch im Reiche der Ketschua das Zusammenschweißen verschiedener Völker zu einem Synkretismus auf dem Gebiete der Religion geführt: zur einem polytheistischen Pantheon, dessen Insassen wir dabei auch in Ressortgötter für die verschiedenen menschlichen Nöte und Anliegen spezialisiert finden. Gegenüber einer Fülle neuer und durch Aufnahme provinzieller Gottheiten an Zahl ständig wachsender Höherer Wesen trat der alte andine Schöpfergott Viracocha fast im Bewußtsein des Volkes und im Kulte zurück. Als Hausgott der Dynastie und so als Mittelpunkt der Reichsreligion steht Inti, der Sonnengott, im amtlich gepflegten Vordergrund, nebst seiner Gattin, der Mondgottheit Quilla. Vergessen wir auch nicht, daß die verstorbenen Herrscher als inmitten ihres Hofstaates weiterlebend vorgestellt wurden und auf eine göttliche Ebene rückten. Aber übersehen wir dabei nicht, daß ungeachtet dessen für den einfachen Bauern sicherlich die alte Göttin der Erde und Fruchtbarkeit, Pachamama, die bedeutendste Persönlichkeit blieb, die Wohl und Wehe des Landmanns bestimmte. Und nennen wir unter der Vielzahl der anderen Höheren Wesen nur mehr Illapa, den Gott des Gewitters. Alle aufzuzählen, wäre wohl unmöglich, weil die Inka der Sitte folgten, die „Huaka“ der Unterworfenen, sichtbar in ihren Abbildern, in ihr eigenes Pantheon aufzunehmen. Vielleicht der bedeutendste unter diesen vielen lokalen und regionalen Gottheiten war Pachacamac, unter seinem eigentlichen Namen Irma ein alter Gott, der im unteren Lurin-Tal unweit des späteren Lima weissagte und weither von Pilgern besucht wurde. Vereinigt fanden die Spanier das inkaische Pantheon in dem Tempel Coricancha zu Cuzco, wo es an zentraler Stelle eine bildliche Darstellung der wichtigsten Göttersymbole gab. *(T. 61)*

Der Begriff Huaka, den wir eben erwähnten, geht aber über persönlich gedachte Höhere Wesen hinaus. Auch die Sternbilder wurden auf diesen Nenner gebracht, weil man ihren Einfluß auf das Schicksal der Menschen vermutete. Huaka waren auch heilige Quellen als Sitze von Wassergottheiten, Felsen, die als versteinerte Höhere Wesen gedeutet, und Höhlen, die als Eingänge in das Reich Pachamamas und der Toten interpretiert wurden. Und vor allem wurden nicht nur die Leichen der Verstorbenen selber, sondern auch ihre Grabstätten „Huaka" genannt.

Man könnte darüber streiten, ob man zur Förderung der Furchtbarkeit in der Ackerscholle vergrabene Alpakafiguren oder die sich auf Paßübergängen türmenden Steinhaufen (apachita) zu den „Kultmitteln" rechnen soll. Sicher aber waren es das Gebet und das Opfer. Neben Chicha und Koka, den Genußmitteln, nach denen es auch die Götter verlangte, waren Lamas und Meerschweinchen die beliebtesten Opfergegenstände. Aber auch Menschenopfer kamen, wenn auch nicht in dem grausigen Ausmaße wie in Mexiko, vor; ihnen fielen bevorzugt Kinder und Jungfrauen zum Opfer. Die von einem Priester abgenommene Ohrenbeichte befreite von der Schadenswirkung der Sünde, etwa bei Erkrankung eines Angehörigen.

Wie in Mexiko stand der weltlichen Hierarchie in parallelem Aufbau eine vielschichtige Priesterorganisation gegenüber, an ihrer Spitze der Hohepriester, der ein Bruder des Inka war. Zur Befähigung für ihren Einfluß auf die Götter bedurfte es für den Priester vieler Enthaltungen. Vielseitig waren auch seine Aufgaben: die Darbringung der Opfer, Weissagungen (beispielsweise aus Eingeweideschau), Beichte und kultische Tänze. Religiöse Akte begleiteten in einem Monatsrhythmus das Vegetationsjahr, fanden aber auch aus besonderen Anlässen, zum Beispiel bei Dürre oder Erkrankung des Inka, statt. Die gleichfalls in einen kultischen Rahmen gespannte Initiation der adeligen Jünglinge war mit einem mythisch fundierten Wettlauf verbunden.

Die Priester bewahrten und entwickelten in ihrer Eigenschaft als „Hamauta" auch das geistige Erbe. Sie verstanden sich auf den Kalender und wußten aus dem Schatten der Sonnenpfeiler die Tage der Sonnenwenden zu lesen. In ihren Händen lag die Schulung der Adelsjugend und Häuptlingssöhne im „yachahuasi" (Wissenshaus), das dem mexikanischen „calmecatl" entsprach. Von den Hamauta wurden Dichtung und Drama gepflegt, letzteres in den beiden Formen des „wanka", einer Art von dramatisiertem Heldenlied, und des „aranway" mit genrehaftem Gehalt. Und um nur eine ihrer Aufgaben mehr zu nennen, so ruhten in ihren Händen die Quipu. Diese bestanden aus Wollschnüren von verschiedener Farbe und bildeten ganze Archive. Während ein Rechenbrett die eigentlichen Rechenoperationen erleichterte, dienten die Knotenschnüre nur der Bewahrung von Zahlenwerten. *(T. 44 u.)* Sie wurde bewirkt durch Knoten verschiedenen Abstands, der einem Stellenwert nach einem strengen Dezimalsystem entsprach, wobei folgerichtig die Null durch Überspringen der betreffenden Rangstelle zum Ausdrucke kam. Alle erhaltenen Stücke stammen zwar aus Gräbern der Küste (aus denen uns übrigens auch kleine Waagebalken erhalten sind), aber einfache Knotenschnüre sind noch heute bei den Hirten der Anden zur Fixierung der Viehzahl in Gebrauch. Die umstrittene Frage, ob es daneben Formen der Bilderschrift gab, kann bei dem heutigen Wissensstand nicht beantwortet werden. Ihre Bejaher können sich jedenfalls darauf berufen, daß bis auf den heutigen Tag auf Schaf- und Ziegenfelle geschriebene, ja aus Ton geformte hieroglyphische Texte bei den Bauern in Rückzugsgebieten der Anden in Übung sind.

Schluß

Zusammenschau

Eine Zusammenschau des vielgestaltigen und verwickelten Bildes wird an den großen Gemeinsamkeiten der indianischen Hochkulturen ebensowenig vorübergehen wie an der nuancenreichen räumlichen Streuung und dabei ja auch zeitlichen Staffelung ihrer Stile. Gemeinsam war allen amerikanischen Spitzengesittungen nicht nur das, was allen frühen Hochkulturen gemeinsam ist: die Ausgangsplattform einer agrarischen Dorfkultur und die an der Wurzel der hochkulturellen Entfaltung stehende Klassengesellschaft mit Folgeerscheinungen wie Ständestaat, Stadtkultur, um vieles andere, wie die Entfaltung des Kunsthandwerks, nicht zu wiederholen. Übereinstimmend sind vielmehr auch die großen Phasen des geschichtlichen Ablaufs – mit einer „formativen" Epoche des ersten vorchristlichen Jahrtausends, der „klassischen" Zeit des ersten Jahrtausends unserer Ära mit einem theokratischen Zug und der dritten, „nachklassigen" Periode, die zur Säkularisierung und schließlich zur Reichsbildung neigt.

Ohne die im vorigen gegebenen Zeitansätze hier erneut vorzutragen (vgl. auch die Zeittafel), gebietet sich aber ein allgemeiner Hinweis zur amerikanischen Chronologie. Es ist nämlich im vorhergehenden schon einer gewissen Heraufdatierung Rechnung getragen worden, die sich aus den seit 1948 angefallenen Daten der Radiokarbonmethode ergeben hat. Ihre Zeitbestimmungen zeigen zwar für Amerika keine einheitliche Tendenz, vorwiegend aber führen sie zu einer höheren Altersbestimmung, als vordem angenommen wurde. Aus der Fülle der Daten seien im mexikanischen Raum die Angabe 1456 ± 250 v. Chr. (Tlatilco) genannt. An der nordperuanischen Küste ist nach dieser Methode eine präkeramische Pflanzerkultur um 2348 ± 230 v. Chr. und die erste Töpferware 1225 ± 125 nachweisbar. Chavíneinfluß ist hier um 715 ± 200 greifbar. Für die „klassische" Phase der Hochkulturen seien die Beispielszahlen 112 ± 190 n. Chr. für die Mochica und 307 v. Chr. für die Nekropolis von Paracas genannt, während die Daten von Nazca von 261 vor bis 636 ± 250 n. Chr. reichen. Ein Datum aus der Glanzperiode (III) des Monte Albán von 298 unserer Zeit mag einleuchten, während eine Datierung der parallelen Blüte von Teotihuacan auf 1474 ± 230 v. Chr. offenbar unzutreffend ist. *Willley* weist mit Recht darauf hin, daß nicht alle Ergebnisse der neuen Methode untereinander vereinbar sind, daß aber rund achtzig Prozent der Daten miteinander und mit den anderweitig erschlossenen Zeitbestimmungen konkordieren. Im großen gesehen, hat Radiokarbon die „formative" Phase auf das 1. Jahrtausend v. Chr. fixiert und die Blüte der frühen Hochkulturen gegenüber der noch vor kurzem angenommenen Spanne von 300–900 m rund 300 Jahre heraufdatiert. Die Zuverlässigkeit der Methode wird noch diskutiert; auch stehen der erstrebten Exaktheit die beträchtlichen Toleranzen (Plusminuswerte) entgegen. Man kann nach dem heutigen Stande sagen, daß der Altertumskundler die angefallenen Daten weder unkritisch übernehmen noch an diesem wichtigen Zugang zu einer absoluten Chronologie vorbeigehen kann.

Es ist aber auch zu beherzigen, daß nicht alle indianischen Herrenkulturen auf dem gleichen Niveau des akkumulierenden Fortschrittes lagen und daß auch nach Wertgebieten die Akzente ungleich verteilt waren. Die Metallurgie (mit der Erfindung der Bronze) war ebenso ein Schwerpunkt der andinen Kulturen wie Weberei, Bewässerungen und Terrassierungen; der Verwaltungsaufbau und die Wirtschaftslenkung der Inka sind in Amerika unerreicht. Besonderheiten des nördlichen Andenraumes stellen der Guß in verlorener Form und die Goldkupferlegierung Tumbaga dar; und in der Grabarchitektur steht mehr noch als Peru Kolumbien obenan. Andererseits sind die Knotenschnüre der Peruaner in keiner Weise mit den Zahlensystemen, der Bilderschrift, mit der Entwicklung des Kalenders und der Chronologie vergleichbar, die ihren unbestrittenen Höhepunkt in Mesoamerika haben (das Zwanzigersystem und der Zyklus von 52 Jahren finden in den Anden kein Gegenstück). In Mittelamerika ist die Stufenpyramide aufgekommen, und hier kulminiert auch die Ornamentierung der Bauten; ein bevorzugtes Material war die Jade, und eine Besonderheit Mesoamerikas stellt das kultische Ballspiel dar.

Die Spielbreite der Erscheinungen wirkt noch plastischer, wenn man sie auf dem wechselnden Hintergrunde der geographischen Umwelt sieht. Den Hochlandskulturen der Aimara, der Ketschua, auch der Muisca und der Mexikaner der Mesa Central stehen kontrastreich gegenüber die Taloasen der peruanischen Küstenwüste und der tropische Regenwald der alten Maya-Kultur. Auch die Frage nach dem landschaftlichen Mutterboden der indianischen Hochkulturen ist darum nicht einheitlich zu beantworten. In Südamerika glauben wir zwar, ihn in andinen Ruinenstätten wie Chavín de Huántar zu fassen; die Wiege der Maya-Kultur lag aber ebenso im tropischen Tiefland wie die der Olmeken, die allen mexikanischen Hochkulturen Pate gestanden hat.

Die ungeachtet aller Verschiedenheiten doch auffallenden Entsprechungen durch die großen Phasen hindurch sind dabei ein kräftiges Argument für alte Beziehungen zwischen den einzelnen Standorten der hochkulturellen Entfaltung, die man sich ja nicht in einer *splendid isolation* vorstellen darf.

Kontinentale und interkontinentale Wege

Ein solcher Austausch verband beispielsweise auch die mexikanischen Völkerschaften mit denen des südwestlichen und südöstlichen Nordamerika, Beziehungen, die früher nur im Sinne von Ausstrahlungen aus dem Mexikanischen heraus gesehen wurden. Dies gilt wohl für Bereicherungen, die von Süden her zu den fortgeschritteneren Stämmen der sogenannten Südwestkultur (Hohokam-Pueblo-Kultur, siehe Einleitung) strömten und von denen wir neben der frühzeitlichen Übernahme des Maisanbaus und der Töpferei nur auf das Ballspiel verweisen wollen. Anders die Beziehungen zwischen Mexiko und dem Südosten des Kontinents, dem Gebiet, das von der atlantischen Küste, den großen Seen und dem Mississippi begrenzt wird. Die hier lebenden Stämme hatten, ehe die europäische Landnahme ihre Entwicklung abbrach, schon eine der Hochkultur nahe Stufe erreicht. Nach *Krickeberg* ist in den Beziehungen zwischen diesen Stämmen und den Völkern von Mexiko der Südosten in älterer Zeit der gebende Partner gewesen; möglicherweise rühren von diesen Völkerschaften u. a. die Formen des Pfeil- und des Kampfopfers her. Erst in einer späteren Zeit nahm umgekehrt der Südosten Errungenschaften der mexikanischen Völker an, worauf so eindeutige Dinge weisen wie die Errichtung von Plattform-Mounds.

Alte Beziehungen bestanden aber auch zwischen den Kulturen Mittel- und Südamerikas. Sie spielten sich im wesentlichen nicht über die Landbrücke des Isthmus, sondern auf dem Seewege ab. Der frühere zeitliche Auftakt der andinen Kulturen und die nur hier entwickelten Seeverkehrsmittel (mit Masten und Segeln ausgestattete Balsaboote) legen es nahe, daß die Peruaner die Anreger dieser Kontakte waren. Ein 1526 von den Spaniern vor der Küste von Ekuador aufgegriffenes und auf der Fahrt nach Norden befindliches Handelsboot der Chimú führte die folgenden Waren mit: Gold- und Silberschmucke, die typischen schwarzen Tongefäße der späten nordperuanischen Küste, Kleidungsstoffe aus Lama- und Baumwolle, Spiegel und Farbstoffe. Umschlagplätze für diese Güter des Südens waren sowohl das Cuevaland auf dem Isthmus von Panama wie die mexikanische Westküste. Neben keramischen Einflüssen (man denke an die Doppelgefäße oder den Steigbügelhenkel) ging vom Andenland vor allem die Befruchtung der Metalltechnik aus; das älteste Importstück in Mesoamerika hat den Stil von Chavín, das jüngste den des späten Chimú. Und wem drängt sich nicht der Vergleich der Wandreliefs von Chan-Chan mit denen von Mitla auf? Dagegen muß man bei den Schachtgräbern des mexikanischen Westens an unmittelbare Einflüsse aus Kolumbien denken. Einfallstor nach Südamerika war wahrscheinlich die Bucht von Guayaquil. Schwerer greifbar ist das, was außer den roten Muschelschalen von Spondylus princeps denn eigentlich aus Mittelamerika nach Peru geliefert wurde. Freilich drängt sich bei manchen Tonfiguren der Küste von Ekuador der Stilvergleich mit den Maya auf, so wie auch manche parallelen Züge der Höheren Wesen, Riten und Mythologeme der mittleren Anden an mesoamerikanische Völker erinnern.

Neben Wanderungen und Entlehnungen innerhalb der indianischen Welt wird auch der Austausch mit anderen Erdteilen viel diskutiert. Das Problem ist genauso alt wie die Entdeckung Amerikas, denn schon die spanischen Konquistadoren haben auf dem Boden der Neuen Welt nach den verlorenen Stämmen Israels und geradezu buchstäblich nach den Fußspuren der Apostel gesucht. Unbestritten ist heute, daß die ältesten Gesittungen ihren Weg vom nordöstlichen Asien bis nach Alaska nahmen. Darüber hinaus aber wird eine spätere unmittelbare Ausstrahlung ost- und süd-ostasiatischer Völker nach Amerika durch eine breite Fülle frappanter Entsprechungen immer zwingender nahegelegt und für eine weite zeitliche Spanne, die vom neolithischen Horizont bis zu den reifen Herrenkulturen geht.

Freilich fehlen auch entscheidende Errungenschaften der Alten Welt in Amerika. Eurasiens Haustiere und Kulturpflanzen, Rad, Wagen und Pflug, Töpferscheibe und Blasebalg, Glas, Eisen (trotz vorhandenem Rohstoff), Saiteninstrumente und echtes Gewölbe sind ihre wichtigsten. Diese Fehlerscheinungen beweisen doch wohl eine weitgehend unabhängige Entwicklung der amerikanischen Völker und schließen die globale Übernahme irgendeiner altweltlichen Gesittung aus. Ihnen stehen jedoch so zahlreiche Entsprechungen auf den verschiedensten Gebieten des Lebens gegenüber, daß sie nicht mit Wahrscheinlichkeit als selbständige Parallelbildungen interpretiert werden können.

Auf die Gemeinsamkeiten der Kalenderrechnung zwischen China, Siam und Java einerseits, Mesoamerika andererseits, nämlich die Bildung höherer Einheiten vermittels sich überkragender ungleich langer Zahlen- und Zeichenreihen hat bereits *Gräbner* aufmerksam gemacht, und *Hentze* hat auf Elemente der Mythologie, des Rituals und der Formensprache des neolithischen China (15. bis 3. Jahrundert v. Chr.) verwiesen, die sich in Amerika wiederfinden. Ihre präziseste Auswertung hat die Interpretation solcher Parallelen durch *Heine-Geldern* und *Ekholm* gefunden. Die Erfindung der Bronze, der Guß in verlorener Form, die Ikat und Batik genannten Färbetechniken von Geweben, die Stufenpyramide und andere Bauelemente, die kultische und administrative Orientierung nach den mit Farben gekoppelten Kardinalpunkten, die Wichtigkeit der Zahl 4, Thron, Schirm und Sänfte als Hoheitssymbole sind die bedeutendsten Parallelen, die wir aus zahlreichen weiteren Übereinstimmungen der Technik und Kunst, des Rituals und Symbols, der Priesterordnung und Staatsverwaltung herausgreifen, deren bloße Erklärung durch Konvergenz schon zur Unwahrscheinlichkeit wird. Einflüsse, die von den südchinesischen Küstenstaaten Wu und Jüeh ausgingen und sich in Südamerika zuerst in der Chavínperiode niederschlugen, unterscheidet *Heine-Geldern* von späteren Ausstrahlungen der Dongson-Kultur Hinterindiens, die von 333 vor bis in die Mitte des 1. Jahrtausends n. Chr. reichten. Beide gingen sowohl nach Süd- wie Mittelamerika. Was letzteres anbetrifft, dürften indes besonders intensive Beziehungen zwischen Kambodscha und den Maya bestanden haben, die in das 7. bis 10., vielleicht bis in das 12. Jahrhundert n. Chr. datierbar sind. Das hätte freilich mit der *Entstehung* der Hochkulturen nichts mehr zu tun, und es befremdet immerhin, daß dieser ferne Kontinent in alten chinesischen Quellen gar keine Rolle spielt. *Heine-Geldern* hat sich auch eingehend mit den technischen Möglichkeiten der transpazifischen Einflüsse, also mit der ost- und südostasiatischen Hochseeschiffahrt, befaßt und ist den Motiven dieser Fahrten nachgegangen, die wesentlich missionarisch gewesen seien, aber Gold, Jade und Federn auch nicht links liegen ließen. Er nimmt ganze Einwanderergruppen an, die zwar in der einheimischen Bevölkerung aufgingen, sie aber tief beeinflußt hätten, wobei es auch an Frauen nicht fehlte, wie er aus den Entlehnungen auf dem Gebiete der Webetechnik ablesen will.

Ausmaß und Tragweite dieser Einflüsse müssen noch abgewogen werden. Dann erst wird sich beantworten lassen, ob man den Impuls zur ganzen hochkulturellen Entfaltung auf äußeren Anstoß zurückführen muß oder gerade die entscheidenden gesellschaftlichen Parallelen als Folgevorgänge aus übereinstimmenden Voraussetzungen, also als Konvergenz, deuten kann. Die Sprunghaftigkeit im Auftreten der indianischen Herrenkulturen ist kein Argument für einen Import des hochkulturellen Impulses; denn dieses Unvermittelte haben sie mit allen anderen großen Umbrüchen in der Menschheitsgeschichte gemein. Im Zuge solcher Erörterungen ist auch die längst vergessen gewähnte Frage nach transatlantischen Beziehungen zwischen dem Mediterraneum und Mesoamerika wieder gestellt worden, wenn eine Landbrücke im Atlantik auch nur zu tertiären Zeiten bestand, als es noch keine Menschen in Amerika gab. Einer solchen Hypothese blieb der Beweis bis heute ebenso wie dem Versuch versagt, eine Auswanderung küstenperuanischer Seefahrer nach den polynesischen Inseln glaubhaft zu machen.

Diese These Thor Heyerdahls steht im Widerspruch zu unwiderleglichen Tataschen. Einmal bilden die polynesischen Idiome eine gemeinsame Sprachfamilie mit den malaiischen Sprachen in Südostasien. Ferner sind nicht die Indianer, wohl aber die polynesischen Wikinger hochseetüchtige Seefahrer gewesen. Die Besiedlungsgeschichte der polynesischen Inseln durch ihre aus Südostasien ausgeströmten historischen Bewohner ist zudem teilweise sogar in absoluter Chronologie von Insel zu Insel verfolgbar. Und was die „Parallelen“ zwischen Tiahuanaco und etwa der Osterinsel betrifft, so beschränken sie sich einfach auf das Vorkommen monolithischer Steinskulptur. Auch die von Heyerdahl aufgesuchten Inseln haben keine Spur von der uns ausgezeichnet bekannten Kultur der peruanischen Küstenvölker ans Licht gebracht, und es ist vollkommen abwegig anzunehmen, diese allein mit der See vertrauten Bewohner Amerikas hätten statt ihrer eigenen liebenswürdigerweise Kulturelemente der Hochlandvölker über den Pazifik gefahren. Durchaus wahrscheinlich ist es dagegen, daß umgekehrt polynesische Fahrten an die Küste von Südamerika führten, die wir aber historisch nicht nachweisen können und deren Einfluß in jedem Falle geringer gewesen ist als die ost- und südostasiatischen Ausstrahlungen.

Unabhängig von allen solchen Beziehungsfragen gilt, daß die Herren- und Hochkultur auch in Amerika, wie in den anderen Kontinenten, in kultureller und völkischer Überschichtung wurzelte. Mit der den frühen Hochkulturen innewohnenden tragischen Ambivalenz war der wirtschaftlich-technische und künstlerisch-geistige Fortschritt über die primitiven Horizonte hinaus mit dem Aufkommen der Ständegesellschaft und der Ausbeutung des Menschen verbunden. Aller Kulturfortschritt entbehrte dabei in Amerika all jener fördernden Voraussetzungen, deren Fehlen wir oben in Erinnerung brachten und die den Völkern der Alten Welt auf ihrem Wege zur Seite standen. An Stelle des altweltlichen Bauerntums ist eine Dorfkultur von Pflanzern das „Substrat“, und der Vorgang der Überschichtung hat sich als „Superstrat“ von Jägern (zum Beispiel den Nahua) oder Pflanzern (zum Beispiel den Ketschua) über Pflanzern abgespielt. Es erklärt sich hieraus die starke Beharrung tiefkultureller Züge, zum Beispiel der dem Kannibalismus entwachsenen Menschenopfer und der neben dem Religiösen noch alle Bereiche durchdringenden mythisch-symbolischen Sicht. Den Hochkulturen der Indianer hat es zwar nicht an herrschaftlichem Gepräge, wohl aber noch an einer den altweltlichen Leistungen die Waage haltenden Entfaltung der von verstandesmäßiger Durchdringung vorangetriebenen Bereiche der denkerischen Weltbeherrschung gefehlt.

Zeittafel ausgewählter Vergleichsdaten aus der Geschichte der Mexikaner und Maya sowie aus dem mittleren Andengebiet

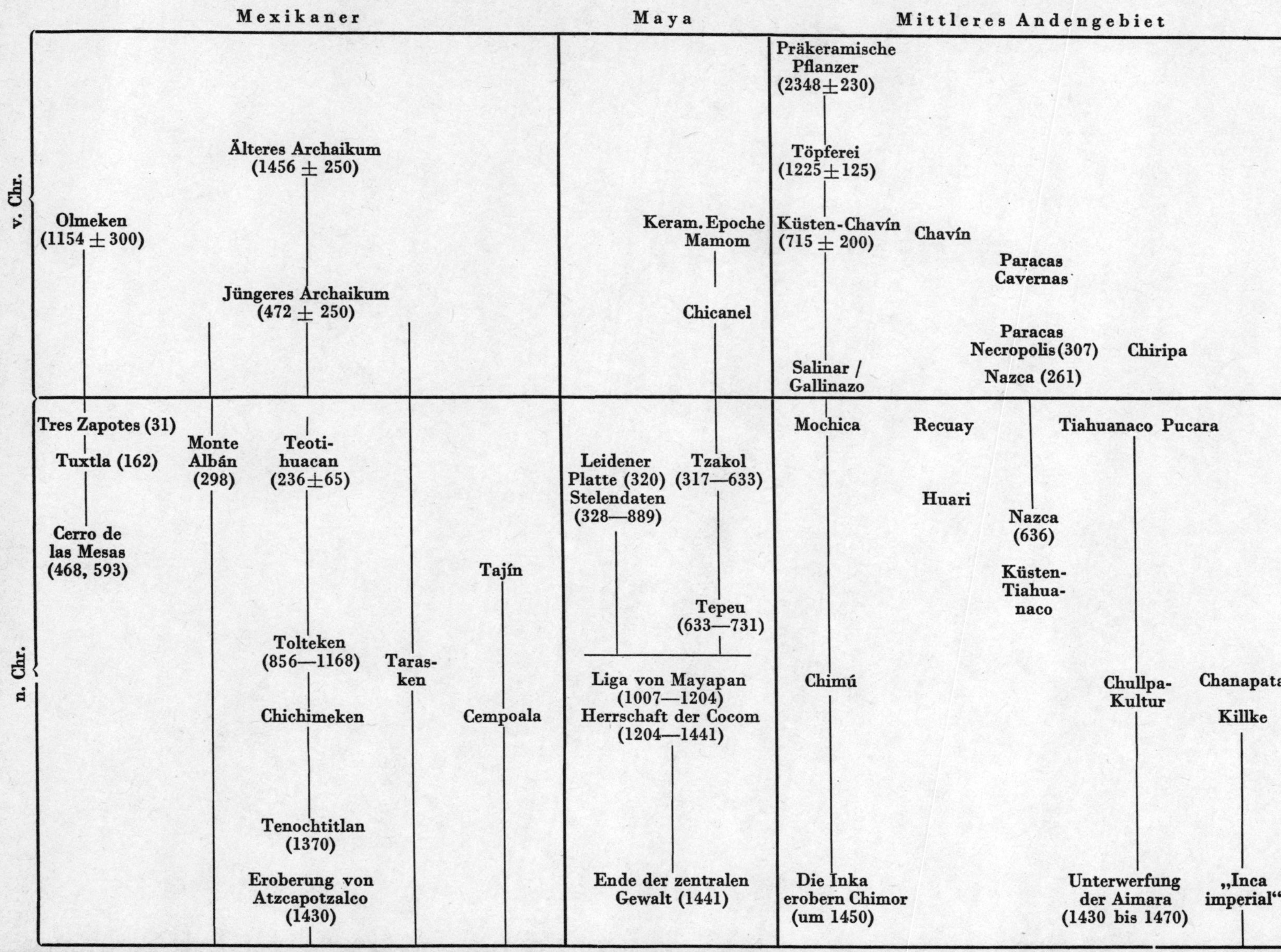

Abbildungen

Erläuterungen zu den Abbildungen siehe Seite 191 ff.

Blick zur südlichen Plattform (Monte Alban)

Noch nicht gedeutete Darstellungen (Tänzer oder Kranker), Monte Alban

Noch nicht gedeutete Darstellungen (Tänzer oder Kranker), Monte Alban

Gottheit in Grab Nr. 7 (Monte Alban)

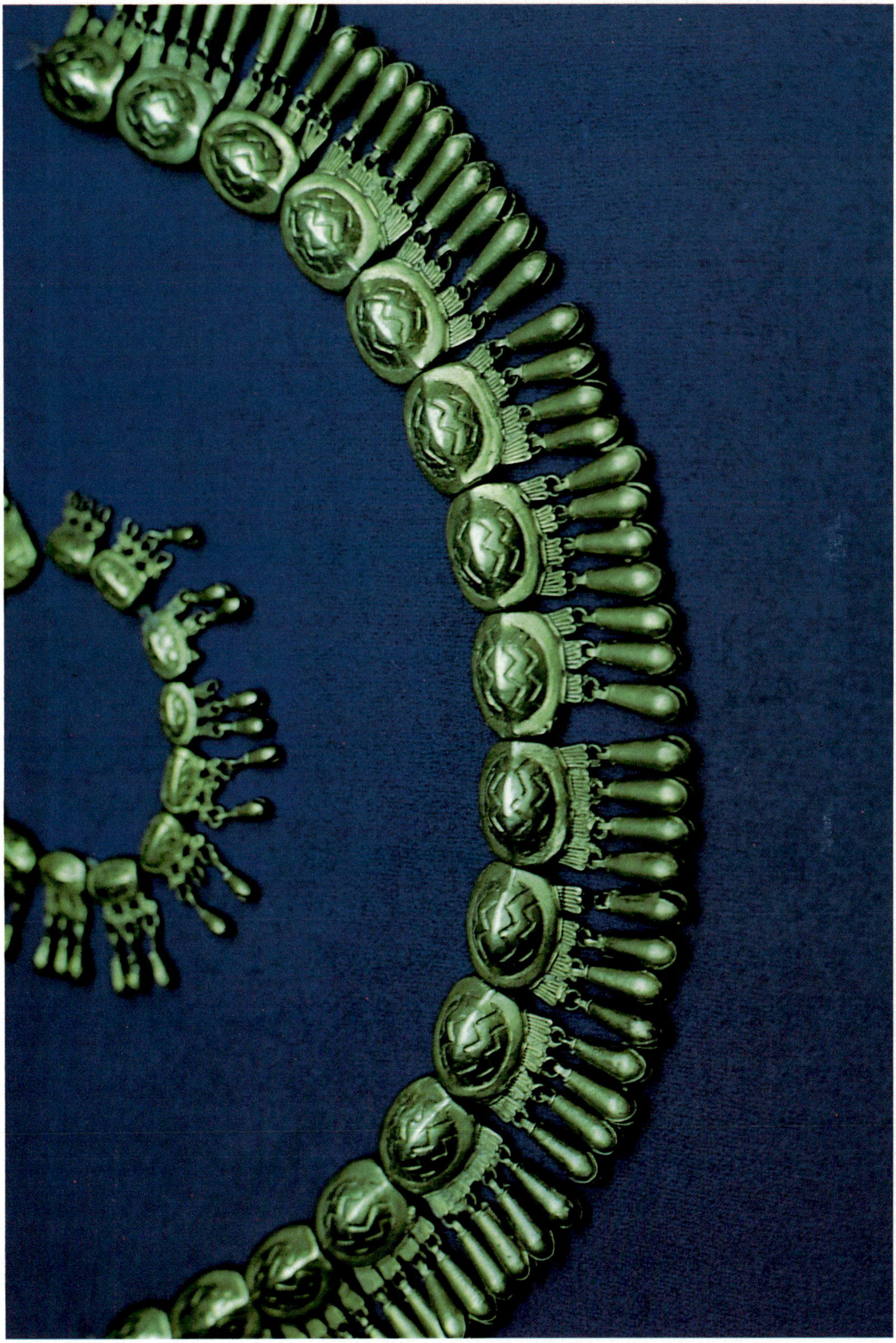

Funde aus dem Grab Nr. 7 von Monte Alban

Funde aus dem Grab Nr. 7 von Monte Alban

Funde aus dem Grab Nr. 7 von Monte Alban

Sonnenpyramide in Teotihuacan

Blick von der Mondpyramide in Teotihuacan

Tafel 10

Mauerverzierungen in Mäander/Rautenform (Mitla)

Mauerverzierungen in Mäander/Rautenform (Mitla)

Mauerverzierungen in Mäander/Rautenform (Mitla)

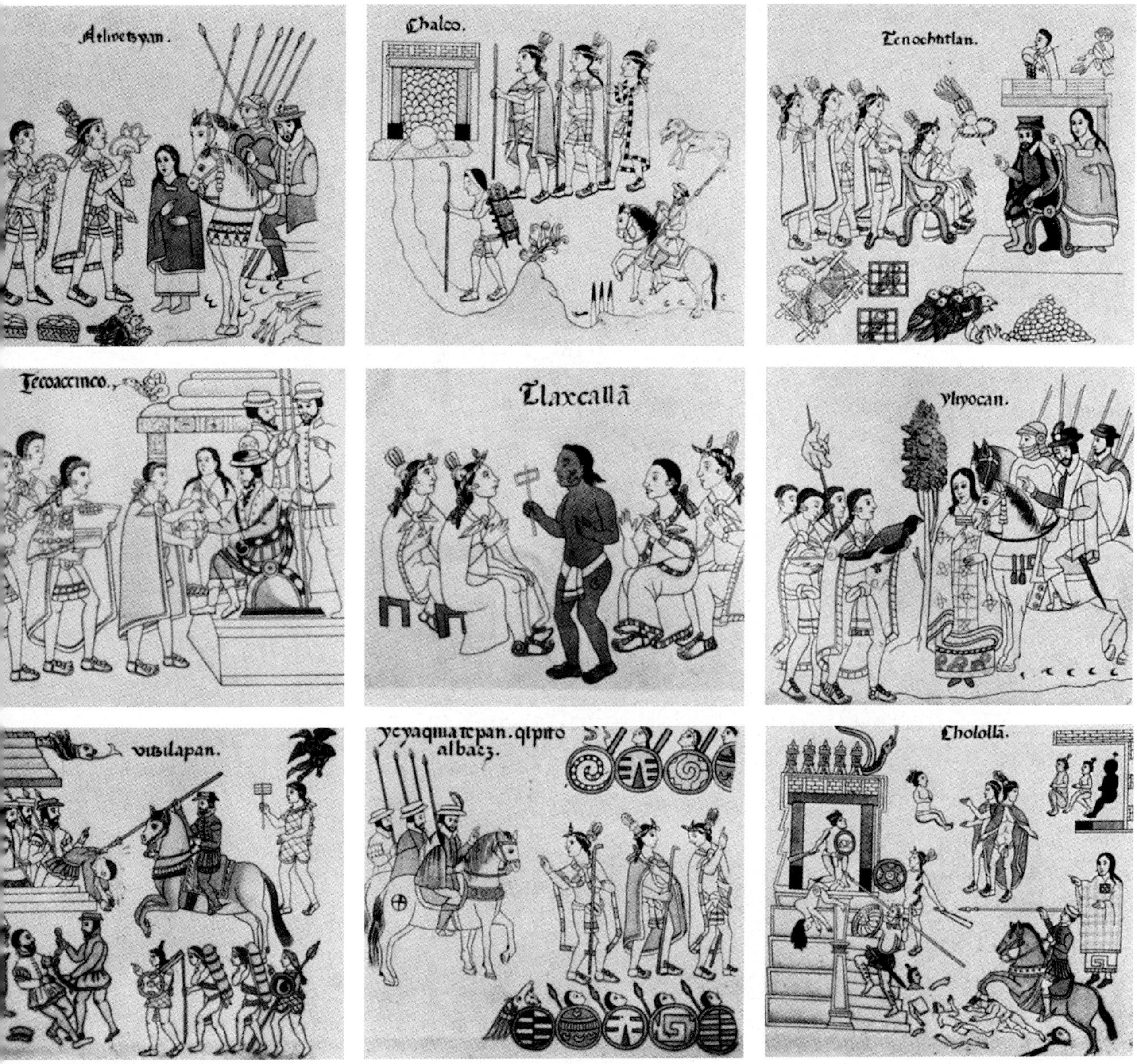

Frühkoloniale Darstellung der spanischen Conquista aus dem „Lienzo de Tlaxcala“

Darstellung des „Fliegerspiel"
Mastes und des Pfeilopfers
aus dem „Codex Porfirio Di

Darstellung des Herzopfers
und der Kasteiung
aus einem Madrider Manuskri

Trachtenbilder einer Taraskin (rechts) und eines mexikanischen Hochlandindianers (links) aus einem Madrider Manuskript

Zapotekisches Figurengefäß (Maisgott) aus Oaxaca

Totonakische Steinplastik, „Palma“

Aztekische Steinplastik
der Regengöttin Chalchiuhtlicue

Geschnitzte hölzerne Trommel aus dem Hochland von Mexiko

Inkrustiertes aztekisches Opfermesser (Hochland von Mexiko)

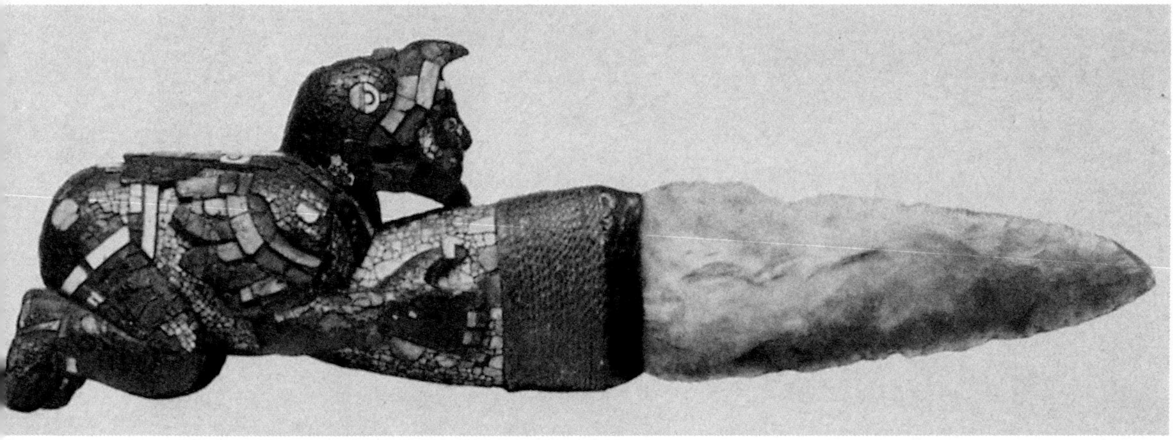

Maya-Plastik des Maisgottes aus Copán (Honduras)

Altmexikanischer Federschild mit der Darstellung des Coyote

Wandgemälde in der Maya-Stadt Bonampak (Chiapas)

Blick auf den Palacio in Palenque

Tempel der Inschriften in Palenque

Kreuztempel, Hügeltempel, Sonnentempel in Palenque

Flachrelief (Würdenträger) in Palenque

Flachrelief (Würdenträger) in Palenque

Wahrsagerpyramide in Uxmal

Blick auf den Gouverneurspalast, Große Pyramide, Schildkrötenhaus und Ballspielplatz (Uxmal)

Tafel 30

Nonnenviereck (Uxmal)

Venustempel (Uxmal)

Chacmaske (Regengott der Maya)

Gouverneurspalast in Uxmal

Altperuanisches Totentuch, Wollgewebe im Paracas-Nekropolis-Stil

Fuchskopf in Goldkupferlegierung, Treibarbeit der Mochica
(nördliche Küste Perus)

Göttergaben der Tolteken an den Regengott Tlaloc in der Höhle von Balancanche (bei Chichen Itza)

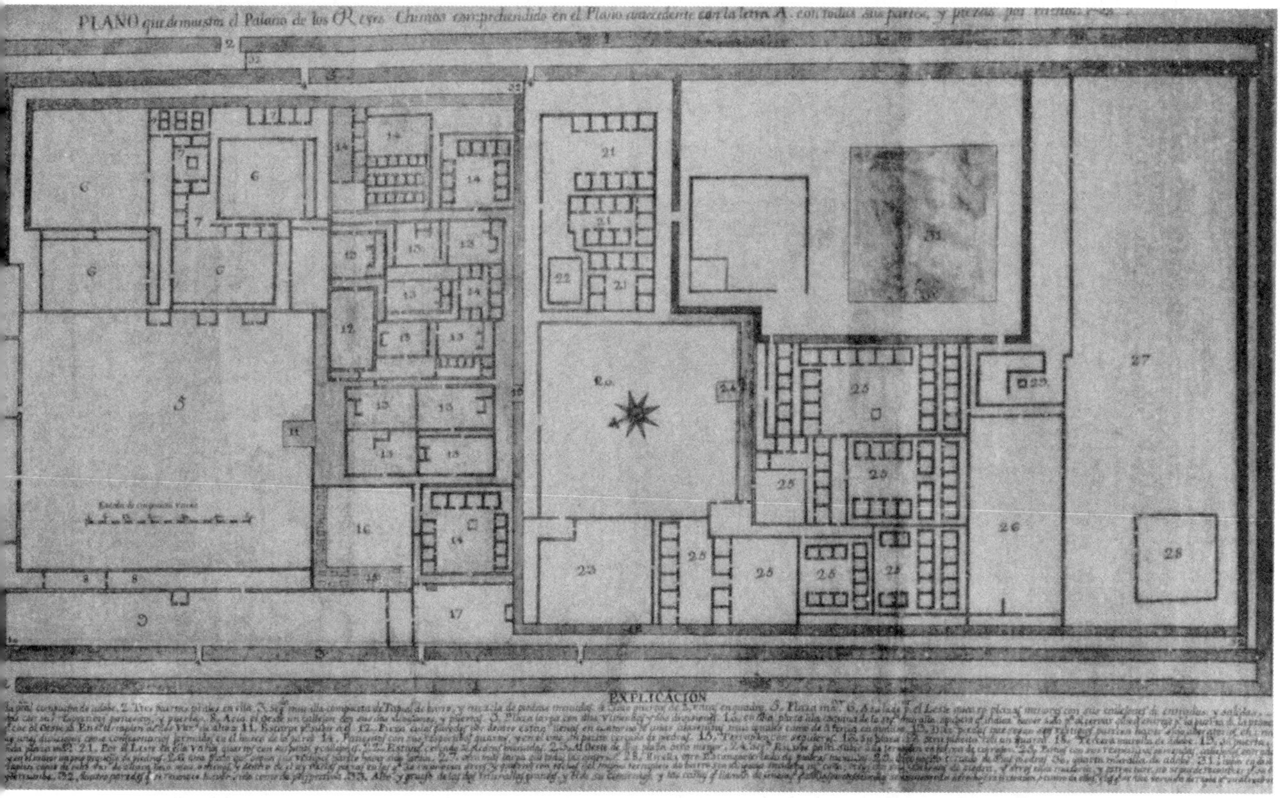

Oben: Rekonstruktionsversuch von „Piedras Negras" (Guatemala)
Unten: Teilplan der Chimú-Stadt Chan-Chan bei Trujillo (Peru)
aus Baltasar Jaime Martínez Compañón

Darstellungen aus dem Maya-Codex „Tro-Cortesianus“

Eine Seite aus dem Maya-Codex „Tro-Cortesianus“

Reliefierte Stele aus Santa Lucía Cozumalhuapa (Guatemala)

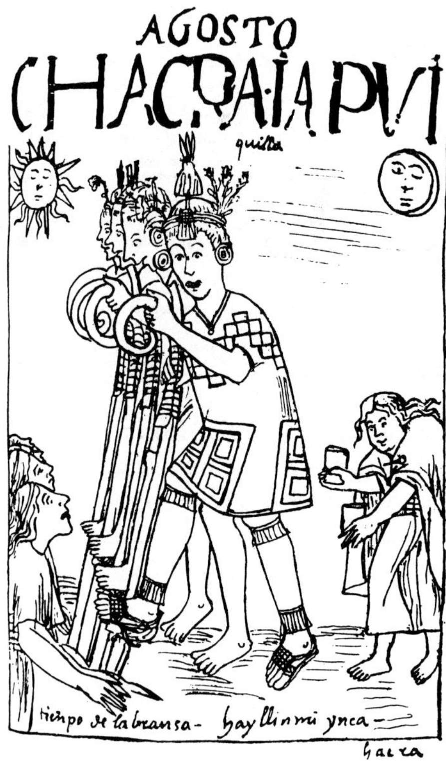

Darstellungen indianischer Persönlichkeiten und Kultur in der peruanischen Bilderchronik des Felipe Guanam Poma de Ayala

Tafel 42

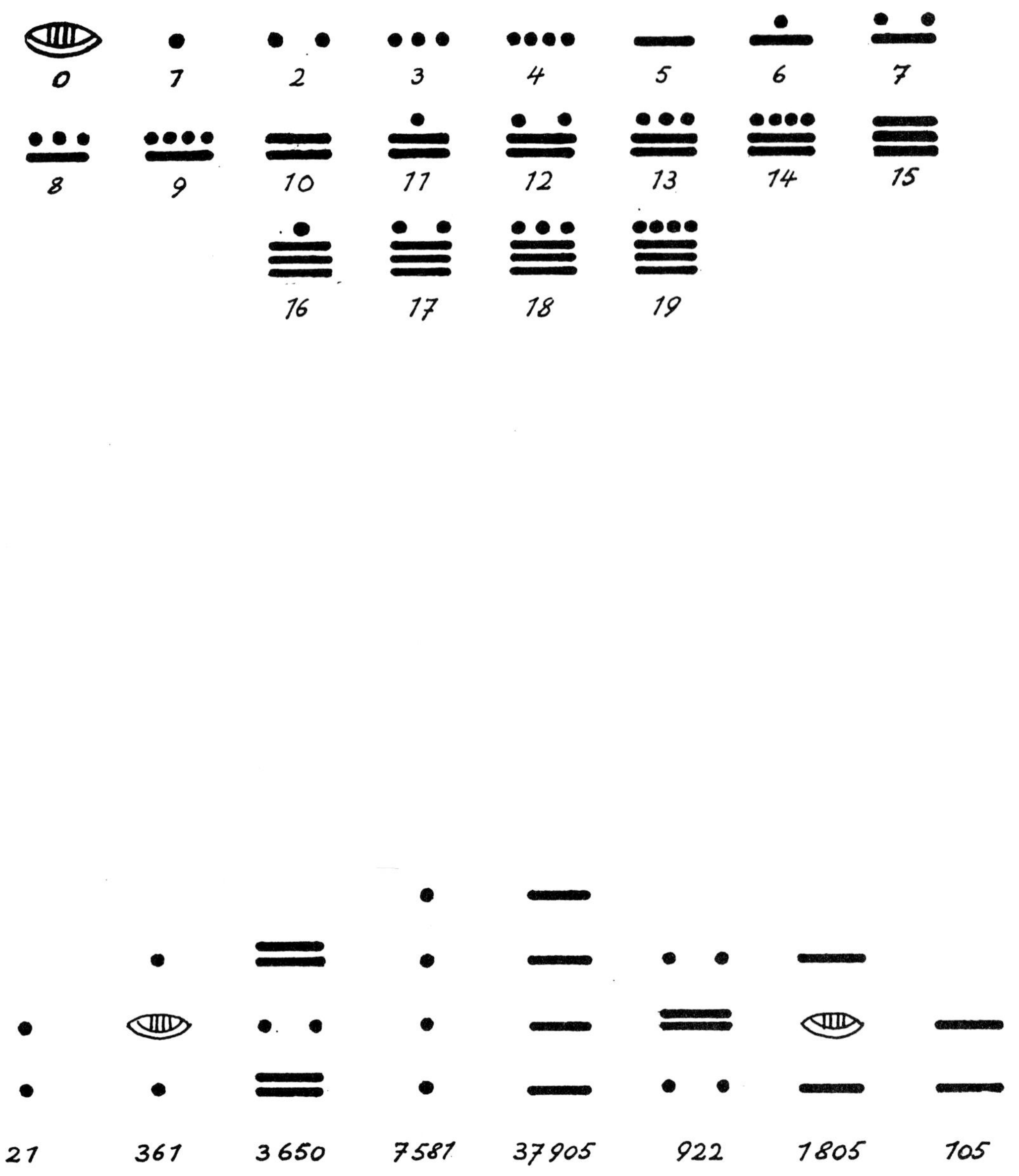

Zahlenschreibung der Maya.
Oben: Die Zahlen von 0–19; unten: Beispiele für die Anwendung des Stellenwerts und der Null.

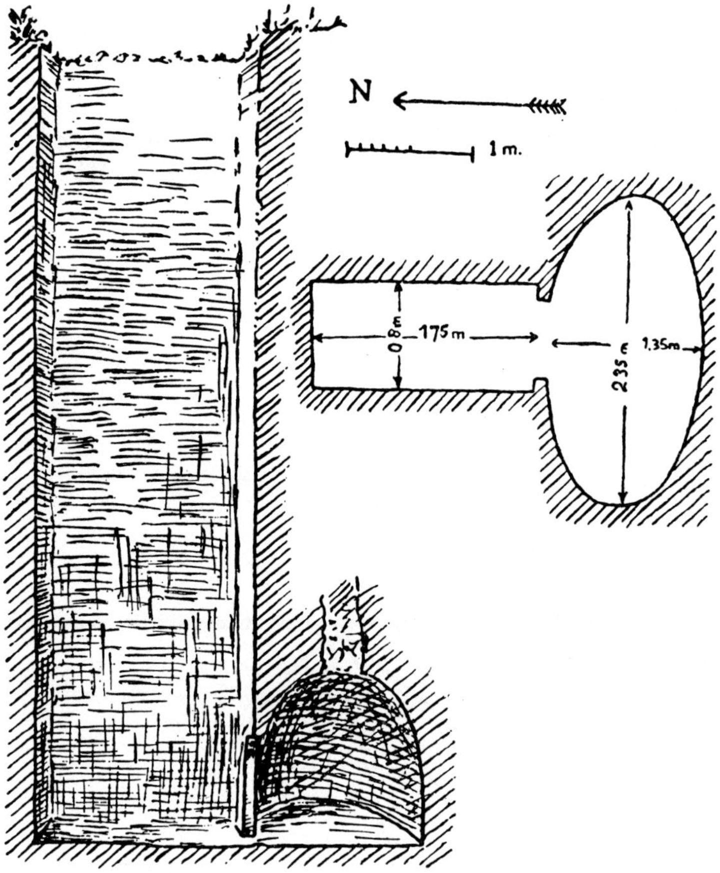

Kolumbianische Grabarchitektur.
Oben: Schema eines Schachtkammergrabes im Caucatal; unten: Beispielhafter Grundriß und Schnitt durch den Schacht bei den Grabkammern von Tierradentro.

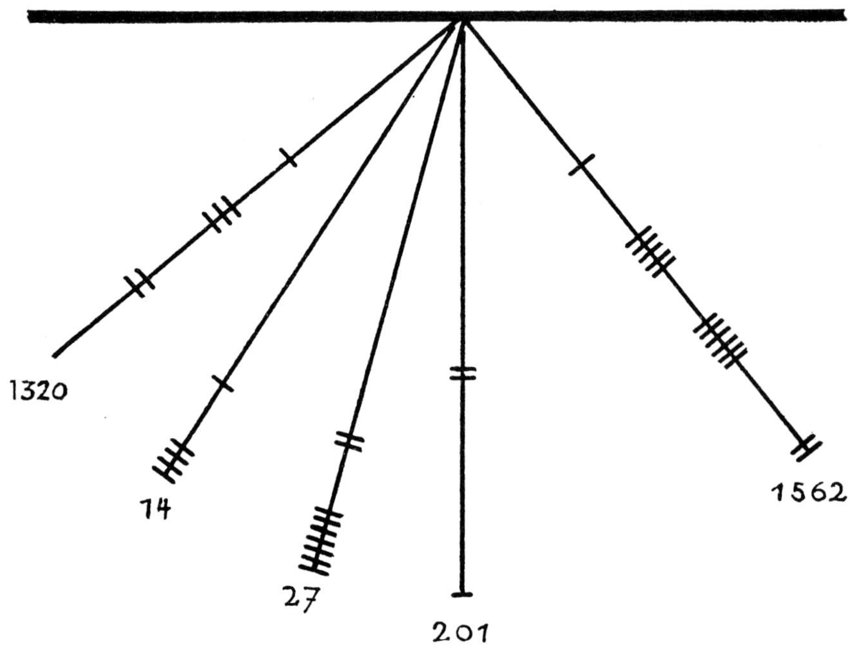

Oben: Der Frosch als dekoratives Motiv der Keramik im kolumbianischen Caucatal.
Unten: Schema einer peruanischen Knotenschnur.

24 m hohe Pyramide mit Kastell in Chichen Itza

Chichen Itza

Chichen Itza

Kriegertempel und Tausendsäulenkomplex (Chichen Itza)

Roter Steinjaguar im Inneren der Kastellpyramide

Chac Mol

Flachrelief mit Darstellung Toltekischer Krieger

Flachrelief mit Darstellung Toltekischer Krieger

Schlangenpfeiler in Chichen Itza

Ballspielszene

Blick auf das Observatorium und die Kastellpyramide in Chichen Itza

Nischenpyramide von El Tajín

Nischenpyramide von El Tajin

Ballspielrelief mit Hinrichtung eines Spielers

Blick auf den nur teilweise ausgegrabenen Komplex von El Tajin

Freilegung einer kleinen Pyramide in El Tajin

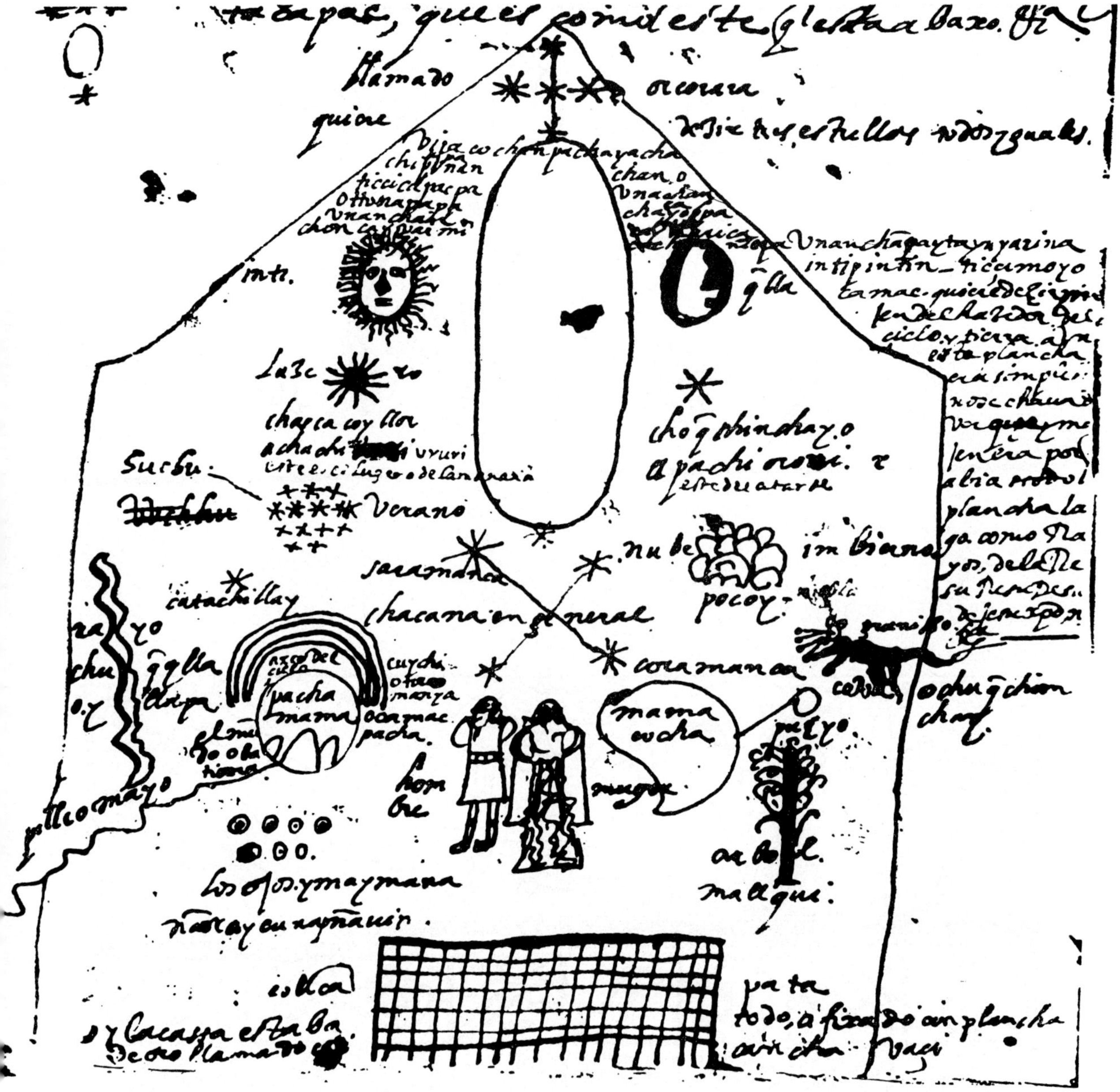

Darstellung im inkaischen Tempel Coricancha in Cuzco, nach Juan de Santa Cruz Pachacuti Yamqui Salcamayhua.

Abwicklungen peruanischer Holzbecher (kero).

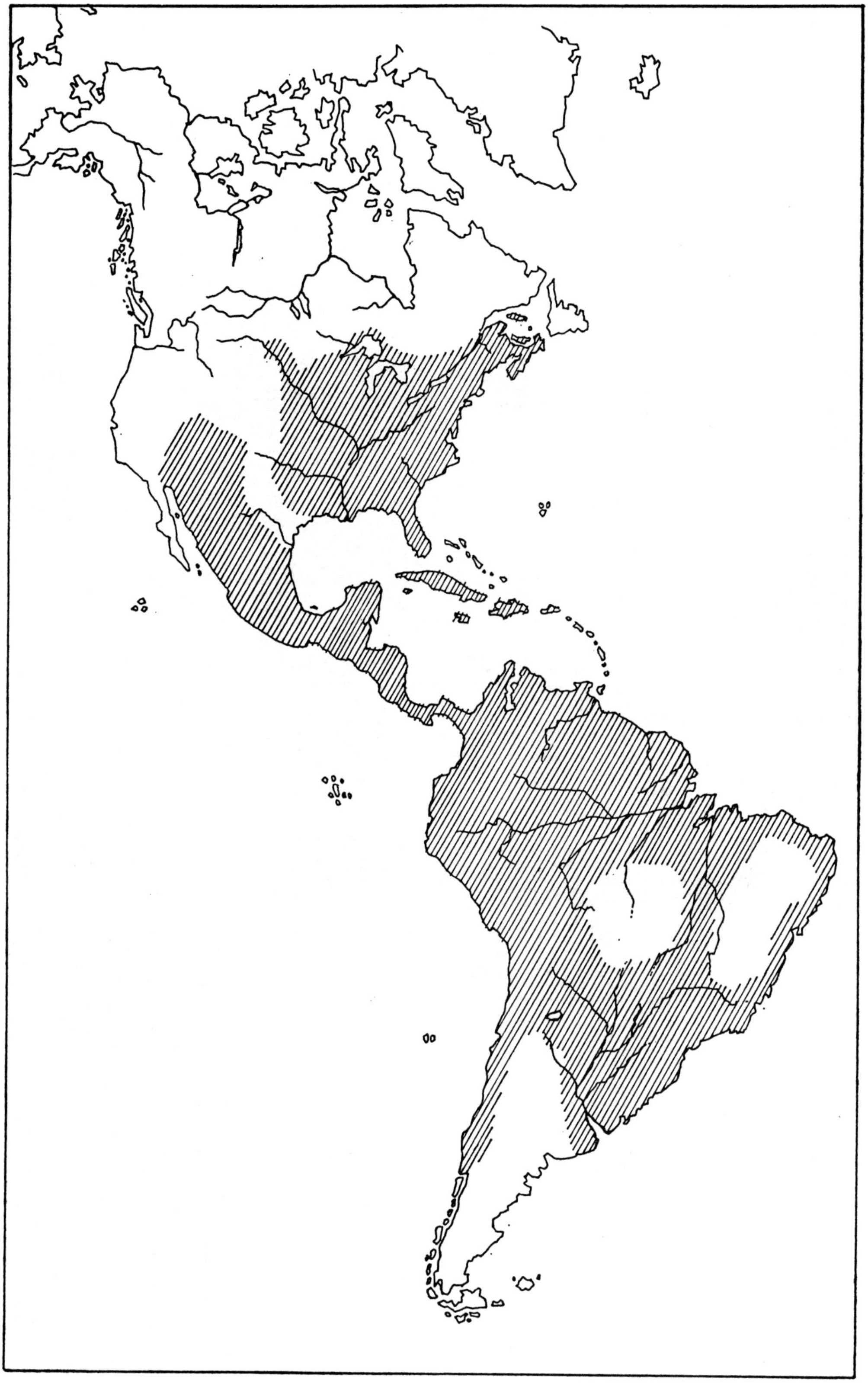

Die Verbreitung des Bodenbaus in vorkolumbischer Zeit.

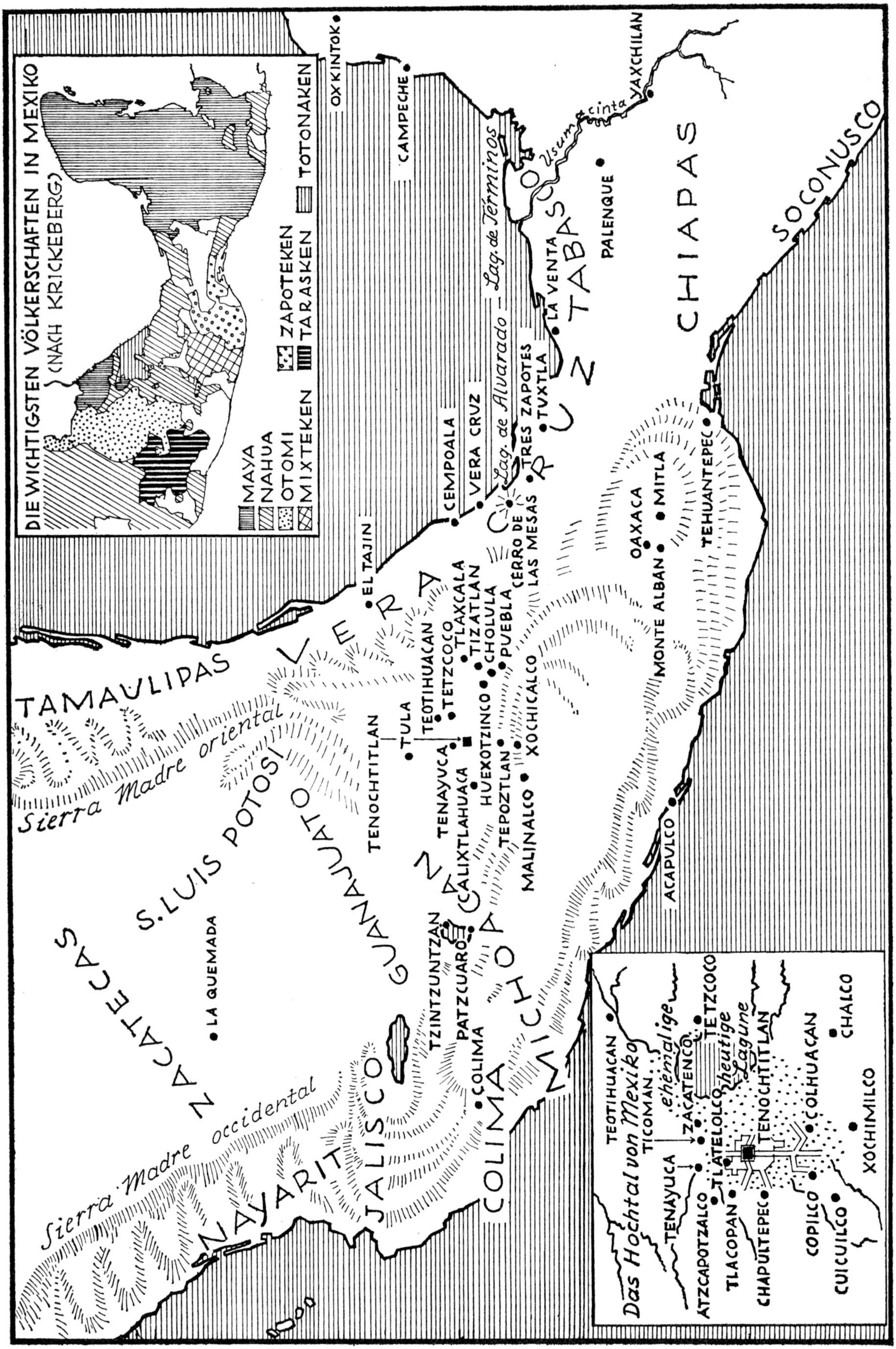
DIE WICHTIGSTEN VÖLKERSCHAFTEN IN MEXIKO
(NACH KRICKEBERG)
MAYA
NAHUA
OTOMI
MIXTEKEN
ZAPOTEKEN
TARASKEN
TOTONAKEN
TAMAULIPAS
Sierra Madre oriental
S. LUIS POTOSI
ZACATECAS
LA QUEMADA
GUANAJUATO
Sierra Madre occidental
NAYARIT
JALISCO
COLIMA
MICHOACAN
PUEBLA
VERA CRUZ
TABASCO
CHIAPAS
SOCONUSCO
OX KINTOK
CAMPECHE
YAXCHILAN
Usumacinta
Lag. de Terminos
PALENQUE
LA VENTA
Lag. de Alvarado
TRES ZAPOTES
TUXTLA
CEMPOALA
EL TAJIN
CERRO DE LAS MESAS
TLAXCALA
TIZATLAN
CHOLULA
TEOTIHUACAN
TETZCOCO
TULA
TENOCHTITLAN
TENAYUCA
CALIXTLAHUACA
HUEXOTZINCO
TEPOZTLAN
XOCHICALCO
MALINALCO
TZINTZUNTZAN
PATZCUARO
OAXACA
MITLA
MONTE ALBAN
TEHUANTEPEC
ACAPULCO
Das Hochtal von Mexiko
TICOMAN
ehemalige
heutige
Lagune
ZACATENCO
TLATELOLCO
TENOCHTITLAN
COLHUACAN
CHALCO
XOCHIMILCO
ATZCAPOTZALCO
TLACOPAN
CHAPULTEPEC
COPILCO
CUICUILCO

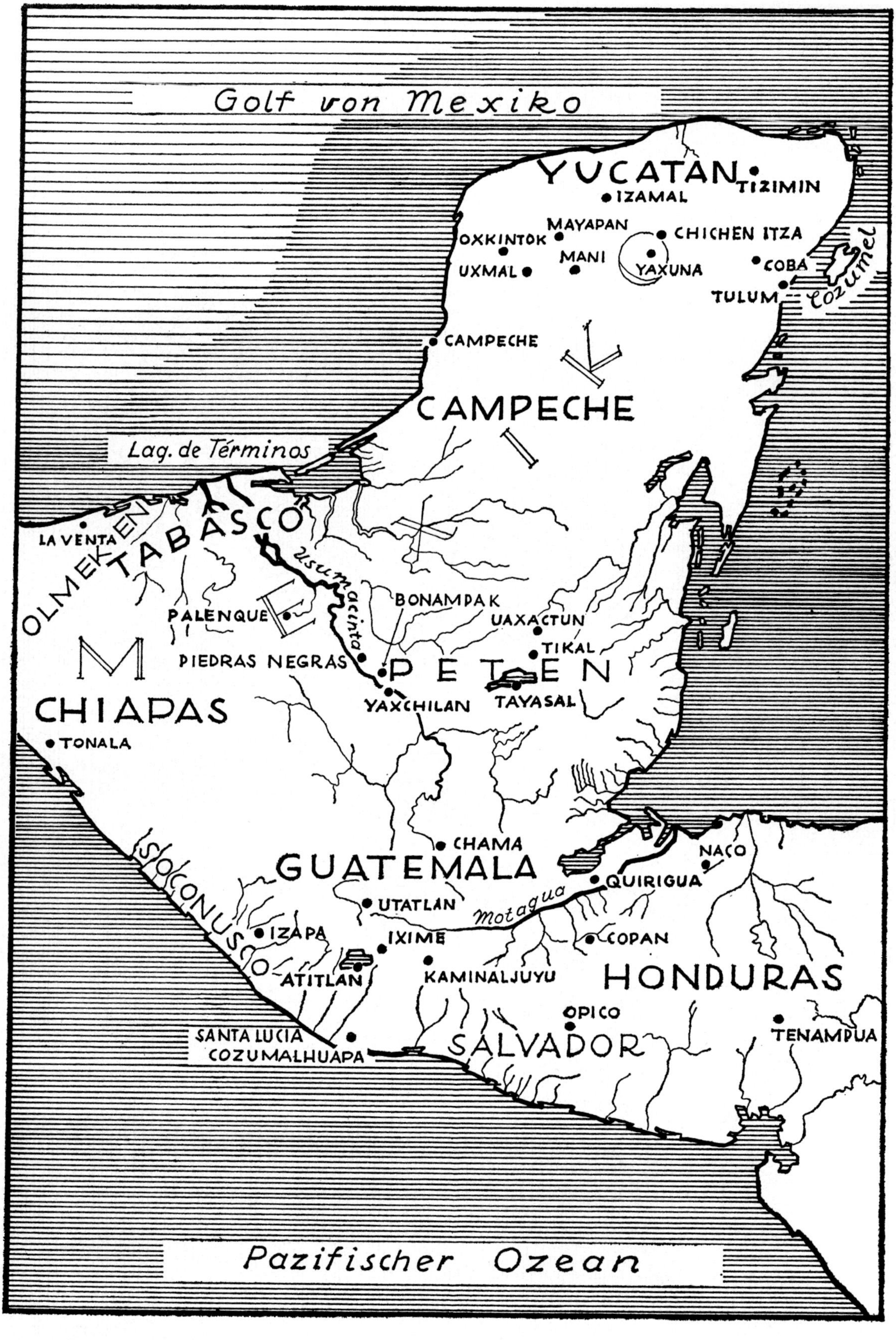

Das Maya-Land

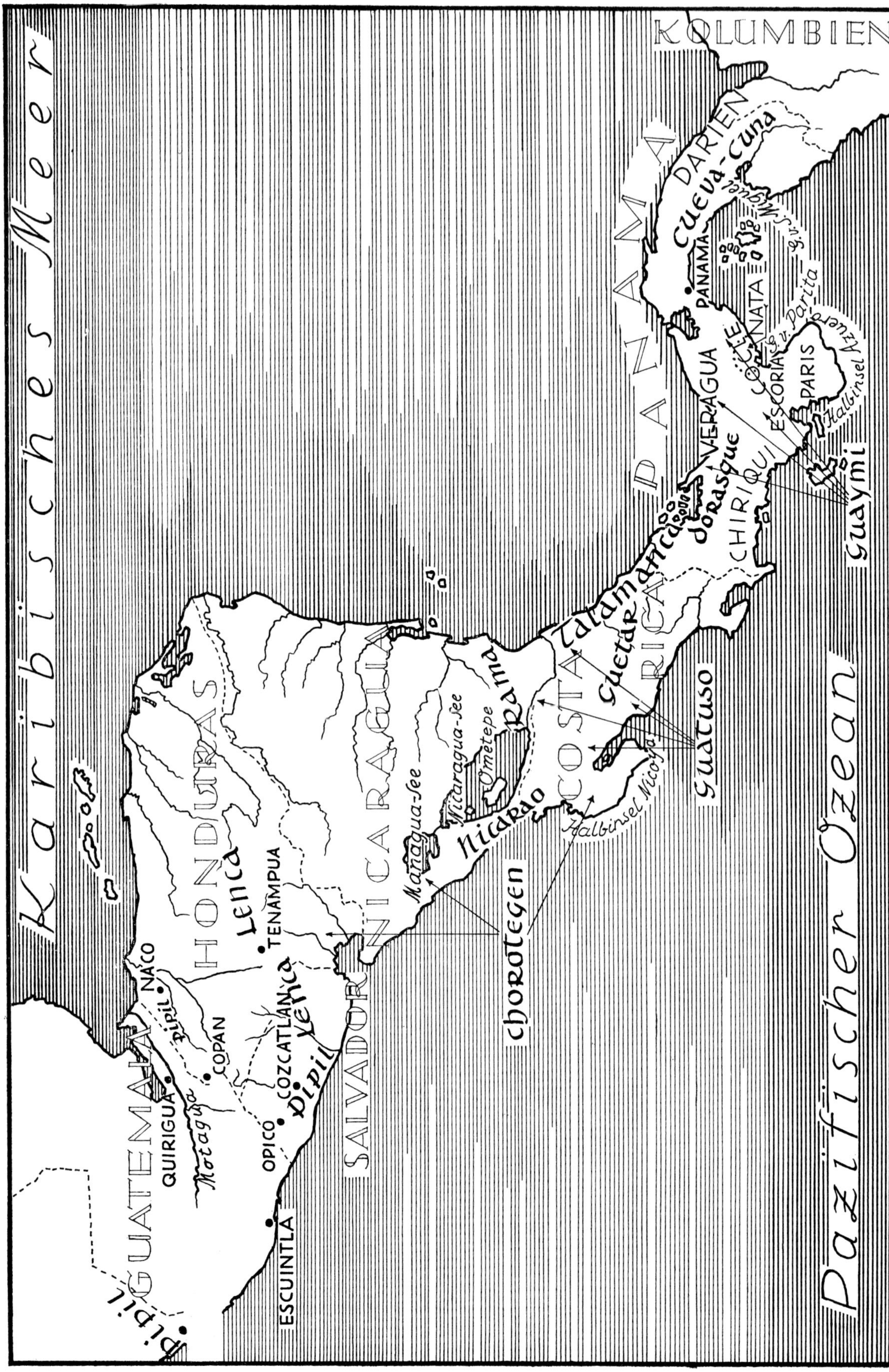
Karibisches Meer
KOLUMBIEN
DARIEN
Cueva-Cuna
PANAMA
PANAMÁ
NATA
COCLE
G. v. Parita
PARIS
Halbinsel Azuero
ESCORIA
VERAGUA
CHIRIQUI
Dorasque
Guaymi
Talamanca
Guetar
COSTA RICA
Guatuso
Rama
Nicaragua-See
Ometepe
Nicarao
Halbinsel Nicoya
Managua-See
NICARAGUA
Chorotegen
HONDURAS
Lenca
TENAMPUA
NACO
Pipil
COPAN
COZCATLAN
Lenca
Pipil
SALVADOR
OPICO
QUIRIGUA
GUATEMALA
Motagua
ESCUINTLA
Pipil
Pazifischer Ozean

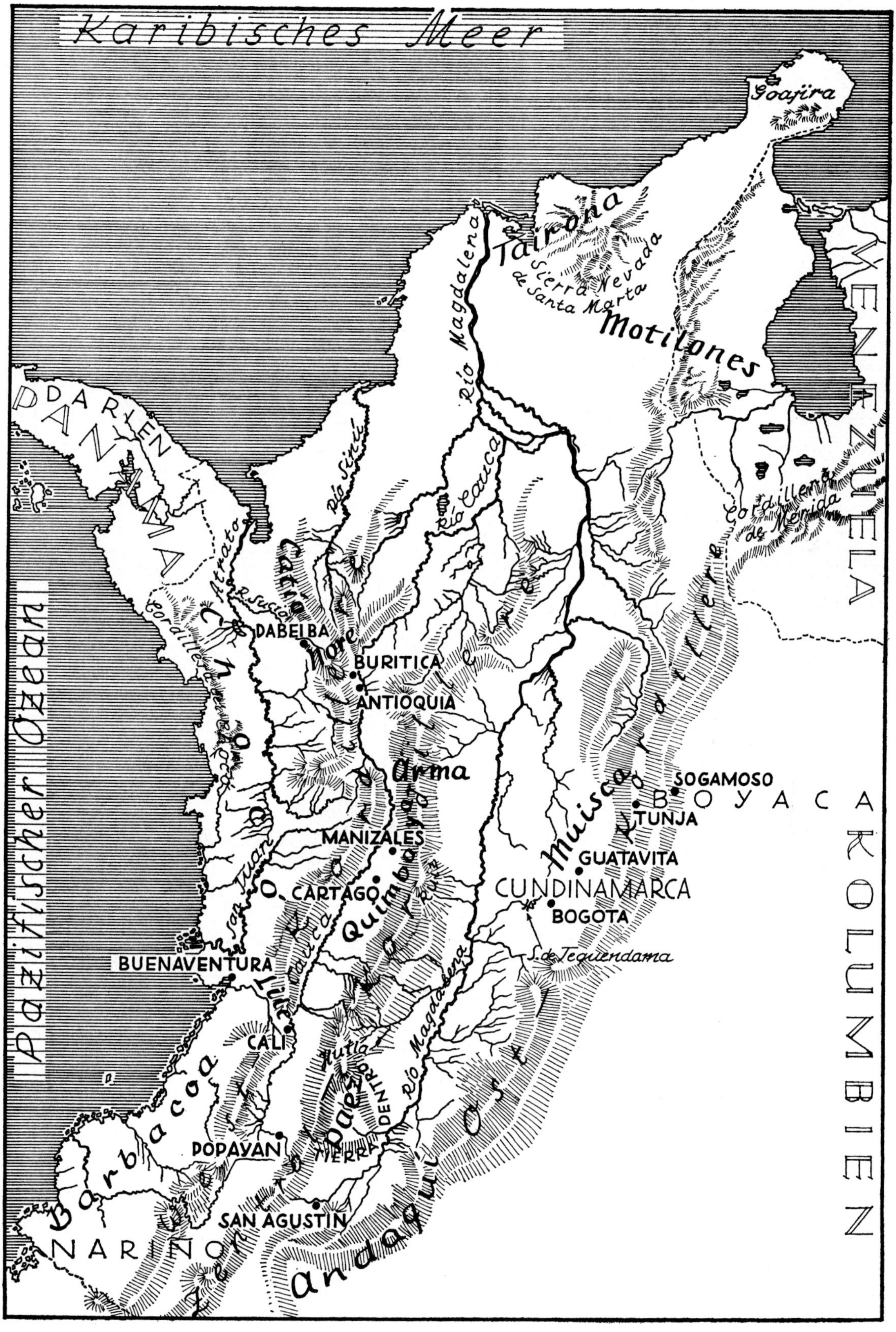

Der nördliche Andenraum

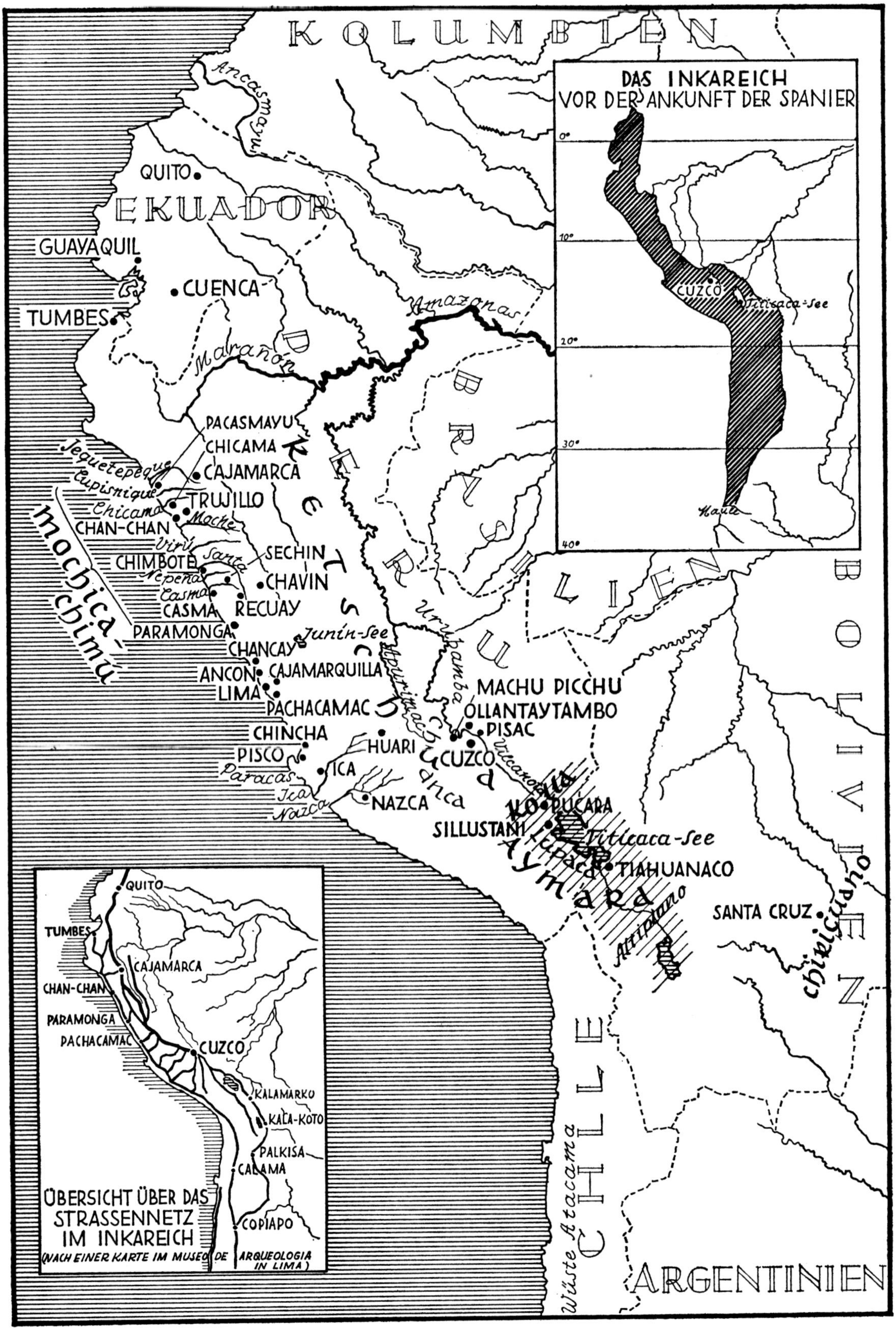
KOLUMBIEN
DAS INKAREICH
VOR DER ANKUNFT DER SPANIER
CUZCO
Titicaca-See
Maule
Ancasmayu
QUITO
EKUADOR
GUAYAQUIL
CUENCA
TUMBES
Amazonas
Marañon
PERU
BRASILIEN
KETSCHUA
PACASMAYU
CHICAMA
CAJAMARCA
Jequetepeque
Cupisnique
TRUJILLO
Chicama
Moche
CHAN-CHAN
Virú
SECHIN
CHIMBOTE
Santa
Nepeña
CHAVIN
Casma
CASMA
RECUAY
mochica-chimú
PARAMONGA
Junín-See
CHANCAY
ANCON
CAJAMARQUILLA
LIMA
PACHACAMAC
Urubamba
Apurimac
MACHU PICCHU
OLLANTAYTAMBO
PISAC
CHINCHA
HUARI
CUZCO
PISCO
Paracas
ICA
Ica
Nazca
NAZCA
Chanca
Vilcanota
KOLLA
PUCARA
SILLUSTANI
Titicaca-See
Lupaca
TIAHUANACO
Aymará
Altiplano
SANTA CRUZ
chiriguano
BOLIVIEN
QUITO
TUMBES
CAJAMARCA
CHAN-CHAN
PARAMONGA
PACHACAMAC
CUZCO
KALAMARKO
KALA-KOTO
PALKISA
CALAMA
COPIAPO
ÜBERSICHT ÜBER DAS
STRASSENNETZ
IM INKAREICH
(NACH EINER KARTE IM MUSEO DE ARQUEOLOGIA IN LIMA)
CHILE
Wüste Atacama
ARGENTINIEN

Alt-Peru

Erläuterungen
und
Quellennachweise

Erläuterungen und Quellennachweise der Tafeln

T. 1 bis T. 7 Monte Alban bei Oaxaca in Mexiko. Zapotekisch. Aufnahmen Birgitt Rebner, Pforzheim/SVS Archiv 1985. Kultischer Ballspielplatz mit schräg ansteigenden Wänden. Zapotekische Pyramide „M“ mit abwechselnd senkrechten und geböschten Absätzen am Treppenaufgang. Funde im Grab Nr. 7 im Museum von Oaxaca.

T. 8 u. T. 9 Der Ciudadela genannte Kultkomplex in der Ruinenstätte Teotihuacan in Mexiko. Der von einem Terrassengeviert umgebene Binnenhof schließt eine Baugruppe ein, deren Freilegung die Überbauung einer älteren mit einer davorgesetzten jüngeren Pyramide ergeben hat. (Sonnenpyramide u. Mondpyramide).

Die Details der sogenannten „Quetzalcoatl“-Fassade im Binnenhof der Ciudadela von Teotihuacan sind mit der abwechselnden Darstellung der stilisierten Symbole des Regengotts (als gefiederte Schlange) und einer Maisgottheit verziert.

Aufnahmen Birgitt Rebner, Pforzheim/SVS Archiv 1985.

T. 10 bis T. 12 Teilansicht der Fassade des zapotekischen „Palacio de las grecas“ in Mitla (Oaxaca) mit ihren durch horizontale Steingesimse unterteilten Friesen aus mit geometrischen Motiven skulptierten Steinplatten. Aufnahmen Birgitt Rebner, Pforzheim/SVS Archiv 1985.

T. 13 Darstellungen aus dem „Lienzo de Tlaxcala“ mit Szenen aus der Eroberung Mexikos in tlaxcaltekischer Sicht. In der rechten oberen Ecke beispielsweise eine Unterredung des von seiner Dolmetscherin Marina unterstützten Cortés mit Moctezuma II., mit darunter abgebildeten Gastgeschenken. Die Bilderfolge der nach einem im Madrider Museo de América vorhandenen Negativ angefertigten Photographie entspricht nicht dem Original.

Die Reproduktionen stammen von einer Kopie der noch im vorigen Jahrhundert vorhandenen, aber inzwischen verlorenen Handschrift, die 1892 von der Junta Columbina in México in den „Antigüedades Mexicanas“ veröffentlicht wurde.

T. 14 Oben: Darstellung des Fliegerspielmastes (links) und des Pfeilopfers (rechts) nach dem Codex Porfirio Díaz. Das aus Hirschleder gefertigte und beiderseitig bemalte Faltbuch ist 4,70 m lang und jedes Einzelblatt 16 cm hoch. Unsere nach einem Negativ im Madrider Museo de América angefertigte Photographie geht auf die 1892 von der Junta Colombina in México in den „Antiguedades Mexicanas“ veröffentlichte Kopie der Handschrift zurück. (SVS Archiv 1983)

Unten: Darstellung des Herzopfers (durch Öffnung der Brust über dem kegelförmigen Opferstein) vor einer auf einer Tempelpyramide sitzenden Todesgottheit (oben) und sich durch Durchstechen von Zunge und Ohr kasteiender Personen (unten). Photographie auf Grund eines im Madrider Museo de América vorhandenen Negativs nach einer in Madrid aufbewahrten Handschrift. (SVS Archiv 1983)

T. 15 Darstellungen einer Taraskin mit lang herabfallendem gestreiftem Gewand (rechts) und eines mexikanischen Hochlandindianers mit Ledersandalen und über der Schulter geknotetem Obergewand (links). Photographie auf Grund eines im Madrider Museo de América vorhandenen Negativs nach einer in Madrid aufbewahrten Handschrift. (SVS Archiv 1983)

T. 16 Zapotekisches Figurengefäß, das den Maisgott darstellt. Die Tonplastik ist gelbgrau und bei einer Breite von 35,5 cm 37,5 cm hoch. – Fundort: Oaxaca (Mexiko). – Museum für Völkerkunde zu Berlin (Inv.-Nr. IV Ca 35 275). Photo: Walter Steinkopf.

T. 17 Sogenannte „Palma“, figürlich skulpturierte totonakische Plastik aus grobkörnigem, hartem und hellgrauem Stein. Die größte Länge beträgt 46 cm, die größte Breite 26 cm. Fundort: unbekannt. – Museo de América, Madrid. Photographie des Museums.

T. 18 Vorder- und Rückseite einer aztekischen Steinplastik der Regengöttin Chalchiuhtlicue. Mit einer Höhe von 36 cm und einer Breite von 22 cm in rötlich-grauem körnigem Stein ausgeführt. – Fundort unbekannt. – Museo de América, Madrid. Photographie des Museums.

T. 19 Oben: Geschnitzte hölzerne Trommel aus dem Hochland von Mexiko. Farbe: hellbraun. Das Stück ist 35,5 cm lang und 11 cm hoch. – Fundort unbekannt. – Museum für Völkerkunde zu Berlin. Photo des Museums für Völkerkunde in München.

Unten: Aztekisches Opfermesser aus dem mexikanischen Hochland. Die gräulich-braune Klinge besteht aus Chalzedon, der hölzerne Handgriff in Form eines „Adler-Ritters“ ist mit Türkis, Malachit, roter und weißer Muschel polychrom inkrustiert. Das Stück ist 30,2 cm lang. – British Museum, London. Photographie des Museums.

T. 20 Kalkstein-Plastik des „Mais-Gottes“, 91 cm hoch, von grauer Farbe. Spuren von grüner Farbe im Kopfschmuck und Reste von roter Farbe am Halsschmuck beweisen ursprüngliche Bemalung. – Späte klassische

Periode der Maya-Kultur (etwa 765 n. Chr.). Fundort: aus der Westmauer des Tempels 22 in Copán (Honduras). – British Museum, London. Photographie des Museums./SVS Archiv 1983.

T. 21 Altmexikanischer Federschild mit einem Durchmesser von 75 cm. Die aus Vogelfedern zusammengefügten Bilder haben als Untergrund eine doppelte Lage eines mattenartigen Geflechts mit Ledereinfassung und mit versteifenden Stäben und Ledergriff auf der Rückseite. Die Vorderseite dieses Geflechts ist mit Papier überzogen und mit Federfahnen beklebt; die Bilder haben Einfassungen aus dünnem Goldblech, der Rand besteht aus roten Federn des Löffelreihers. Dargestellt ist ein Coyote (Steppenwolf), der ein Kriegslied singt. – Herkunft: unbekannt. Das Stück taucht erstmals im Jahre 1596 im Inventar des Schlosses Ambras bei Innsbruck auf. – Museum für Völkerkunde, Wien, Aufnahme des Museums/SVS Archiv 1983.

T. 22 In Freskotechnik ausgeführte Wandgemälde in der Maya-Stadt Bonampak (Chiapas, Mexiko). Die sich in den drei Kammern eines der Tempel befindlichen Bilder wurden wahrscheinlich in der Zeitspanne zwischen 771 und 800 n. Chr. ausgeführt. Die obere Abbildung stammt aus „Raum 1" und zeigt aus dem unteren Fries der Ostwand Musikanten des Festzuges. – Die untere Abbildung ist von der Nordwand in „Raum 2" und gibt, unterhalb einer Gerichtsszene, einen getöteten Gefangenen auf einem Treppenabsatz wieder; rechts und links von ihm knien Gefangene mit blutenden Fingern. – Aufnahme: Helga v. Kügelgen, México/SVS Archiv 1983.

T. 23–27 Beispiele der Reliefkunst der Maya aus Palenque (Chiapas). (Tafeln 26 u. 27) T. 23, 24, 25: Ansichten der Anlage von Palenque mit den drei Tempeln (T. 25).

Unter dem Tempel der Inschriften (T. 24) befindet sich das Grabgewölbe im Innern der Pyramide („Templo de las inscripciones"). Die aus Kalkquadern errichtete Kammer mit klassischer Maya-Gewölbeform besitzt bei 7 m Höhe eine Länge von 9 und eine Breite von 4 m und liegt 24 m unter der oberen Plattform. Im Innern steht ein monolithischer Kalksteinsarkophag von 7 cbm Inhalt, auf dem die prachtvoll ausgearbeitete Reliefplatte mit über 8 qm Fläche und einem Gewicht von 5 t ruht. Der beigesetzte Tote war mit reichen Grabbeigaben, darunter Hunderten kunstvoll geschnitzter Jadeteilen versehen. Das Grab gehört dem Ende des 7. Jahrhunderts n. Chr. an und wurde in den Jahren 1949 bis 1953 entdeckt und erschlossen. Aufnahmen Birgitt Rebner, Pforzheim/SVS Archiv 1985.

T. 28–33 Das „Templo de la Serpiente" genannte Bauwerk im „Nonnenkomplex" der Maya-Stadt Uxmal (Yucatán). Die aufeinandergestellten Regengottmasken über dem Eingang sowie das gezackte Rautenmotiv weisen auf den Puuc-Stil, während die gefiederte Schlange möglicherweise erst unter toltekischem Einfluß hinzugefügt worden ist. Sie ist links mit dem Körper einer zweiten verschlungen und hat in ihrem geöffneten Schlund einen Menschenkopf. (T. 29)

Der sogenannte „Nonnenpalast" in der Maya-Stadt Uxmal (Yucatán). Das 48 m lange Gebäude hatte 5 Eingänge und 10 Räume und diente vermutlich der Unterbringung der Priester. Das Gitterwerk des Oberteils der Fassade hat nach unten abgetrennte horizontale Streifen und wird durch übereinandergestellte Regengottmasken unterbrochen. Puuc-Stil des 7. bis 10. Jahrh. n. Chr. (T. 30) Aufnahmen Birgitt Rebner, Pforzheim/SVS Archiv 1985.

T. 34 Altperuanisches Totentuch im Paracas-Nekropolis-Stil, vermutlich aus Lamawolle gewebt. Auf den roten Grund sind auf- und absteigende mythische Wesen mit wehenden Haaren farbig aufgestickt, die halbmondförmige Messer in ihren Händen halten und die sich in größerer Form auf der dunkelgrünen Borte wiederholen. Das Gewebe mißt 214 × 40 cm. – Fundort unbekannt. –

Museum für Völkerkunde in München (Inv.-Nr. 34-41-7). – Photo: Museum für Völkerkunde in München.

T. 35 Fuchskopf in Goldkupferlegierung, stellenweise stark patiniert. Die Plättchen des Gehänges an Ohren und Kinn sind aus dünnem Kupferblech und zum größten Teile ergänzt. Das Gebiß im Unterkiefer ist aus Knochen gearbeitet. Die Länge von der Vorderkante des Oberkiefers bis zum Halsrand beträgt 14 cm. Es handelt sich um eine Treibarbeit der Mochica, die im Sockel der Huaca de la Luna bei Moche gefunden wurde. – Sammlung Satorius des Linden-Museums in Stuttgart (Inv.-Nr. 119 154). Photo: Landesbildstelle Württemberg.

T. 36 Göttergaben der Tolteken an den Regengott Tlaloc in der Höhle von Balancanché. (bei Chichen Itzá). Aufnahme Birgitt Rebner, Pforzheim/SVS Archiv 1985.

T. 37 Oben: Rekonstruktionsversuch der Maya-Stadt Piedras Negras (Guatemala) von Tatjana Proskouriakoff (nach S. G. Morley, The Ancient Maya, 1947, Tafel 52 a)/SVS Archiv 1983.

Unten: Teilplan der Chimústadt Chan-Chan bei Trujillo (Peru) nach einer Zeichnung von Bischof Baltasar Jaime Martínez Compañón aus den 80er Jahren des 18. Jahrhunderts. Die Zeichnung stimmt unter Berücksichtigung zwischenzeitlicher Verwitterungen frappant mit modernen Luftbildaufnahmen überein. SVS Archiv 1983.

T. 38 Ausschnitt aus Blatt 98 des Codex Tro-Cortesianus mit Zahlzeichen, Hieroglyphen und bildlichen Darstellungen (darunter links eines Gottes mit sprießendem Mais in der Hand). Die Bemalung ist in Rot und Schwarz ausgeführt. – Darunter eine andere Darstellung aus dem gleichen Codex (Blatt 95) mit Zahlzeichen, Hieroglyphen und Götterbildern (von denen der linke in einem Tempel sitzt, der rechte, schwarze ein Opfermesser hochhält). – Photographie nach dem im Madrider Museo de América aufbewahrten Original. Photographie des Museums/SVS Archiv 1983.

T. 39 Wiedergabe der Seite 72 des Maya-Codex Tro-Cortesianus in Madrid mit Zahlzeichen, Hieroglyphen und bildlichen Darstellungen, darunter rechts unten einer Schildkröte mit vogelartigem Kopf. Seitenzählung hier wie auf der vorangegangenen Tafel nach Villacorta, Códices Mayas, Guatemala 1933. – Photographie nach dem im Madrider Museo de América aufbewahrten Original. Photographie des Museums/SVS Archiv 1983.

T. 40 Steinerne Stele mit der vorderseitigen Reliefdarstellung des im Himmel schwebenden Sonnengotts und zweier betend die Linke zu ihm erhebenden Priester nebst Hieroglyphen. Die Farbe ist grau; das Monument ist 292,5 cm hoch und 90 cm breit. – Fundort: Santa Lucía Cozumalhuapa, Guatemala. – Museum für Völkerkunde zu Berlin. Photo: Walter Steinkopf/SVS Archiv 1982.

T. 41 Darstellungen in der Bilderchronik des Felipe Guaman Poma de Ayala (El primer nueva coronica i buen gobierno). Links oben: Darstellung der vierten inkaischen Königin „Chinbo Mamaiachi Urma" (Blatt 126). – Rechts oben: Darstellung des achten inkaischen Herrschers Viracocha Inca (Blatt 106). – Links unten: Darstellung einer webenden Indianerin (Blatt 215). – Rechts unten: Darstellung von Indianern bei der Landarbeit mit der „tajlla", dem mit einer Trittsprosse ausgestatteten Pflanzstock (Blatt 250). Nach einer faksimilierten Ausgabe des Institut d'Ethnologie, Paris 1936/SVS Archiv 1982.

T. 42 Zahlenschreibung der Maya vermittels Punkten (Einer) und Balken (Fünfer). Oben: Die Zahlen von 0 (Glyphe in Form einer Muschel) bis 19. Unten: Beispiele für die Anwendung des Stellenwerts nach dem Zwanzigersystem und der Null.

T. 43 Oben: Längsschnitt und Grundriß eines Schachtkammergrabes im Caucatal (Westkolumbien). Nach Henry Wassén, An Archaeological Study in the Western Colombian Cordillera, Göteborg 1936/SVS Archiv 1982.
Unten: Grundriß und Schnitt durch den Schacht des Grabes „8" von San Andrés in Tierradentro (nach José Pérez de Barradas, Colombia de Norte a Sur, Madrid 1943, Band I, S. 139, Abb. 50)/SVS Archiv 1983.

T. 44 Oben: Der Frosch als dekoratives Motiv der Keramik im westkolumbianischen Caucatal. Nach Luis Alberto Acuña, El arte de los colombianos, Bogotá 1935.
Unten: Schema einer peruanischen Knotenschnur unter Verwendung des Stellenwerts zum Ausdruck von Einern, Zehnern, Hundertern und Tausendern. – Nach Louis Baudin, L'Empire socialiste des Inka, Paris 1928/SVS Archiv 1982.

T. 45–60 (T. 48) Haupttreppe des sogenannten „Kriegertempels" mit Schlangenkopf und Standartenträger. Toltekische Epoche der Maya-Stadt Chichen Itzá (Yucatán).
(T. 55) Beispielhafte Anwendung des sogenannten „falschen Gewölbes" im „Reliefplattentempel" der Maya-Stadt Chichen Itzá (Yucatán). Toltekische Zeit.
(T. 55) Der als astronomisches Observatorium dienende „Caracol" in der von den Tolteken ausgebauten Maya-Stadt Chichen Itzá in Yukatan. Der Name Caracol rührt von der gewendelten Steintreppe her, die innerhalb des zweigeschossigen Turmes von 11 m Durchmesser zu der stark zurückspringenden und weitgehend zerstörten Beobachtungskammer führte. Der Turm selbst erhebt sich auf einer zweistufigen Plattform von 9 m Höhe.
(T. 54) Der von den Tolteken angelegte Ballspielplatz in Chichen Itzá (Yucatán), dessen senkrechte Wände je einen eingelassenen Steinring tragen. Dahinter befindet sich der „Nordtempel" und auf dem rechten Wall rechts der „Jaguartempel" mit reich verzierter Fassade. (T. 46, 47)
(T. 45) Die fälschlich „Castillo" genannte toltekische Tempelpyramide des Kukulcan in Chichen Itzá (Yucatán) mit neun Absätzen und vier Treppen mit 364 Stufen. Das 24 m hohe Bauwerk trägt auf seiner Plattform einen Tempel, dessen Vorraum man durch ein dreiteiliges Portal betritt, während die Cella auf den drei übrigen Seiten von einem umlaufenden und sich nach den drei Seiten durch Türen öffnenden Gang umgeben ist.
(T. 48) Der sogenannte „Kriegertempel" in der Maya-Stadt Chichen Itzá, mit vierkantigen Kalksteinpfeilern, die allseitig mit Reliefs geschmückt sind.
Säulenhalle an der Südfront des „Kriegertempels" in der Maya-Stadt Chichen Itzá. Die Kapitäle der Rundsäulen aus Kalkstein trugen einst flache Balken. – Photographie: Tafeln 45–60 Birgitt Rebner, Pforzheim/SVS Archiv 1985.

T. 61 Darstellung im inkaischen Tempel Coricancha zu Cuzco (Peru) mit den Symbolen Viracochas (in Form einer ovalen Scheibe), der Sonne, des Mondes, verschiedener Sternbilder, der Erdgöttin Pachamama und zahlreicher anderer. Sonne und Mond, Erde und Ozean sind jeweils polar gegenübergestellt. Nach der Handschrift des Santa Cruz Pachacuti Salcamayhua, Ms. der Biblioteca Nacional, Madrid (Band 3169).

T. 62 Abwicklungen von peruanischen Holzbechern (kero) nach Negativen des Museo de América zu Madrid.

T. 63 Die Verbreitung des Bodenbaus in Amerika in vorkolumbischer Zeit (nach Krickeberg).

Ausgewähltes Schrifttum

Ausgewähltes Schrifttum

AMERIKA IM ALLGEMEINEN

Arnold, J. R., u. Libby, W. F.: Radiocarbon Dates. In: Science, Vol. 113, Chicago 1951. (Siehe auch: Libby)

Disselhoff, H. D.: Geschichte der altamerikanischen Kulturen. München 1953

Graebner, F.: Alt- und neuweltliche Kalender. In: Zeitschrift für Ethnologie, 52. Jahrgang, Berlin 1921

Heine-Geldern, R., u. Ekholm, G. F.: Significant Parallels in the Symbolic Arts of Southern Asia and Middle America. In: Selected Papers of the XXIXth International Congress of Americanists, I., Chicago 1951

Heine-Geldern, R.: Das Problem vorkolumbischer Beziehungen zwischen Alter und Neuer Welt und seine Bedeutung für die allgemeine Kulturgeschichte. In: Anzeiger der phil.-hist. Klasse der Österreichischen Akademie der Wissenschaften, Band 91, Wien 1954

- Die asiatische Herkunft der südamerikanischen Metalltechnik. In: Paideuma, Band 5, Bamberg 1954

Hentze, C.: Objets rituels, croyances et dieux de la Chine antique et de l'Amérique. Antwerpen 1936

Krickeberg, W.: Märchen der Azteken und Inkaperuaner, Maya und Muisca. Jena 1928

- Beiträge zur Frage der alten kulturgeschichtlichen Beziehungen zwischen Nord- und Südamerika. In: Zeitschrift für Ethnologie, 66. Jahrgang, Berlin 1936
- Amerika. In: Bernatzik, Die Große Völkerkunde, Band III, Leipzig 1939
- Felsplastik und Felsbilder bei den Kulturvölkern Altamerikas, mit besonderer Berücksichtigung Mexikos. Band I, Berlin 1949
- Ostasien – Amerika. In: Sinologica, Band II, Basel 1950

Laming, A.: De nouveaux documents sur la datation des vestiges organiques par le C 14. In: Journal de la Société des Américanistes de Paris, Tome XL, Paris 1951

Lehmann, H.: Les civilisations précolombiennes. Paris 1953

Libbym W. F.: Radiocarbon dates II. In: Science, Vol. 114, Chicago 1951 und Radiocarbon dates III. In: Science, Vol. 116, Chicago 1952.

Rivet, P.: Les origines de l'homme américain. Paris 1957

Trimborn, H.: Der Rechtsbruch in den Hochkulturen Amerikas. In: Zeitschrift für vergleichende Rechtswissenschaft, 51. Band, Stuttgart 1936

Willey, G. R.: The prehistoric civilizations of Nuclear America. In: American Anthropologist, Vol. 57, Menasha (Wisconsin) 1955

MITTELAMERIKA

Armillas, P.: Teotihuacan, Tula, y los Toltecas. In: Runa, Vol. III, Buenos Aires 1950

Disselhoff, H. D.: Das Alte und das Neue Reich der Maya. In: Saeculum, Band 2, Freiburg und München 1951

Katz, F.: Die sozialökonomischen Verhältnisse bei den Azteken im 15. und 16. Jahrhundert. In: Ethnographisch-archäologische Forschungen, Band 3, Berlin 1956

Krickeberg, W.: Das mittelamerikanische Ballspiel und seine religiöse Symbolik. In: Paideuma, Band 3, Bamberg 1948

- Bauform und Weltbild im alten Mexiko. In: Paideuma, Band 4, Bamberg 1950
- Olmeken und Tolteken. In: Zeitschrift für Ethnologie, 75. Band, Braunschweig 1950
- Mittelamerikanische Denkmäler. Berlin 1950
- Moctezuma II. In: Saeculum, Band 3, Freiburg und München 1952
- Altmexikanische Kulturen. Berlin 1956

Mason, J. A.: Costa Rican Stonework. In: Anthropological Papers of the American Museum of Natural History, Vol. 39, New York 1945

Morley, S. G.: The ancient Maya. Stanford (California) 1947

Ruppert, K., Thompson, J. E. S., u. Proskouriakoff, T.: Bonampak, Chiapas, Mexico. Washington 1955

Soustelle, J.: So lebten die Azteken am Vorabend der spanischen Eroberung. Stuttgart 1956

Stirling, M. W.: Stone Monuments of Southern Mexico. Washington 1943

Termer, F.: Die Mayaforschung. In: Nova Acta Leopoldina N. F. Band 15, Leipzig 1952

Thompson, J. E. S.: Die Mayas. Kettwig 1977.

Vaillant, G. C.: Die Azteken. Ursprung, Aufstieg und Untergang eines mexikanischen Volkes. Köln 1957

Zimmermann, G.: Die Hieroglyphen der Maya-Handschriften. Universität Hamburg, Abhandlungen aus dem Gebiet der Auslandskunde, Hamburg 1956

SÜDAMERIKA

Avila, F. de: Dämonen und Zauber im Inkareich. Aus dem Khetschua übersetzt und eingeleitet von H. Trimborn. Leipzig 1939

Baudin, L.: L'Empire socialiste des Incas. Paris 1928

- Der sozialistische Staat der Inka. Hamburg 1956

- So lebten die Inkas vor dem Untergang des Reiches. Stuttgart 1957

Bennett, W. C., und Bird, J.: Andean Culture History. New York 1949

Bushnell, G. H. S.: Peru. Von den Frühkulturen zum Kaiserreich der Inka. Köln 1958

Disselhoff, H. D.: Tahuantinsuyu - Das Reich der Inka. In: Saeculum, Band 2, Freiburg und München 1951

Krickeberg, W.: Altkolumbisches Gold. In: Atlantis, 1931, Heft 10, Berlin-Zürich 1931

Kutscher, G.: Chimu. Eine altindische Hochkultur. Berlin 1950

Nachtigall, H.: Tierradentro. Archäologie und Ethnographie einer kolumbianischen Landschaft. Zürich 1955

Oberem, U.: La Obra del Obispo Don Baltasar Jaime Martínez Compañón, como Fuente para la Arqueología del Perú Septentrional. Madrid 1954

Pérez de Barradas, J.: Los Muiscas antes de la Conquista. 2 Bände, Madrid 1950–51

Preuß, K. Th.: Monumentale vorgeschichtliche Kunst. 2 Bände, Göttingen 1929

Schmidt, M.: Kunst und Kultur von Peru. Berlin 1929

Steward, J. H. (Herausgeber): Handbook of South American Indians. 6 Bände, Smithsonian Institution, Bureau of American Ethnology, Washington 1946–1950

Trimborn, H.: Der Kollektivismus der Inkas in Peru. In: Anthropos, Band XVIII–XX, Mödling 1923–1925

- Das Recht der Chibcha in Kolumbien. In: Ethnologica, Band 3, Leipzig 1930
- Señorío y Barbarie en el Valle del Cauca. Madrid 1949
- Herrentum und Herrengestalten im vorkolumbischen Caucatal. In: Paideuma, Band 4, Bamberg 1950

Ubbelohde-Doering, H.: Altperuanische Kunst. Berlin 1936

- Auf den Königstraßen der Inca. Berlin 1941
- Kunst im Reiche der Inka. Tübingen 1952

Namens- und Ortsregister

Register
(in alphabetischer Folge)